를 아껴주는 정성!

세상이 아무리 바쁘게 돌아가더라도

책까지 아무렇게나 빨리 만들 수는 없습니다.

인스턴트 식품 같은 책보다는

오래 익힌 술이나 장맛이 밴 책을 만들고 싶습니다.

길벗이지톡은 독자여러분이 우리를 믿는다고 할 때 가장 행복합니다.

나를 아껴주는 어학도서, 길벗이지톡의 책을 만나보십시오.

독자의 1초를 아껴주는 정성을 만나보십시오.

미리 책을 읽고 따라해본 2만 베타테스터 여러분과 무따기 체험단, 길벗스쿨 엄마 2% 기획단,

시나공 평가단, 토익 배틀, 대학생 기자단까지!

믿을 수 있는 책을 함께 만들어주신 독자 여러분께 감사드립니다.

홈페이지의 '독자마당'에 오시면 책을 함께 만들 수 있습니다.

(주)도서출판 길벗 www.gilbut.co.kr

길벗 이지톡 www.eztok.co.kr

길벗 스쿨 www.gilbutschool.co.kr

500만 독자의 선택
무작정 따라하기 일본어, 중국어, 기타 외국어 시리즈

	일본어	중국어	기타 외국어
초급	일본어 무작정 따라하기 / 일본어 무작정 따라하기 심화편 일본어 문법 / 일본어 필수 단어	중국어 첫걸음 무작정 따라하기 / 중국어 무작정 따라하기 중국어 한자 무작정 따라하기 / 중국어 필수 단어 무작정 따라하기	스페인어 / 프랑스어 스페인어 필수 단어 무작정 따라하기 / 한자 漢字
중급	일본어 필수 표현 / 일본어 현지회화 일본어 한자 / 일본어 작문 일본어 회화	중국어 현지회화 무작정 따라하기 / 중국어 필수 표현 무작정 따라하기 중국어 문법 / 중국어 독해	스페인어 회화 무작정 따라하기
비즈니스	일본어 회화	비즈니스 중국어 무작정 따라하기	

: 길벗이지톡 홈페이지에서 자료 받는 법 :

1

길벗이지톡 홈페이지(www.gilbut.co.kr) 검색창에서
《영어 인터뷰 무작정 따라하기》를 검색합니다.
[자료에 따라 로그인이 필요할 수 있습니다]

2

검색 후 나오는 화면에서 해당 도서를 클릭합니다.

3

해당 도서 페이지에서 '자료실'을 클릭합니다.

4

다운로드 아이콘을 클릭해 자료를 받습니다.

국내 최고의 **Job** 인터뷰 전문가가 알려주는
특급 노하우!

영어 인터뷰
무작정 따라하기

국내 최고의 **Job** 인터뷰 전문가가 알려주는
특급 노하우!

영어 인터뷰
무작정 따라하기

지은이 **오정화(Michelle Oh)** · **이지윤(Jules)**

영어 인터뷰 무작정 따라하기

The Cakewalk Series – English Interview

초판 1쇄 발행 · 2006년 8월 26일
초판 22쇄 발행 · 2021년 6월 10일

지은이 · 오정화, 이지윤
발행인 · 이종원
발행처 · (주)도서출판 길벗
브랜드 · 길벗이지톡
주소 · 서울시 마포구 월드컵로 10길 56(서교동)
대표 전화 · 02)332-0931 | **팩스** · 02)323-0586
홈페이지 · www.gilbut.co.kr | **이메일** · eztok@gilbut.co.kr

기획 및 책임편집 · 박민혜(fetters@gilbut.co.kr) | **제작** · 이준호, 손일순 | **영업관리** · 김명자, 심선숙
영업마케팅 · 김학흥, 장봉석 | **웹마케팅** · 이수미, 최소영 | **독자지원** · 송혜란, 윤정아

디자인 · 이도경 | **교정교열 및 편집진행** · 강윤혜 | **전산편집** · 조지연
표지 일러스트 · 김학수 | **CTP 출력 및 인쇄** · 북토리 | **제본** · 신정문화사

ISBN 978-89-6047-002-6 03740 (길벗 도서번호 300127)

정가 15,000원

___

독자의 1초까지 아껴주는 정성 길벗출판사
(주)도서출판 길벗 | IT실용, IT/일반 수험서, 경제경영, 취미실용, 인문교양(더퀘스트) www.gilbut.co.kr
길벗이지톡 · 어학단행본, 어학수험서 www.gilbut.co.kr
길벗스쿨 · 국어학습, 수학학습, 어린이교양, 주니어 어학학습, 교과서 www.gilbutschool.co.kr

페이스북 · www.facebook.com/gilbutzigy
트위터 · www.twitter.com/gilbutzigy

"스피킹은 엄두도 못 내는데, 어떻게 영어 인터뷰를 준비해요."
나오는 질문은 정해져 있다! 답변을 하는 데 가장 많이 쓰이는 패턴에 익숙해져라.

한국계 회사에서 영어 인터뷰를 하는 목적은 국제화 시대의 공용어인 영어를 이용해 자신의 생각과 사고, 가치를 어필할 수 있는지, 자신을 있는 그대로 표현할 수 있는지, 그래서 이를 업무에 적용시킬 수 있는지를 알기 위해서입니다. 그리고 중요한 또 한 가지! 바로 인터뷰의 근본적인 목적인, 지원자가 우리 회사에 이익을 가져다 줄 수 있는 인재인지 아닌지를 판별하는 것이죠. 이는 외국계 회사건 한국계 회사건 모든 기업을 망라해 해당되는 공통사항입니다. 때문에, 영어 인터뷰에 나오는 질문 또한 이 목적에 초점을 맞추게 되는 것이죠.

그렇다면 영어 인터뷰, 지레 겁먹을 필요 없겠죠? 어떤 질문이 나올지 질문을 먼저 알고 거기에 맞춰 미리 답변을 준비해 두면 되니까요. 빈출 질문과 예상 질문에 대한 답변에 가장 많이 쓰이는 패턴에 익숙해지세요. 패턴을 익혀두면, 뜻밖의 질문이 나왔을 때에도 유연성 있게 활용할 수 있는 응용력이 생깁니다.

그래서 이 책에는 영어 인터뷰에서 항상 나오는 질문, 심심하면 나오는 질문, 면접자를 당황하게 하는 질문들을 모두 모았습니다. 또한 그 질문들에 대해 답변을 하는 데 가장 많이 쓰이는 패턴들과 실제 영어 인터뷰에서 이용할 수 있는 살아 있는 예문들을 수록했습니다.

"일상회화는 좀 되는데 영어 인터뷰는 너무 어려워요."
영어 인터뷰에도 기술이 필요하다! 면접관의 맘을 사로잡는 기술을 익혀라.

일상생활에서 어느 정도 영어로 말하는 데 불편함을 못 느끼는 사람도 영어 인터뷰에서 좌절하는 경우를 종종 보게 됩니다. 도대체 무엇이 문제일까요? 묻는 말에 아는 것은 안다고, 모르는 것은 모른다고 솔직히 대답했는데, 왜 그럴 듯한 소득이 없는 걸까요? 문제는 면접관의 맘을 잡아끄는 답변을 하지 못했기 때문입니다. 거짓말을 하라는 것이 아닙니다. 자신이 가지고 있는 장점을 확실히 각인시켜 면접관의 맘을 낚아챌 수 있는 요령 있는 답변을 준비해야 한다는 것이죠. 그러기 위해서는 우선 면접관이 왜 그런 질문을 하는지 질문의 의도를 알아야 하고, 그 의도에 부합하는 답변을 전략적으로 준비해야 합니다. 일상생활에서 친구랑 대화하는 정도로 적당히 자신을 어필해서는 강한 인상을 남길 수 없다는 말이죠.

그래서 이 책에서는 면접관의 마음을 사로잡을 수 있는 영어 인터뷰 기술, 다년간의 현장 경험과 분석을 통해 축적해둔 영어 인터뷰 특급 노하우를 준비했습니다. 좌절하지 말고 차근차근 따라오세요.

"스피킹을 연습할 대상이 없어요."
스피킹은 상대방의 의견을 이해하는 능력과 자신의 의견을 표현하는 능력!
듣기와 쓰기를 함께 생활화하라.

'아니, 영어 인터뷰 아닙니까? 인터뷰는 말로 하는 건데, 이거 도대체 국내에서 영어를 말하고 연습할 기회가 있어야 말이지요?'라고 하면서, 환경도 안 받쳐주는데 준비해봤자 뭐하냐며 시작도 안 해보고 포기한 분 혹시 계신가요? 묻고 답을 한다는 것은 상대방의 얘기에 귀를 기울여 그 말의 뜻을 이해하고, 거기에 대한 자신의 의견을 표현하는 능력을 말하는 것입니다. 원어민이 항상 여러분 곁을 졸졸 따라다니며 말을 시키지 않는다고 주저앉지 마세요. 마음만 먹으면 TV나 라디오, 인터넷을 통해 영어권 문화에 충분히 접속할 수 있으니까요. 상대방의 얘기에 귀를 기울여 이해하는 능력은 바로 이런 매체들을 이용해 기르면 됩니다. 또한 자신의 생각이나 느낌, 의견을 정리해서 써보는 연습을 하세요. 이것 역시 스피킹에 매우 커다란 도움이 됩니다. 아무리 영어를 잘 한다는 사람이라도 말할 거리가 없으면 말을 할 수 없습니다. 이렇게 평소 자신의 생각과 의견을 쓰는 것을 생활화하면 말할 거리가 축적될 뿐 아니라 영어를 구사하는 능력까지 키울 수 있답니다.

이 책에서는 여러분이 직접 읽고 쓸 수 있도록 오디오 교재와 함께 자신의 상황에 맞게 직접 써 볼 수 있는 공간을 마련하였습니다. 다 쓴 후에는 영어 인터뷰를 하듯이 꼭 소리 내어 읽어보세요. 이렇게 하다보면 자기도 모르는 사이 말하기 능력 또한 향상될 겁니다.

"저는 영어로 말을 하긴 하겠는데 발음이 좀 안 좋아요."
발음에서 억양까지! 정확한 발음으로 Shadow Speaking을 하라.

발음이 좋지 않다고 영어로 말하는 능력이 떨어진다고는 할 수 없습니다. 우리는 원어민이 아니므로, 그들과 똑같이 발음할 필요는 없습니다. 하지만 의사소통에 오해가 오갈만한 부정확한 발음을 해서는 영어 인터뷰에서 자칫 낭패를 볼 수도 있습니다. 따라서 원어민의 음성이 담긴 오디오 교재를 이용해 그들의 발음과 억양, 리듬을 온몸으로 느끼며 자신 있게 따라해 보세요. 처음부터 잘 될 수는 없습니다. 하지만 따라하고 또 따라하고, 느끼고 또 따라하다 보면 때가 오는 법입니다.

오디오 교재를 듣고 따라할 때는 내 앞에 외국인 친구가 있다고 상상하며 하는 것이 효과적입니다. 바로 이것을 Shadow Speaking이라고 하죠.

영어 인터뷰, 특별한 사람들만 보는 것이 아닙니다.
중요한 건 어떻게 준비하느냐 입니다.
여러분, 자신을 갖고 지금 바로 도전하세요!
그리고 성공적인 취업의 기쁨을 맛보시기 바랍니다.

Wish You the Best Luck!
Michelle 오정화 & Jules 이지윤

자기 자신의 진로 설계와 새로운 도전을 생각하는 상황에서 가장 많은 고민이 될 수밖에 없는 인터뷰. 영어 인터뷰 준비에 있어 어떻게 접근해야 성공할 수 있는가를 한국의 채용 시장 및 저자의 현장 경험과 실무 담당자들과의 인터뷰를 토대로 솔직하게 써내려간 흔적이 곳곳에 보입니다. 그 초점이 인터뷰를 준비하는 사람의 시각에서 함께 고민하고 있기 때문에 더욱 실감나고 효과적이라 생각합니다. 취업 및 이직을 고민하는 사람들에게 진지한 조언이자 준비 전략서로 부족함이 없을 것입니다.

– (주)인텔코리아 인사팀장 김동현

이 책의 내용은 원어민에게도 추천할 정도로 혁신적이고 핵심을 꿰뚫는 인터뷰 표현으로 가득 차 있습니다. 한국의 취업 시장과 기업의 경향, 그리고 한국 취업 준비생들의 문제점을 철저하게 분석한 점이 놀랍군요. 기존의 한국 실정에 맞지 않는 인터뷰 준비서와는 달리 영어 인터뷰의 모든 것을 꼼꼼하면서도 쉽게 설명해 놓았더군요. 질문에 대한 답을 주기보다는 지원자가 지원하는 분야에 따라 효과적으로 맞춤형 답변을 만드는 게 가능하도록 한 점은 확실하게 Two thumbs up!!

– (주)매니아이 커머스 대표이사 최병수

This is by for the most powerful, persuasive and practical book you can find on interview skills in Korea. Buy it, study it, and get the job you want!
이 책은 인터뷰 기술을 가르쳐 주는, 한국에서 가장 강력하고 설득력 있으며, 실용적인 책입니다. 사세요. 공부하세요. 그리고 원하는 곳에 취업하세요!

– INFLUENCE International 대표이사 Ben A. Ratje

이 책에는 영어 인터뷰에 대한 충실한 내용 뿐 아니라 전혀 생각하지도 못했지만 당락을 결정하는 중요한 포인트와 노하우가 들어 있습니다. 따라서 한국 회사에서 일을 하게 될 분이나, 외국계 회사에서 일을 하게 될 분 어느 누구나 필히 거쳐야 할 영어 인터뷰에서 이 책은 분명 좋은 길잡이가 될 것입니다.

– 태화강재산업주식회사 대표이사/사장 문영학(서울대학교 지구환경시스템공학부 겸임교수)

시험 1차 합격 후 영어 면접으로 고민이 많았습니다. 영어를 듣지도 말하지도 잘 못하거든요. 그리고 무엇보다 자신감이 없었습니다. 그런데 주변에서 Michelle 선생님을 소개시켜주었고, 어떠한 질문과 상황에서도 술술 답변을 하시는 선생님의 해박한 지식과 카리스마로 저는 단숨에 최상의 상태로 제 영어 능력을 끌어올릴 수 있었습니다. 그리고 제일 중요한 자신감이 생겼습니다.
결국 면접을 통과해 합격자 명단에서 제 이름을 확인할 수 있었죠. 선생님 정말 감사합니다!

– 이보라(서울시 공무원 합격)

신촌에 있는 모 영어학원의 인터뷰 수업에 실망하고 혹시나 하는 마음으로 Michelle 선생님의 강의를 수강했는데 단 2개월 동안 영어 인터뷰에 필요한 전략적인 답변은 물론이고 효과적인 프리젠테이션 능력과 경영 마인드로 무장하는 법까지 배울 수 있었습니다. 영어를 썩 잘하는 편은 아니었지만 2개월 동안 키운 문제 해결 능력 덕분인지 영어 인터뷰 당시 나왔던 예상치 않은 질문에 대해서도 당당하게 답할 수 있었습니다. 머릿속에서 아련하게 맴돌기만 하던 저의 장점과 의견들을 밖으로 표현하는 법을 알려 주신 점, 정말 감사드립니다.

– 최기연(기업은행 취업)

저는 이지윤 선생님과 함께 단순한 영어 지식을 떠나 체계적으로 또 전략적으로 인터뷰를 준비하는 방법에 대해 배울 수 있었습니다. 선생님을 만나기 전까지는 낙방의 쓴 잔을 마시기도 했지만, 선생님을 만나 개인지도를 받고 강의를 들으면서 드디어 미국에서의 영어 인터뷰를 통과할 수 있었습니다. 그때 정리했던 노트들을 보면 어딜 지원하든 영어 인터뷰에서는 자신감이 생깁니다.

– 박에스더(미국 캘리포니아 Antelope Valley Hospital, registered nurse)

수업시간에 모의 인터뷰를 찍고, 그 비디오 자료를 같은 반 친구들과 함께 보며 평가하는 시간들을 거쳤습니다. 처음에는 그보다 부끄러울 것이 없는 것 같았죠. 머릿속에만 있던 제 모습을 실제 화면에서 저의 두 눈으로 보는 것이 어찌나 어색하던지… 하지만 자신의 모습을 객관적으로 평가할 수 있었기 때문일까 더 노력하게 되었고, 지금은 당당히 삼성전자 가족이 되었습니다.

– 김성엽(삼성전자 취업)

영어 인터뷰를 준비하는 학생들이 어렵게 생각하는 부분은 두 가지이죠. 첫째는 영어가 말로 튀어나오지 않는다는 점이고, 둘째는 인터뷰 요령을 모르겠다는 것입니다. 하지만 걱정 마세요. 이제《영어 인터뷰 무작정 따라하기》를 통해 이런 어려움을 모두 극복할 수 있습니다. 처음부터 끝까지, 한 문장부터 하나의 완전한 실제 인터뷰까지 무작정 따라하기만 하면 됩니다!

준비마당 영어 인터뷰, 이렇게 준비하자!

영어 인터뷰가 어떻게 진행되는지 면접장에 도착해서 퇴장할 때까지의 과정을 한눈에 볼 수 있습니다. 또한 Pretest를 통해 현재 나의 영어 인터뷰 준비는 어느 정도의 단계에 와 있는지 진단하고, 어떤 식으로 영어 인터뷰를 준비해야 하는지 구체적인 방법을 알려드립니다.

기초 내공 다지기 – 답변 패턴 무작정 따라하기

첫째마당 영어 인터뷰에 항상 나오는 질문 5가지

영어 인터뷰를 하는 회사에 가면 꼭 받게 되는 질문은 고작 다섯 개 안팎입니다. 질문을 미리 알고 답변을 준비하면 합격률 99.9%는 단연 보장받을 수 있겠죠. 이 다섯 개의 질문에 대해 영어로 대답하는 방법을 패턴을 중심으로 집중 학습할 수 있습니다. Michelle 선생님과 Jules 선생님의 강의도 들을 수 있습니다.

영어 인터뷰에 항상 나오는 질문 : 질문을 먼저 보면서 면접관의 의도와 답변 시 초점을 맞춰야 할 부분들을 살펴 봅니다.

답변 패턴 무작정 따라하기 :

- **Box** 주어진 질문에 대한 답변 시 초점을 맞춰야 할 사항에 대한 친절하고 간단한 설명과 패턴을 이용한 대표 문장을 한 눈에 볼 수 있습니다.

- **무작정 따라하기 STEP1 · 2** 주어진 질문에 대한 답변 시 이용할 수 있는 패턴을 모아놓은 부분입니다. STEP 1에서 패턴을 먼저 학습하고, STEP 2에서 직접 문장을 만들어 보면서 실전 대비 훈련을 할 수 있습니다.

- **직접 만들어 보세요** 이번 질문에서 배운 답변 패턴을 자신의 상황에 맞게 직접 만들어 볼 수 있는 공간입니다. 자신 있게 시도해 보세요. 다 만들었으면 인터뷰를 하듯이 읽어 보세요.

- **Vocabulary Box** 필요에 따라 답변 시 유용한 표현들을 주제별로 모아 놓았습니다. 나에게 맞는 표현을 골라 써보세요.

둘째마당 영어 인터뷰에 심심하면 나오는 질문 9가지

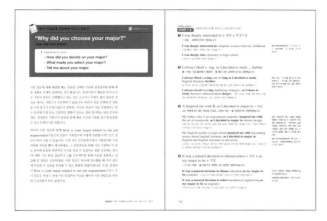

첫째마당에서 익힌 다섯 개의 질문에서 추가로 나올 수 있는 질문이나 그 외 자주 등장하는 질문에 대해 영어로 대답하는 방법을 패턴으로 집중 학습할 수 있도록 했습니다.

고급 실력 키우기 – 특정 경험을 구체적으로 묻는 질문에 대답하기

셋째마당 면접자를 당황하게 하는 질문 9가지

까다로운 면접관들은 기본적이고 공식화된 질문 외에도 특정 상황에서 특정 능력을 발휘한 실제 경험을 구체적으로 듣고 싶어 합니다. 이런 경우를 대비한 부분으로 80~90점 정도로는 만족할 수 없고, 100점을 능가해 120점을 받고 싶은 지원자들은 빠뜨리지 말고 챙기시기 바랍니다.

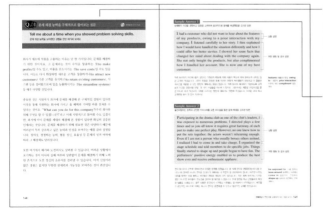

질문의 의도파악 : 주어진 질문의 의도가 무엇인지, 따라서 어떤 식의 내용들이 들어간 답변이 취업 결정에 유리한 지 친절히 조언해 드립니다.

Sample Answer : 주어진 질문에 대한 완성된 모범 답안을 논리적인 답변 요령에 따라 정리해 놓았습니다.

넷째마당 취업을 보장하는 말하기 비법 8가지

아무리 어휘력이 풍부하고, 영어 표현패턴에 도가 텄다 하더라도 면접관이 호감을 느끼게끔 말하는 기술이 없다면 아무 소용없습니다. 이미 알고 있는 패턴들을 어떤 식으로 요리해서 말해야 면접관의 마음을 사로잡을 수 있는지, 오필승과 제치업의 실제 사례를 통해 하나 하나 짚어보면서 답변 기술을 전수받을 수 있도록 했습니다.

Before : 오필승과 제치업의 인터뷰 답변 사례와 이에 대한 Michelle 선생님과 Jules 선생님의 개괄적인 평이 담겨 있어요.

Michelle과 Jules의 비법 가이드 : 오필승과 제치업의 답변을 하나하나 뜯어보며 교정하는 코너입니다. 구체적으로 어떤 면의 기술이 부족하며, 그래서 어떻게 답변하는 편이 좋은지를 매우 친절하게 알려드립니다.

After : Michelle과 Jules의 비법 가이드를 거쳐 완성된 모범 답변을 한눈에 볼 수 있습니다.

Michelle과 Jules의 정리 한 마디 : 비법 가이드를 통해 전수받은 내용 및 그 밖의 알아두면 유용한 인터뷰 기술을 정리해 놓았습니다.

다섯째마당 분야별 영어 인터뷰 실례 17

분야별로 실제 인터뷰 내용을 처음부터 끝까지 모두 살펴볼 수 있는 공간입니다. 영업직에서부터 비행기 승무원, 공무원에 이르기까지 현재 영어 인터뷰를 하는 분야 17군데를 다루고 있습니다.

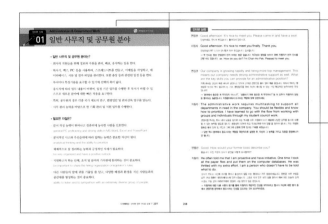

분야에 대한 개관 : 제시된 분야에서 하는 일과 필요한 자질이 무엇인지를 알려줍니다. 특히 필요한 자질이 설명된 우리말 아래에 있는 영어 표현은 인터뷰 답변 시 활용하도록 해보세요.

인터뷰 실례 : 제시된 분야에 해당되는 실제 인터뷰를 볼 수 있습니다. 질문과 답변 군데군데 Michelle과 Jules의 설명 또한 볼 수 있어서, 앞서 배운 답변 기술들을 다시 한 번 확인해 볼 수 있습니다.

부록 국내 최고의 인터뷰 전문가가 공개하는 영어 인터뷰 특급 노하우

자신의 장단점 및 적성을 진단할 수 있는 직업적성검사와 인기 외국계 기업의 면접 족보 및 면접 유형별 대처법 등 영어 인터뷰를 준비하는 데 꼭 챙겨둬야 할 알찬 정보가 담겨 있습니다. 나만의 답변노트 작성 시 꼭 참고하세요.

오디오 CD 활용은 이렇게!

해설강의 : 두 명의 취업준비생이 함께한 Michelle과 Jules의 토크쇼에 참여해 보세요!

1. 영어 인터뷰를 처음 준비하는 사람들을 위해 첫째마당을 중심으로 기초 내공 쌓기에 집중하고 있습니다.
2. Michelle과 Jules의 친절한 강의를 통해 면접관이 꼭 묻는 질문 다섯 개에 대한 답변 요령 및 영어표현 패턴을 쉽게 익힐 수 있습니다.
3. 매 강의마다 원어민의 음성을 통해 실제 예문을 확인할 수 있습니다.
4. 실제 취업을 앞두고 있는 취업 준비생이 함께 강의에 참여하여 강의에 활력을 불어넣고 있습니다. 자신이 게스트가 되어 Michelle과 Jules의 질문에 답하면서 강의를 따라가 보세요.
5. MP3 파일은 각 답변 패턴별로 하나씩 구성되어 있으므로, 자신이 취약한 부분의 강의를 골라 들을 수 있습니다.

패턴훈련 : 영어 전문이 담겨 있는 훈련용 오디오로 듣고 또 듣고, 따라하고 또 따라해 보세요!

1. 첫째마당부터 다섯째마당까지 원어민의 음성으로 책의 영어 전문이 녹음되어 있습니다.
2. 첫째마당과 둘째마당의 STEP 1과 STEP 2는 우리말 해석이 먼저 나오므로, 우리말을 듣고 영어 문장을 떠올리는 훈련을 하면서 들어보세요.
3. 다섯째마당은 실제 영어 인터뷰와 같이 생동감 있게 녹음되어 있으므로, 각 질문에 대한 면접자의 대답을 들으며 자신감과 여유를 함께 느끼면서 따라해 보세요.
4. MP3 파일은 각 답변 패턴별로 하나씩 구성되어 있으므로, 자신이 취약한 부분이나 주력하는 부분의 내용을 골라 들을 수 있습니다.

〈준비마당〉 p.26으로 가면, 지금 내가 어느 정도의 수준에 있는지 확인할 수 있는 [Interview Pretest] 가 준비되어 있습니다. 테스트를 통해 현재 나의 위치를 파악한 후, 자신에게 맞는 학습법을 선택하여 공부하세요.

> "영어 인터뷰? 그런 걸 내가 어떻게 해!" - 초급

1단계 : 감 잡았어! Michelle과 Jules의 해설강의를 따라가며 첫째마당 쉽게 익히기

Michelle과 Jules 선생님이 아주 쉽고도 상세하게 해설해 놓은 강의를 들으며 차근차근 따라가 보세요. 영어 인터뷰에서 항상 묻는 질문 다섯 가지를 중심으로, 면접관의 맘을 사로잡는 답변요령 뿐 아니라 복잡해 보이는 영어 표현 패턴을 아주 친절히 풀어서 설명해 주시니, 한결 첫째마당이 쉽게 와닿는답니다.

2단계 : 필수질문부터 마스터한다! 첫째마당 다시 보고, 둘째마당 새로 보기

Michelle과 Jules 선생님의 해설강의를 들으며, 이제 영어 인터뷰 감 잡으셨죠? 모든 질문에 완벽하게 준비하기 전에 가장 많이 물어보는 핵심 질문에 대해 준비를 해 놓는 것이 효과적인 전략입니다. 첫째마당부터 둘째마당까지 영어 인터뷰에 항상 나오는 질문과 심심하면 나오는 질문을 중심으로, 패턴훈련용 오디오를 들으며 답변 패턴을 반복해서 입에 붙을 때까지 연습하세요.

3단계 : 셋째마당 가볍게 읽고 넘어가기

심술궂은 면접관은 간혹 면접자를 당황하게 만드는 질문을 하기도 합니다. 이런 질문들에는 어떤 것들이 있는지 확인하세요. 이 질문들에 대한 모범답안을 이해하는 정도의 수준에서 가볍게 읽고, 나의 상황에 맞는 답안이 있다면 체크해둔 후, 다음 단계로 넘어가세요.

4단계 : 나만의 답변노트 만들기

이제 나만의 답변노트를 만들어 봅니다. 일단, 부록에 있는 직업적성검사를 해보며 나의 적성 및 장점을 파악하세요. 적성검사표의 Key words에 있는 단어들은 답변 노트를 만들 때 활용할 수 있습니다. 그런 다음, 첫째마당과 둘째마당에 언급되었던 필수 질문들에 대해 실전 면접에 대비한 나만의 답변을 작성해 봅니다. 넷째마당에서 Michelle과 Jules의 세련되게 말하는 요령, 비법 가이드를 보며 나만의 답변노트를 수정합니다. 이제 셋째마당의 면접자를 당황하게 하는 질문들에 대해서도 같은 방법으로 나만의 답변노트를 만들어 두세요. 모범답안을 그대로 활용해도 좋습니다.

5단계 : 나만의 답변 노트 업그레이드! 다섯째마당의 인터뷰 실례를 보며 벤치마킹하기

지원하려는 분야를 결정하셨나요? 그렇다면 해당되는 분야의 가상인터뷰를 먼저 훑어보세요. 나의 상황에 딱 맞거나 맘에 드는 답변이 있다면 나의 답변노트에 기록해 두는 것 잊지 마시고요. 그밖에 다른 분야의 가상인터뷰도 죽~ 한번 훑어보면서 좋은 답변을 벤치마킹하세요.

> "꼭 들어가고 싶은 회사인데…. 영어 인터뷰도
> 연습하면 될 거야." – 중급

1단계 : 필수질문부터 마스터한다! 훈련용 오디오로 따라가는 첫째, 둘째마당

우선 기초 내공부터 쌓아봅시다. 영어 인터뷰에서 항상 나오는 질문들과 심심하면 나오는 질문들을 중심으로, 답변 패턴을 익히세요. 패턴훈련용 오디오를 들으며 질문이 귀에 쏙쏙 들어오고 패턴이 입에 착착 달라붙을 때까지 반복합니다. 패턴을 이용해 주어진 우리말을 보며 영작도 해보고, 나만의 상황에 맞는 문장도 만들어 보세요.

2단계 : 필수질문 확인사살! Michelle과 Jules의 해설강의로 첫째, 둘째마당 복습

Michelle과 Jules, 그리고 우리와 똑같은 취업 준비생이 함께 하는 해설강의를 통해 혼자 익혔던 첫째마당과 둘째마당의 영어 인터뷰 필수질문들을 다시 한번 확실히 잡아보자구요! Michelle과 Jules 선생님의 친절한 가이드를 통해 뜻밖에 놓치고 있었던 면접요령까지 익힐 수 있을 겁니다.

3단계 : 나만의 답변노트 만들기

이제 나만의 답변노트를 만들어 봅니다. 일단, 부록에 있는 직업적성검사를 해보며 나의 적성 및 장점을 파악하세요. 적성검사표의 Key words에 있는 단어들은 답변노트를 만들 때 활용할 수 있습니다. 그런 다음, 첫째마당과 둘째마당에 언급되었던 필수질문들에 대해 실전 면접에 대비한 나만의 답변을 작성해 봅니다. 넷째마당에서 Michelle과 Jules의 세련되게 말하는 요령, 비법 가이드를 보며 나만의 답변노트를 수정합니다. 이제 셋째마당의 면접자를 당황하게 하는 질문들에 대해서도 같은 방법으로 나만의 답변노트를 만들어 두세요. 모범답안을 그대로 활용해도 좋습니다.

4단계 : 나만의 답변노트 업그레이드! 다섯째마당의 인터뷰 실례를 보며 벤치마킹하기

지원하려는 분야를 결정하셨나요? 그렇다면, 해당되는 분야의 인터뷰 실례를 먼저 훑어보세요. 나의 상황에 딱 맞거나 맘에 드는 답변이 있다면 나의 답변노트에 기록해 두는 것 잊지마세요. 그밖에 다른 분야의 가상인터뷰도 죽~ 한번 훑어보며 좋은 답변을 벤치마킹하세요.

> "내가 영어 실력이 좀 되잖아. 준비는 무슨….” – 고급

1단계 : 나만의 답변노트 만들기

영어 인터뷰, 자신 있다구요? 그럼, 첫째마당과 둘째마당에 나오는, 영어 인터뷰에 항상 나오고, 심심하면 나오는 필수질문들에 대해 나만의 답변노트를 만들어 보세요. 답변이 막히는 부분이 있다면, 그 부분에 해당되는 영어표현패턴과 예문들을 익히고, 우리말을 보며 영작도 해본 후, 다시 한번 답변을 만들어 보면 완벽준비되겠어요. 그런 다음 셋째마당의 면접자를 당황하게 하는 질문들에 대해서도 같은 방법으로 나만의 답변노트를 만들어 두세요. 모범답안을 그대로 활용해도 좋습니다.

2단계: 특강! 세련되게 말하는 요령 익히기, 넷째마당

아무리 자신 있어도 특강은 놓치지 마세요. 옷 잘 입고 세련된 배우일수록 패션쇼는 놓치지 않고 참석하는 것처럼, 영어에 자신 있고, 인터뷰에 겁 없는 지원자일수록, 세련되게 말하는 요령은 한 번쯤 꼭 둘러봐야 한단 말씀. 영어 인터뷰 시 기본적으로 언급되는 답변 소재 8가지를 중심으로 Michelle과 Jules 선생님이 세련되게 말하는 요령을 알려주고 있는 넷째마당, 꼭 한번 훑어보고 넘어가셔야 해요.

3단계: 나만의 답변노트 완성!

지원하려는 분야의 인터뷰 실례를 먼저 훑어보세요. 나의 상황에 딱 맞거나 맘에 드는 답변이 있다면 나의 답변노트에 반영하면 되겠죠? 그밖에 다른 분야의 가상인터뷰도 죽~ 한번 훑어보세요.

선택: Michelle과 Jules의 해설강의 듣기

이것만큼은 꼭 약속! (초중고 모두 해당)

1. 예문은 항상 훈련용 오디오를 들으며 큰소리로 따라한다.
2. 나만의 답변노트를 만든 후에는 거울을 보며, 또는 친구들 앞에서 마음에 들 때까지 반복해서 시연해 본다.
3. 실제 면접이다 생각하고 가상인터뷰를 해본다. 이때 녹음은 필수!

준비마당

영어 인터뷰, 이렇게 준비하자!

1. 영어 인터뷰는 어떻게 진행되나?
2. 나는 지금 어디 있는가?
3. 어떻게 준비해야 하나?

01 영어 인터뷰는 어떻게 진행되나?

영어 면접의 과정은 외국계 회사를 준비하느냐 한국계 회사를 준비하느냐에 따라 다소 차이가 있다는 것은 여러분도 익히 알고 계실 것입니다.

우선 질문의 난이도면에서
외국계 회사라면 면접 전 과정을 영어로 진행하는 경우가 대부분입니다. 또한 간단한 자기소개나 지원동기로 끝나는 것이 아니라 시사나 경험에 관한 심도 있는 문제까지 영어로 질의응답하기 때문에 철저한 준비가 필요합니다.
우리나라 회사라면 회사마다 다르지만 대다수의 경우가 자기소개나 장점, 지원동기 등 특정 몇 개의 질문만 영어로 하고 한국어 면접과 병행하는 경우가 많습니다. 하지만 점점 영어 면접의 중요도가 커져 독도 문제, 한미 FTA, 또는 면접 당일 신문의 첫 면을 장식한 기사에 대해 물어보는 등 지원자의 시사상식을 검토하는 질문을 하기도 합니다.

둘째로 전체 인터뷰의 흐름에 영어가 어떻게 얼마만큼 쓰이느냐인데,
외국계 회사인 경우 회사 문을 열고 안내 데스크에서부터 영어를 쓰는 경우도 있습니다. 그리고 대기실과 면접장으로 이동하는 시간에도 영어로 대화할 가능성이 있으니 다음의 1, 2번 관문을 꼭 참조하세요.
우리나라 회사라면 신입을 채용하는 경우 여러 사람이 조를 이뤄 들어가는 경우가 대부분입니다. 앉기 전에 자신의 이름이나 수험 번호를 말할 수도 있으나 분위기를 봐서 그럴 상황이 아니면 자리를 권한 분에게 감사를 표하고 앉는 것으로 면접을 시작합니다. 3번 관문부터 참조하면 됩니다.

■ 등장에서 퇴장까지 면접관을 사로잡는 요령 한눈에 보기

관문 ➊ 도착

- 인터뷰 시간보다 10분에서 15분 정도 미리 도착하세요. 늦으면 인터뷰에서 당황하고 실수할 확률이 커집니다.
- 빌딩에 들어가는 순간부터 당신의 모든 행동이 모니터되고 있다고 생각하세요.
- 화장실에 들러 자신의 모습을 한번 재확인하세요.
- 안내 데스크에서 이름과 인터뷰 시간을 확인하고 비서에게도 정중하게 인사합니다.

관문 ➋ 대기실에서

- 대기업의 경우 큰 강당이나 세미나실에서 여러 지원자가 함께 기다리는 경우가 대부분입니다. 또는 5~8명이 하나의 조가 되어 그룹 인터뷰를 위해 함께 움직이죠. 외국계 기업의 경우, 대기실에 혼자인 경우가 대부분이고 순서가 되면 해당 부서의 인터뷰 장소로 안내해 줍니다.
- 대기업이라면 주로 오전 인터뷰 조, 오후 인터뷰 조로 나누어져 짧게는 5분, 길게는 몇 시간을 기다리기도 합니다. 외국계라면 짧게는 5분, 길게는 15분 정도 기다립니다. 기다리는 동안 준비해 온 이력서나 자신의 장점, 회사 정보 등을 다시 한번 정리해봅니다.

관문 ➌ 입실해서 최상의 첫인상 남기기

- 첫인상이라는 것은 만난 지 30초 이내에 결정됩니다. 또 하나, 첫인상은 오직 한 번밖에 만들 수 없다는 점 기억하세요.
- 입실하기 전에 인터뷰에서 실수할지도 모른다는 부정적인 생각은 지워버리고 자신이 가장 행복했던 순간, 자신이 자랑스러웠던 순간을 떠올리세요. 순간 입가에는 미소가, 그리고 자신감으로 어깨가 펴질 것입니다. 그 모습으로 입실하세요. 그 모습이 면접관이 기억하는 여러분의 첫인상입니다.
- 면접관이 한국인이든 외국인이든 영어 인터뷰라면 중간에 한국어를 쓰는 것은 금물입니다. 프로페셔널답지 않은 행동입니다. 첫인사도 마찬가지입니다. 영어의 인사법을 따릅니다.

관문 ❹ 간단한 일상회화

- 경우에 따라 본격적인 면접 질문을 하기 전에 안부, 날씨나 기분을 묻는 일상적인 대화를 시도하는 면접관도 있습니다.
- 지원자의 긴장을 풀어주려는 친절한 의도일 수도 있고, 일상적인 회화능력을 검토해 보려는 의도일 수도 있습니다. 대개가 상당히 가벼운 질문이니 얼지 말고 자연스럽게 대답합니다.
- 주로 '긴장했느냐?', '오래 기다렸느냐?', '오늘 기분은 어떠냐?' 아니면 이력서에 있는 사항으로 말문을 트는 식으로 '여러 가지 경험을 많이 하셨군요.' 등과 같이 그다지 염려할 만한 도입 질문은 아닙니다.

관문 ❺ 본격 인터뷰 ➡ 〈다섯째마당 분야별 인터뷰 실례 01-17〉을 참조하세요.

관문 ❻ 기억에 남을 만한 인상을 남기며 마무리하기

- 면접관이 준비한 질문을 마치고 나면 지원자에게 질문이나 할 말이 없는지 물어봅니다. 이때 대부분의 지원자들이 'No.'라고 하는데 적어도 3~5년 일하게 될 수도 있는 회사에 대해 궁금한 점이 없다면 이상하지 않을까요?
- [잠깐만요!] p.83과 p.107의 '마지막으로 질문이나 하실 말씀 있으신가요?'를 참조하세요. 질문은 회사에 대한 지원자의 관심과 전문적인 분석 능력을 보여줍니다.
- 급여, 복지, 휴가 등 복리후생에 관한 질문은 가급적이면 1차 면접에서는 피합니다.
- 면접의 결과를 언제 알 수 있냐는 식의 질문은 서로를 어색하게 할 수 있기 때문에 정 알기 원하면 면접이 끝난 후 전화나 이메일로 확인하는 것이 낫습니다.
- 질문이 없다면 인터뷰 기회를 갖게 된 것에 대해 감사를 간단하게 표시하거나 자신의 자격조건을 요약하여 입사 의지를 보여주세요.

2 실례 한눈에 보기

관문 ❶ 도착, 안내 데스크 – 주로 외국계 기업에서 A : 데스크 안내원 / B : 지원자

A: May I help you?

B: Hi. My names is Pil-seung Oh. I have an interview scheduled at 11 AM.

A: Let me check the schedule. *(later)* Sure, Mr. Oh. Have a seat. You will be interviewed shortly.

B: Great, thanks a lot.

A: 어떻게 오셨습니까?
B: 안녕하세요. 제 이름은 오필승입니다. 11시에 면접이 잡혀 있습니다.
A: 스케줄을 확인해 보죠. *(잠시 / 후)* 예, 미스터 오. 잠시만 앉아 기다려 주십시오. 곧 면접보실 수 있을 겁니다.
B: 네, 감사합니다.

관문 ❷ 대기실에서 – 주로 외국계 기업에서 A : 데스크 안내원 또는 비서 / B : 지원자

A: Are you Mr. Oh?

B: Yes, I am.

A: Please follow me to the waiting room here.

B: All right.

A: Here we are. Have a seat here. Would you like some coffee or tea?

B: Thanks, tea please.

A: 미스터 오 되십니까?
B: 네, 그렇습니다.
A: 이쪽 대기실로 따라오세요.
B: 네.
A: 여깁니다. 여기 앉으세요. 커피나 차 좀 드릴까요?
B: 고맙습니다. 차로 부탁드립니다.

관문 ❸ 입실해서 최상의 첫인상 남기기 A : 면접관 / B : 지원자

A: Good morning, Mr. Oh.

B: Good morning, sir. It's a pleasure to meet you.

A: How are you feeling today?

B1: Excellent and yourself?

B2: Never better, thanks. How about you?

A: 안녕하세요, 오군.
B: 안녕하십니까? 만나서 반가워요.

A: 기분 어떠세요?
B1: 좋습니다. 면접관님은 어떠십니까?
B2: 더할 나위 없이 좋습니다, 고맙습니다. 면접관님은 어떠십니까?

관문 ④ 간단한 일상회화 A : 면접관 / B : 지원자

A: Was it hard to get here?
B1: Not at all. I checked the map and address on your company Website.
B2: I know this area pretty well, so it wasn't a problem at all.

A: 여기까지 오시느라 힘드셨죠?
B1: 아닙니다. 웹사이트에서 주소와 지도를 미리 확인해 두었습니다.
B2: 이 근처를 잘 알아서 찾는 데 별 문제는 없었습니다.

A: Isn't it cold/hot today?
B1: You're right. It's nice inside the building, though.
B2: Yeah, a perfect day for an interview.

A: 오늘 춥죠/덥죠?
B1: 네, 그렇네요. 하지만 건물 안은 괜찮네요.
B2: 예, 인터뷰하기 딱 좋은 날이네요.

A: Are you nervous?
B1: If I said no, I would be lying. But I am also excited to be here.
B2: Actually, I am rather calm. I took a deep breath before I came in. I'm
    ready to go.

A: 긴장되시나요?
B1: 아니라고 하면 거짓말이겠죠. 하지만 이 자리에 오게 되어 무척 설레기도 합니다.
B2: 솔직히 상당히 차분한 상태입니다. 들어오기 전에 심호흡을 한번 했습니다. (인터뷰할) 준비가 됐습니다.

관문 ⑤ 본격 인터뷰 ➡ 〈다섯째마당 분야별 인터뷰 실례 01-17〉을 참조하세요.

관문 ⑥ 기억에 남을 만한 인상을 남기며 마무리하기 A : 면접관 / B : 지원자

A: That's good. Okay, Mr. Oh, That's all the questions I have for you today.
    Do you have any questions for us?
B: Yes, I do. If I were to ask one of your employees, "What is the best thing
    about working here?" what would he or she say?
A: Well, that's a good question. I think our employees are very much happy

with our friendly working environment.

B: Thank you for answering my question. It was a pleasure to meet with you.
   I look forward to hearing from you soon.

A: Okay, this is the end of the interview. Nice talking to you, Mr. Oh.

B: Thank you for your time. I have enjoyed the interview with you.

A: 좋습니다, 오군, 여기까지가 제가 궁금한 질문이었습니다. 저희에게 궁금한 거라도 있습니까?

B: 네, 귀사에 근무하는 직원 중 한 명에게 '이 회사에서 일하면 가장 좋은 점이 무엇인지' 물어보면 뭐라고 답할지 궁금하네요.

A: 좋은 질문입니다. 제 생각에는 저희 직원들이 우리 회사의 친근한 업무환경에 상당히 만족한다고 생각합니다.

B: 질문에 답해 주셔서 감사합니다. 만나뵈서 반가웠습니다. 조만간 연락받길 기대하겠습니다.

A: 예, 면접은 여기까지입니다. 얘기 나눠서 반가웠습니다, 오군.

B: 시간 내주셔서 감사합니다. 유익한 면접이었습니다.

이와 같은 인터뷰 과정에서 자신이 지원하고자 하는 분야의 본격 인터뷰 내용만 〈관문 5〉에 살짝 집어넣으면 하나의 완벽한 인터뷰 과정을 볼 수 있습니다. 다시 한번 강조하지만, 인터뷰에 성공하는 지원자는 면접장에 입실하기 전의 마음가짐부터 다릅니다. 인터뷰를 앞두고, 스터디 그룹을 하거나 역할연기(Role Play)를 할 때는 의자에 앉아서 첫 질문에서 답하는 것부터 시작하지 말고, 실제 면접과 똑같이 문 밖에서 입실하는 것부터 연습하세요.

02 나는 지금 어디 있는가?

영어 인터뷰 얼마나 준비됐나요? 지금 현재 나는 어디쯤 있는지, 그래서 앞으로 어떻게 준비해야 할 지 막막한가요? 그럼, 다음의 질문을 하나하나 체크해가면서 현재 나의 상태부터 한번 진단해 보도록 합시다.

1.	나는 지원할 회사와 분야를 이미 정해 놓았다.	Yes	No
2.	나는 지원하는 직위를 알고 업무에 대해 구체적으로 설명할 수 있다.	Yes	No
3.	나는 지원하는 회사에 대해 다음 사항들 중 적어도 3가지 정도는 영어로 말할 수 있다. – 경영철학 및 기업의 사명(management philosophy & mission statement) – 최고 경영자의 이름과 비전(CEO's name and vision) – 기업문화(company culture) – 취급하는 제품과 서비스 라인 – 주력사업과 신제품 계획 – 주요 고객층 – 인재상	Yes	No
4.	나는 지원하는 분야에서 요구하는 적성이 무엇인지를 알고 있다.	Yes	No
5.	나는 자신의 장점을 다음의 세 가지에 관하여 영어로 각각 3문장 이상 말할 수 있다. – 분야 지식 및 경험(knowledge & experience) – 직무 능력(skills) – 분야 적성(personality)	Yes	No
6.	나는 지원하는 회사의 채용 광고뿐만 아니라 경쟁 회사, 관련 외국계 회사의 채용광고까지 조사해 봤다.	Yes	No
7.	나는 5년 목표와 10년 목표를 영어로 자신 있게 말할 수 있다.	Yes	No
8.	나는 나 자신의 단점을 알고 있고 보완하려는 구체적인 방법을 영어로 설명할 수 있다.	Yes	No
9.	나는 영문 이력서와 자기 소개서를 작성해 놓았다.	Yes	No
10.	나는 1분용 자기소개와 2~3분용 자기소개를 따로 준비해 놓았다.	Yes	No

11.	나는 모의 인터뷰에 참여해 봤고 결과에 대해 분석해 본 적이 있다.	Yes	No
12.	나는 인터뷰에 입고 갈 옷을 선정해 놓았다.	Yes	No
13.	나는 지원동기를 회사에 따라 차별적으로 말할 수 있다.	Yes	No
14.	나는 인터뷰에서 회사에 물어 볼 질문을 준비해 놓았다.	Yes	No

지금 나의 상태는... *진단해 봅시다!*

Yes가 3개 이하라면 ➡ 아직 준비한지 얼마 안 되셨군요? – 초급

지금 한숨만 내쉬고 있나요? 힘내세요! 이제부터 부지런히 준비합시다! 초급을 위한 학습법을 참조하세요. 크게 약진할 수 있습니다.

Yes가 3~8개 사이라면 ➡ 조금만 더 준비하면 되겠습니다. – 중급

Ok로는 충분하지 않은 세상입니다. 자신이 미처 발견하지 못한 자신의 잠재된 장점들을 찾는 데 중점을 두세요. 중급을 위한 학습법을 참조하세요.

Yes가 8개 이상이라면 ➡ 거의 완벽합니다. – 고급

혹시 인사 담당자가 아니십니까?!^^ 자신이 지원하는 분야와 지원동기, 자격조건 등 자신과 상대를 정확하게 알고 있는 당신. 준비된 인재입니다. 이제 자신의 능력을 좀더 효과적으로 전달하는 표현들을 이 책에서 발견하길 바랍니다. 고급을 위한 학습법을 참조하세요.

03 어떻게 준비해야 하나?

01 천리 길도 한 걸음부터!

> **영어표현 패턴과 면접 요령이 단계별로 친절히 설명된 교재를 선택해 차근차근 시작하라!**

영어 인터뷰하면, 무턱대고 어렵게 느껴지는 이유가 뭘까요? 첫째는, 영어로 말하는 것 자체가 자신이 없기 때문이겠죠. 하지만 영어로 말하는 데 어느 정도 자신 있는 사람이라 하더라도 정작 영어 인터뷰는 쉽게 느껴지지 않는다는데, 그것은 또 왜일까요? 그렇습니다. 질문을 받아도 딱히 할 말이 없기 때문입니다. 즉, 무엇을, 어떻게, 어느 정도 얘기해야 할지 전혀 감이 안 잡히기 때문이죠. 체계적인 준비도 하나 없이 이런 문제들이 하루아침에 해소되지는 않습니다. 면접에 나오는 질문은 이미 정해져 있어요. 그 질문들에 어떤 식으로 대답해야 하는지, 가장 효과적으로 대답할 수 있는 면접 요령과 그것을 영어로 표현할 수 있는 표현 패턴을 숙지하고 실제로 답변을 해 보는 연습이 중요합니다. 때문에 이 모든 것이 체계적으로 정리되어 있는 교재를 하나 선택해 차근차근 시작하세요. 천리 길도 한 걸음부터입니다!

➡ 본교재로 영어 인터뷰를 준비하고자 하는 예비 직장인들은 p.14의 [단계별 학습법]을 참고하여 자신에게 맞는 학습법을 선택하세요.

02 적을 알고 나를 알면 백전백승!

> **철저한 사전 조사와 예상 질문 및 답변을 기록한 인터뷰 컨닝 페이퍼를 작성하라!**

인터뷰 컨닝 페이퍼를 몰래 가지고 들어갔다가 들키면 어떻게 하느냐고요? 걱정 마세요. 이것은 영어 인터뷰에 가기 전에 준비해둬야 할 것들을 차근차근 정리해놓은 나만의 리스트일 뿐이니까요. 이 리스트를 참고하면 체계적으로 인터뷰 준비를 할 수 있기 때문에 인터뷰에서 자신감이 넘치고 차분해지는 자신을 발견하게 될 것입니다.

컨닝 페이퍼용 작은 노트를 준비합니다.

❶ 하나의 종이를 두 개로 가른 후 왼편에는 회사의 구인광고나 조사를 통해 지원하고자
하는 분야에서 원하는 인재상을 적습니다. 오른편에는 자신의 장점과 역량을 적습니다.

❷ 지원하는 회사 및 산업 분야를 조사, 연구합니다.

■ 지원하는 회사에 대해 조사해야 하는 이유
  – 자신이 일하고 싶은 환경을 제공하는지 알 수 있다.
  – 회사가 가장 중요시하는 가치와 직무 능력을 알 수 있다.
  – 면접관이 "What do you know about this company?(우리 회사에 대해 무엇을 알고 있나요?)" 또는 "Why are you
    interested in this company?(우리 회사에 관심을 갖는 이유가 무엇입니까?)"라고 물었을 때 인상에 남는 답변을 할 수 있다.
  – 인터뷰 끝에 "Do you have any questions about our company?"라고 물어볼 때 자신의 분석력과 회사에 대한 입사
    의지를 보여주는 질문을 할 수 있다.
  – 무엇보다도 회사에 대해 자신만큼 조사하지 않은 지원자와 차별화될 수 있다.

■ 회사의 정보를 찾을 수 있는 곳
  아주 작은 회사거나 상당히 베일에 싸여있는 회사라 정보를 찾을 수 없다고요? Think again! 공개적으로 직원을 채용하는 회
  사라면 분명히 공식적으로 발표해야 하는 정보가 있습니다. 회사에 대한 정보와 평판을 다양한 방법과 루트로 수집하십시오. 누
  구에게나 공개된 정보 보다는 특정한 그룹의 사람들에게 한정된 정보가 더 알찬 경우가 많습니다.
  – 지원회사 웹사이트   – 외국인을 위한 지원회사 웹사이트
  – Google, Naver 등의 전문 지식 검색사이트   – 산업 전문 매거진
  – 산업 directories   – (주식) 투자자를 위한 정보 사이트
  – 회사관련 뉴스 보도자료   – 회사 홍보 자료, 사내 매거진
  – 면접장에서 면접관으로부터

■ 지원하는 회사에 대해 조사해야 하는 것
  조사를 할 때는 항상 한국어 면접과 영어 면접을 동시에 준비하기 위해 영어 사이트와 한국 사이트를 모두 둘러보고 정리해 둡
  니다.
  – 회사의 연혁   – 회사의 경영철학(management philosophy)
  – 연례 보고서(annual report): 회사의 규모 및 실적   – 회사 홍보 자료 및 언론 보도 자료(press conference & news
                                                     release)
  – 인사 담당자 이름   – 경영진/이사회
  – 주력사업   – 신제품 및 제품/서비스 라인
  – 복리후생 및 인재상   – 경쟁회사
  – 경쟁회사와의 비교우위   – 사회 환원 및 지역 복지 활동
  – 기업문화 및 근무환경   – 비전과 전망

❸ 지원동기와 입사 후 포부 및 목표에 대해 정리해 봅니다.

❹ 가장 많이 물어 보는 질문들에 대한 답변노트를 만듭니다.
  ☐ Tell me about yourself. 자신에 대해 말해 보세요.
    – 1분용 자기 PR 답변을 작성해 봅니다.   – 2~3분용 자기소개 답변을 작성해 봅니다.
  ☐ Why did you leave your last position, or why are you leaving your current position?
    이직 사유가 무엇입니까? (경력직의 경우)

□ What do you know about this company? 우리 회사에 대해 아는 것을 말해 보세요.
□ What are your goals or aspirations? 목표나 포부를 말씀해 주세요.
□ What are your strengths and weaknesses? 자신의 장단점은 뭔가요?
□ Why are you interested in this company? 저희 회사에 지원한 동기를 말씀해 주십시오.
□ Why should we hire you? 본인을 채용해야 하는 이유를 대보세요.
□ What are your salary expectations? 급여는 어느 정도로 생각하고 있나요?

❺ 회사에 할 질문을 2~3개 정도 준비합니다. ➡ p. 83, 107 참고

<u>03</u> 연습은 성공의 어머니!

> 거울, 또는 스터디 그룹의 친구들 앞에서 실전처럼
> 소리 내어 연습하고 또 연습하라!

처음에는 한 문장부터입니다. 예상 질문에 대해 답변하는 방법을 한 문장부터 차근차근 연습하세요. 원어민의 음성을 들으며, 큰소리로 읽고 또 따라 읽는 거죠. 그렇게 해서 자신이 생기면 인터뷰 커닝 페이퍼를 꼼꼼히 작성하세요. 회사에 대해서도 조사하고, 가장 많이 물어보는 질문 및 예상 질문을 뽑아 답변도 작성해 놓고 말이죠. 그런 다음, 실제 면접이다 생각하고 거울을 보며 큰소리로 또박또박 대답을 해보세요. 스터디 그룹을 결성해 친구들이 면접관이다 생각하고 답변을 해보는 것은 더욱 효과적입니다. 소위 모의면접을 해보라는 거죠. Practice Makes Perfect! 연습은 아무리 많이 해도 지나치지 않습니다!

모의면접, 이렇게 연습하세요

프로 골퍼가 핸디캡을 10에서 5로 줄이려고 타법을 개선하기 위해, 또는 B급 테니스 선수가 A급 선수로 발돋움하기 위해 고용하는 전문 트레이너들은 비디오 기술을 자주 사용합니다. 모델이나 배우 등도 표정이나 워킹, 대사 처리 등을 연구하기 위해 영화나 관련 비디오 자료들을 슬로우 모션으로 보고 연구하는 것을 익히 들어 알고 있을 것입니다. 정치인들 역시 TV 대담이나 토론이 있으면 고문과 전문가들을 고용해 연습에 연습을 거듭한 후에 언론에 등장한다는 것을 아시나요? 필자 역시 수업시간에 가상 인터뷰를 촬영한 후 지원자들에게 그 결과를 보여주었을 때 궁극적으로는 자신이 직접 보고 확인함으로써 획기적으로 자신의 단점을 고치고 강점을 파악하여 강화시킬 수 있게 되었답니다. 비디오 촬영을 준비하기가 번거롭거나 현실적으로 힘들다면, 요즘 휴대폰에 동영상 촬영 기능이 구비되어 있으니, 이를 이용해 나만의 모의면접을 한번 촬영해 보세요.

모의 면접을 비디오 촬영을 하는 경우, 다음과 같은 장점이 있습니다.

★ 나의 첫인상이 상대에게 어떻게 보일지 객관적으로 판단 가능
★ 자신이 무심코 사용하는 바디랭귀지나 습관 발견
★ 가장 자신감 있어 보이는 자세와 표정, 그리고 색상 발견
★ 자신이 말하는 어조와 속도 파악
★ 질문에 대한 답변의 준비 정도와 대처 능력 파악

Step 1 단어장 크기의 종이에 인터뷰 질문을 적습니다.

자주 출제되는 질문과 중요한 질문들을 중심으로 10~30개의 질문들을 1장에 한 개씩 적고 나서 하나의 상자 안에 집어넣습니다.

Step 2 카메라를 설치하고 모의 인터뷰를 촬영할 준비를 합니다.

가상 인터뷰이지만 정장을 입어 실전의 느낌을 살리는 것이 무엇보다 중요합니다. 정장을 입었을 때의 긴장감과 자신감을 잘 조화시키는 연습이기도 합니다.

Step 3 상대방이 상자에서 임의로 질문을 끄집어내어 질문하고 그에 답합니다.

5~10개의 질문을 마친 후에 자신의 답변을 다시 한번 재생시켜 봅니다. 잘한 부분과 개선해야 할 부분을 메모합니다.

Step 4 다시 같은 질문에 대해 피드백을 한 결과를 고려해서 답변을 합니다.

자신이 해당 질문에 대해 편해지고 다른 어떤 경쟁자보다 낫다라는 자신감이 붙는다면 여러분은 충분한 연습을 한 것입니다.

Step 5 스터디 그룹 친구들과 모의면접을 하는 경우 자신이 가장 훌륭한 선생입니다.

스터디 그룹을 하면서 모의면접을 한다고요? 상대의 피드백을 열린 사고로 받아들이되 자신을 100% 바꾸지는 마세요. 상대방은 전문가가 아니라 여러분과 같은 취업을 준비하는 사람이라는 것을 명심하십시오. 모의면접을 하는 것은 자신이 실전에서 어떻게 행동할지를 예상하고 이에 철저하게 준비하기 위함이지 자신에 대해 자신감을 잃거나 취업에 대한 의욕을 저하하기 위한 것이 아닙니다.

04 자기분석은 발전의 디딤돌!

> **면접관의 입장에서 나의 답변과 태도를 들여다보고 잘못된 점을 보완하라.**

거울이나 모의면접을 통해 답변을 실전처럼 연습하고, 또 연습하는 것은 매우 중요합니다. 한 가지 주의할 점은 무턱대고 똑같은 연습을 반복하는 것이 아니라, 매번 자신의 답변과 태도를 면접관의 입장에서 들여다보고 평가하여, 잘못된 점을 보완하는 과정을 거듭하라는 것이죠. 아래의 평가표를 참고하여 자신의 답변과 태도를 평가해 보세요.

➡ 부록 p. 289에 있는 유명 외국기업의 「인터뷰 평가표」를 활용하셔도 좋습니다.

모의 인터뷰 시 활용하세요!

역량	세부내용	평가
신뢰성 책임감	1. 대답을 머뭇거리는가?	
	2. 자기소개의 앞뒤가 다른가?	
	3. 일단 입사나 해보자는 태도를 보이는가?	
	4. 압박면접 시 불필요한 사족이나 변명을 하는가?	
	5. 시선 처리가 산만하고 눈을 못 맞추는가?	
	6. 모르면서 아는 척 하는가?	
	➡ "왜?", "어떻게?"를 반복질문하여 답변의 앞뒤가 맞는지 파악하고, 과장이 심한 지원자는 제외시킨다.	
협동정신	1. 기본적인 예의를 갖추고 있는가?	
	2. 자기중심적인가?	
	3. 그룹토론 시 다른 사람의 의견을 공격하거나 지나친 경쟁심을 보이는가?	
	4. 부정적인 표현을 자주 사용하면서 부정적인 사고를 보이는가?	
	5. 은연 중 자신의 배경이나 연고를 과시하는가?	
	6. 회사의 가치관과 극히 달라 적응이 어려울 것 같은가?	
	7. 공부 밖에 모르는 도서관형 인재인가?	
	8. 각종 교내외 활동들에 적극성을 보였는가?	
	➡ "친구 또는 상사와 의견 대립 시 어떻게 하겠느냐?", "학교에서 어떤 동아리 활동을 했는지?" 등의 질문들을 통해 희생, 봉사, 양보정신을 갖추어 공동체로서 일할 수 있는지를 확인한다.	
창의성 도전의식	1. 교과서에 나오는 정답, 또는 상투적인 답변을 하는가?	
	2. 자신만의 독창적인 생각을 하는가?	
	3. 자신감 있는 언행을 보이는가, 지나치게 긴장하는가?	
	4. 취업에 대한 준비 정도는 어떠한가? 우리 회사에 대한 인식이 명확하지 않고 애매한가?	
	5. 취업의욕이 약하여 입사 후에도 쉽게 포기할 것 같은가?	
	6. 도전해 본 경험이 있는가?	
	➡ "우리 회사에 합격하면 무슨 일을 하고 싶은지?", "우리 회사에서 생산하고 있는 제품 중 알고 있는 것을 말해 보거나 평가해 보라." 등 회사에 대한 지식을 묻거나 도전적인 업무를 주고 어떻게 하겠느냐는 식으로 창의적으로 자신만의 소리를 적극적으로 표현하는 지원자를 찾는다.	

첫째마당

영어 인터뷰에 항상 나오는 질문 5가지

→ 영어 인터뷰에 바로 합격하는 대답 패턴 86

영어 인터뷰에 항상 나오는 질문 5가지

영어 인터뷰를 하는 회사에 가면 꼭 받는 질문이 있습니다.
바로 아래 있는 5개의 질문이죠.
이 5개의 질문에 적어도 5문장씩을 말할 수 있다면
당신은 어느 회사를 가더라도 합격할 수 있습니다.

다음 필수 질문에 영어로 답해보시겠어요?

01. 자신에 대해 말해 보세요.

02. 자신의 장단점은 뭔가요?

03. 우리 회사가 당신을 채용해야 하는 이유는 뭔가요?

04. 저희 회사에 지원한 동기를 말씀해 주십시오.

05. 목표나 포부를 말씀해 주세요.

"Tell me about yourself." 자신에 대해 말해 보세요.

▶ 이렇게 물어볼 수도 있어요!

- **What can you tell us about yourself?**
- **Would you tell me something about yourself?**
- **How would you describe yourself?**

지원자들이 가장 많이 받는 질문이자 가장 처음으로 나올 법한 질문입니다. 이 질문을 통해서 면접관은 여러분의 인성이나 태도, 장단점, 의사소통 능력, 처음 보는 면접관과의 공감대 형성 능력, 긴장된 상황 속에서 얼마나 침착할 수 있는지 등을 종합적으로 파악하고자 합니다.

답변은 1분용과 2~3분용 두 개를 준비하세요. 자기 PR을 1분 내로 해보라고 할 수도 있고, 종합적인 자기소개를 하라고 할 수도 있기 때문입니다. 1분용 자기소개를 준비할 때는 자신을 소개할 수 있는 함축적인 단어나 별명, 평판 등을 사용하면 효과적입니다. 2~3분용 자기소개라면 처음 30초는 면접관과의 서먹한 관계를 풀기 위해 간단한 인사와 이름 및 지원분야를 밝히고, 나머지는 학력이나 여러 경험을 통해 얻은 자격조건에 대해 설명합니다. 자신을 보여줄 수 있는 처음이자 가장 중요한 기회! 시시콜콜한 이야기보다는 간략하게 자신을 PR하는 것이 핵심입니다.

Tell me about yourself.라는 질문에 대한 대답으로 꼭 포함해야 하는 것에는,

1. 간단한 인사
2. 전공이나 학위, 출신대학 등 학력
3. 아르바이트나 인턴 경험, 여행, 어학연수, 동아리 활동 등 과거 경험
4. 기술과 자질   5. 좌우명과 관심사항

지금부터는 Tell me about yourself.라는 질문에 대한 대답으로 꼭 들어가야 할 5가지에 대해 배우게 될 것입니다.

Tell me about yourself.에 대한 대답 **1** 간단한 인사로 긴장을 푼다

만나서 반갑습니다. 저는 오필승입니다.

질문을 받았을 때 바로 자기소개를 시작하기보다는 긴장된 관계를 풀고 긍정적인 이미지를 심어주기 위해, 인터뷰의 기회를 갖게 된 데 대해 짧게나마 감사를 표현해 보세요. 필요하다고 느껴지면 간단히 자기 이름을 얘기하고 지원분야도 곁들여 얘기해 봅니다.

First of all, pleased to meet you. 우선, 만나서 반갑습니다.

I am Pil-seung Oh. 저는 오필승입니다.

Thank you for having me today for an interview. 오늘 인터뷰 기회를 주셔서 감사합니다.

I am excited to be here to let you know how this company would benefit from my employment. 이 자리에서, 저를 고용하시면 회사에 어떻게 도움이 될 지 보여드릴 수 있게 되어 기쁩니다.

I am applying for a position in the Marketing Department. 저는 마케팅부에 지원하고자 합니다.

무작정 따라하기
STEP 1 ▶ 상황에 맞게 단어를 꾸며 큰 소리로 읽어 보세요.

❶ Thank you for + -ing ~해서 감사합니다

Thank you for hav**ing** me today for an interview.
오늘 인터뷰 기회를 주셔서 감사합니다.

Thank you for giv**ing** me the opportunity to introduce myself.
자기소개의 기회를 주셔서 감사합니다.

> Thank you for 대신
> I appreciate을 쓰면 좀더 정중한
> 감사인사가 됩니다.

❷ I am honored to be here/interviewed
이 자리/인터뷰에 오게 되어 영광입니다

I am honored to be here to introduce myself.
자기소개를 하고자 이 자리까지 오게 되어 영광입니다.

I am honored to be here for an interview.
인터뷰 자리에 오게 되어 영광입니다.

I am honored to be interviewed today. 오늘 인터뷰를 하게 되어 영광입니다.

> honored 대신 happy,
> pleased, glad 등을 넣어 말해도
> 같은 맥락의 표현이 됩니다.
> **I am happy to + 동사원형** ~하
> 게 되어 무척 기쁩니다
> **I am pleased[glad] to + 동사
> 원형** ~하게 되어 기쁩니다

❸ I'm excited to be here to let you know + 제시할 내용
이 자리에서 ~를 보여드릴 수 있게 되어 기쁩니다

I'm excited to be here to let you know who I am and what I can do for this company. 이 자리에서 제가 어떤 사람이고 귀사를 위해 무엇을 할 수 있을지

를 보여드릴 수 있게 되어 기쁩니다.

I'm excited to be here to let you know that I am a good fit for this position and company.
이 자리에서 지원분야와 회사에 제가 적임자임을 보여드릴 수 있게 되어 기쁩니다.

a good fit 딱 맞는 것[사람]

❹ I'm applying for a position in + 부서 ~부서에 지원하고자 합니다

I am applying for a position in the Marketing Department.
마케팅부에 지원하고자 합니다.

I am applying for a position in the Sales Department.
영업부에 지원하고자 합니다.

I am applying for a position as a flight attendant.
승무원직에 지원하고자 합니다.

「in + 부서」 자리에 「as + 직업명」이 올 수도 있어요.

무작정 따라하기
STEP 2 ▶ 앞에서 배운 패턴을 이용해 문장을 만들어 보세요.

❶ 자기소개의 기회를 주셔서 감사합니다. (appreciate)

----

❷ 자기소개를 하고자 이 자리까지 오게 되어 무척 기쁩니다. (happy)

----

❸ 저는 생산관리직에 지원하고자 합니다. (production management)

----

❹ 저는 경영지원 분야에 지원하고자 합니다. (operational support)

정답 및 해설

❶ I appreciate you giving me the opportunity to introduce myself. ❷ I'm happy to be here to introduce myself. ❸ I'm applying for a position in production management. ❹ I'm applying for a position in the operational support field.

직접 만들어 보세요 자신의 상황에 맞는 문장을 만들어 봐야 실전에 강해집니다.

- -

- -

Tell me about yourself.에 대한 대답 **2** 전공이나 학위, 출신대학 등 학력을 언급한다

저는 대한대학을 문학사로 졸업할 예정입니다.

신입에 지원한다면 자기소개에 학력은 빼놓을 수 없는 부분이죠. 특히, 업무 관련 전문 경험이 부족한, 갓 졸업한 학생들이 인터뷰에서 강조할 수 있는 부분이기도 합니다. 전공만 언급하지 말고 학위나 출신대학을 포함하고, 전공과목을 통해 배운 것에 중점을 두어 답하세요. 전공과목을 통해 배운 것을 말하는 법은 p.115로 가면 보실 수 있습니다.

I will be graduating with a B.A. degree **from** Daehan University.

저는 대한대학을 문학사로 졸업할 예정입니다.

I'm expecting a Master's degree **in** biochemistry this year.

저는 올해 생화학과 석사학위를 취득할 예정입니다.

I major in sociology **with a minor in** mathematics.

저는 사회학 전공에 수학을 부전공으로 하고 있습니다.

I finished a B.S. degree in 2005, **with a major in** biology **and a minor in microbiology.** 저는 2005년에 생물 전공과 미생물학 부전공으로 이학사를 취득했습니다.

I'm an engineer with a B.S. degree in mechanical engineering.

저는 기계공학 이학사 학위를 받은 엔지니어입니다.

무작정 따라하기
STEP 1 ▶ 상황에 맞게 단어를 꾸며 큰 소리로 읽어 보세요.

❶ I will be graduating with + 학위 + (in + 전공 +) from + 대학 저는 ~대학을 (…전공) –학위로 졸업할 예정입니다

I will be graduating with a B.S. degree **in** zoology **from** Boston University.
저는 보스턴 대학에서 동물학 이학사로 졸업할 예정입니다.

I am expecting a Bachelor of Law degree **from** Daehan University. 저는 대한대학을 법학사 학위를 받고 졸업할 예정입니다.

「I'm expecting + 학위 + in + 전공 + from + 대학」으로 말해도 같은 의미이며, 이미 졸업한 경우에는 graduate을 과거형으로 써서 I graduated ~로 말하면 됩니다.

❷ I major in + 전공 + with a minor in + 부전공
저는 ~전공에 …부전공입니다

I major in microbiology **with a minor in** statistics.
저는 미생물학 전공에 통계학 부전공입니다.

'A와 B를 복수 전공했다'고 얘기하려면 I double-majored in A and B라고 하면 됩니다.

I am a history **major with a minor in** English literature.
저는 역사 전공에 영문학을 부전공으로 하고 있습니다.

❸ I finished/completed + 학위 + in + 연도 + with a major in + 전공 + (and a minor in + 부전공)
저는 ~년도에 …전공(과 ~부전공)으로 -학위를 취득했습니다

I finished a B.S. degree **in** 2005 **with a major in** biology **and a minor in** microbiology.
저는 2005년에 생물 전공과 미생물학 부전공으로 이학사를 취득했습니다.

I completed a Bachelor of Science in 2004 **with a major in** physics **and a minor in** mathematics.
저는 2004년에 물리 전공과 수학 부전공으로 이학사 학위를 취득했습니다.

❹ I'm + 직업 + with + 자격증/학위 저는 ~자격증/학위를 소유한 …입니다

I'm a certified accountant **with** a CPA.
저는 CPA 자격증을 취득한 공인회계사입니다.

I'm a registered nurse **with** a nursing degree.
저는 간호학 학위를 소유한 간호사입니다.

무작정 따라하기
STEP 2 ▶ 앞에서 배운 패턴을 이용해 문장을 만들어 보세요.

❶ 저는 작년에 역사 전공 문학사 학위를 받고 졸업했습니다.

- -

❷ 저는 법학사 학위를 받은 법률 보조원입니다. (paralegal)

- -

❸ 저는 내년에 경영학 전공으로 문학사 학위를 취득할 예정입니다.

- -

❹ 저는 국제요리대학에서 한국요리 자격을 취득했습니다.
(diploma in Korean cuisine, International Cooking College)

- -

정답 및 해설

❶ I graduated with a B.A. degree in history last year. ❷ I'm a paralegal with a B.L. degree. ❸ I'm expecting a B.A. degree with a major in business administration next year. ❹ I have acquired a diploma in Korean cuisine from the International Cooking College. ❺ I major in fashion design at Seoul Community College.

❺ 저는 서울 전문대에서 의상디자인을 전공하고 있습니다.
(Seoul Community College)

직접 만들어 보세요 자신의 상황에 맞는 문장을 만들어 봐야 실전에 강해집니다.

- -

- -

Vocabulary Box 학위를 나타내는 표현

대학졸업자는 학사이고, 대학원에는 석사과정과 박사과정 있다는 거 알고 계시죠? 이를 영어로는 아래와 같이 표현한답니다. 복잡해 보이고 어려워 보인다구요? 자, 부담 갖지 말고 자신에게 맞는 표현만 찾아 사용해 보세요.

2년제 전문대학
A.A. degree 준문학사 (Associate Degree of Arts)
A.S. degree 준이학사 (Associate Degree of Science)

4년제 대학
B.A. degree 문학사 (Bachelor of Arts)
B.S. degree 이학사 (Bachelor of Science)
B.L. degree 법학사 (Bachelor of Law)
B.F.A. degree 미술학사 (Bachelor of Fine Arts)

대학원 석사학위
M.A. degree 문학석사 (Master of Arts)
M.S. degree 이학석사 (Master of Science)

M.B.A. degree 경영학석사 (Master of Business Administration)
M.F.A. degree 미술석사 (Master of Fine Arts)

대학원 박사학위
Ph.D. degree 철학박사 (Doctor of Philosophy)
J.S.D. degree 법학박사 (Doctor of the Science of Law)
M.D. 의학박사 (Doctor of Medicine)

기타
Diploma 수료증
Certificate 수료증, 자격증, 면허증
AA-equivalent diploma 준학사와 동등학위

Tell me about yourself.에 대한 대답 **3**

아르바이트나 인턴 경험, 여행, 어학연수, 동아리 활동 등 과거 경험을 통해 축적된 기술과 내공을 보여준다

석 달 정도 혼자 유럽으로 배낭여행을 간 적이 있습니다.

과거의 경험은 현재의 나를 있게 한 원동력입니다. 일한 경험이 없다고 좌절할 필요는 없습니다. 여행이나 어학연수, 동아리 활동 등도 좋은 소재가 될 수 있으니까요. 지원하는 분야에서 강조하는 자질을 가장 잘 드러낼 수 있는 내용을 중심으로 설명하되, 자기소개에서 꼭 필요한 농축된 내용으로 능력 있는 지원자로서의 첫인상을 남기세요.

During my college days I participated in an internship program at this company.
대학 시절 귀사의 인턴사원 교육 프로그램에 참가했습니다.

I have backpack-traveled alone to Europe for about three months.
석 달 정도 혼자 유럽으로 배낭여행을 간 적이 있습니다.

I was a member of a dance club in university. 대학에서 춤 동아리의 일원으로 활동했습니다.

I was in charge of general administration. 일반 행정업무를 책임졌습니다.

That's why **I have** practical **experience in** this part.
그래서 저는 이 분야에 실질적인 경험을 가지고 있습니다.

무작정 따라하기
STEP 1 ▶ 상황에 맞게 단어를 꾸며 큰 소리로 읽어 보세요.

❶ During my college days I participated in + 프로그램
대학 시절 ~프로그램에 참가했습니다

During my college days I participated in an internship program at P&G. 대학 시절 P&G 사의 인턴사원 교육 프로그램에 참가했습니다.

During my college days I participated in an exchange program at Tokyo University in Japan.
대학 시절 일본 동경대학의 교환학생 프로그램에 참가하였습니다.

participate in ~에 참가하다

❷ I have + p.p. ~를 했습니다

I have helped kids in an orphanage with their studies for the last four years. 저는 지난 4년 동안 고아원 아이들의 공부를 봐주고 있습니다.

I have had various part-time jobs since my college days.
대학 시절 때부터 다양한 아르바이트를 했습니다.

For the last two years, **I have worked** for Motorola.
지난 2년 동안 모토로라 사에서 근무했습니다.

help somebody with something ~가 …하는 것을 돕다 have a part-time job 파트타임으로 일하다 work for + 회사 ~에서 일하다

❸ I was a member of + 동아리/단체 ~동아리/단체의 일원으로 활동했습니다

I was a member of a photo club. 사진 동아리의 일원이었습니다.

I was a member of the university's student council.
학생회 활동을 했습니다.

I was vice president of a movie club. 영화 동아리의 부회장이었습니다.

간부로 활동한 경우에는 member 대신 leader나 vice president 와 같은 직책명을 써주면 됩니다.

❹ I was in charge of + 업무 ~업무를 책임지고 관리[담당]했습니다

I was in charge of all the expenses for our club activities.
동아리 활동 경비를 책임지고 관리하였습니다.

I mainly handled correspondences of the customer service team. 고객서비스팀의 서신관련 업무를 주로 담당했습니다.

expenses 비용, 경비
correspondence 서신
customer service 고객서비스

❺ I have ... experience in + 분야 저는 ~분야에 …한 경험이 있습니다

I have a lot of academic **experience in** my major.
전공 분야에서 다양한 연구를 한 경험이 있습니다.

I have practical **experience in** the laboratory.
저는 실험실에서 실제로 연구한 경험이 있습니다.

academic 학계의, 학계와 관련해
이런저런 연구를 하는 practical
실질적인 laboratory 실험실

무작정 따라하기
STEP 2 ▶ 앞에서 배운 패턴을 이용해 문장을 만들어 보세요.

❶ 대학 시절 외교통상부의 인턴직원 교육 프로그램에 참가하였습니다.
(Ministry of Foreign Affairs)

----

❷ 우리 과의 회계업무를 맡았었습니다.
(accounting in our department)

----

❸ 1년 정도 편의점에서 아르바이트를 한 적이 있습니다.
(at a convenience store)

정답 및 해설

❶ During my college days I participated in an internship program at the Ministry of Foreign Affairs. **❷** I was in charge of accounting in our department. **❸** I have had a part-time job at a convenience store for about 1 year. **❹** I was a member of a volunteer club. **❺** I have a lot of experience in cell phone research and development.

❹ 봉사 동아리에서 활동했습니다. (volunteer club)

----

❺ 휴대폰 연구개발에 다양한 경험이 있습니다.
(research and development)

직접 만들어 보세요 자신의 상황에 맞는 문장을 만들어 봐야 실전에 강해집니다.

- -

- -

Vocabulary Box **동아리 및 특별활동을 나타내는 표현**

일반적으로 '동아리'를 말할 때는 club을 쓰고, 전공 관련 학생회를 말할 때는 「전공이름 + Students' Society」 혹은 「전공이름 + Students' Association」이라고 하면 됩니다.

동아리
photo club 사진 동아리
dance club 춤 동아리
pottery club 도자기 공예반
soccer club 축구부
ski club 스키 동아리
guitar club 기타 동아리
campus newspaper club 학보사
broadcasting club 방송반
film society 영화 동아리
Fine Arts Society 미술 동아리

university's student council 대학 학생회
Engineering Students' Society 공대 학생회
History Students' Society 사학과 학생회
Mathematics Students' Association 수학과 학생회
International Students' Association 국제학생회
특별프로그램
internship program 인턴사원 교육 프로그램
exchange program 교환학생 프로그램
co-op program 산학연계 프로그램(학생이 학교가 지정한
회사에서 업무경력을 쌓을 수 있도록 하는 프로그램)

Tell me about yourself.에 대한 대답 4 나만의 기술과 자질을 강조한다

저는 아르바이트를 하면서 사람 대하는 능력을 길렀습니다.

자기소개의 본질은 결국 자신의 장점을 어필하기 위함입니다.이제까지의 실무 경험이나 노력을 통해 습득하고 배운 점들에 초점을 맞추세요. 자기를 소개하라는 질문에서부터 자신의 강점을 어필해야 합니다. 가장 자랑스러우면서도 항상 지원하는 업무와 연관이 있는 기술이나 자격조건을 염두에 두고 답하세요.

I have taken several computer courses. 컴퓨터 과정을 몇 가지 이수했습니다.

I'm confident in speaking Japanese. 일본어에 자신 있습니다.

I acquired interpersonal skills through my part-time position.

저는 아르바이트를 하면서 사람 대하는 능력을 길렀습니다.

From my internship experience **I have learned** efficient time management skills.

인턴 사원으로 일하면서 효율적으로 시간을 관리하는 법을 배울 수 있었습니다.

I possess negotiation skills **essential for this position**.

해당 직위에 필요한 협상 기술을 갖추고 있습니다.

무작정 따라하기
STEP 1 ▶ 상황에 맞게 단어를 꾸며 큰 소리로 읽어 보세요.

❶ I have taken + 과정/자격 ~과정/자격을 이수했습니다

I have taken CPA courses in preparation for the exam.
CPA 시험 준비로 관련 과정을 이수했습니다.

I have taken English conversation class for three years.
저는 영어회화 수업을 3년간 들었습니다.

> **in preparation for** ~의 준비과정으로

❷ I'm confident in + 분야 ~분야에 자신 있습니다

I'm confident in leading people. 저는 사람들을 이끄는 데 자신 있습니다.

I'm confident in troubleshooting computer software problems.
저는 컴퓨터 소프트웨어의 문제를 해결하는 데 자신 있습니다.

> **troubleshoot** (어떤 일에 문제가 생길 경우) 그 문제를 해결하다

❸ I (have) acquired/obtained/gained + 기술/능력
~기술/능력을 길렀습니다

I have gained persuasion skills as a youth counselor at YMCA.
YMCA에서 청소년 상담가로서 타인을 설득하는 능력을 길렀습니다.

> 어떤 일을 통해 능력을 길렀다고 하려면 「through + 일」, 어떤 단체에서 길렀다면 「at + 단체」, 어떤 직책을 맡아 일하며 능력을 키웠다면 「as + 직책」의 형태로 덧붙여 표현하면 돼요.

I have obtained leadership skills as a representative of the History Students' Association. 사학과 대표로 활동하며 지도력을 길렀습니다.

persuasion skills 설득력
counselor 상담가

❹ I have learned~ 저는 ~을 배웠습니다

I have learned database management using Microsoft SQL Server. 저는 MS SQL서버를 사용하여 데이터베이스를 관리하는 법을 배웠습니다.

From my volunteer experience, **I have learned** how to work across multiple disciplines.
봉사 활동 경험을 통해 다양한 분야의 사람들과 일할 수 있는 능력을 키웠습니다.

database management 데이
터베이스 관리 how to + 동사원형
~하는 법 work across
multiple disciplines 다양한 분
야에서 일하다

❺ I possess + 기술/능력/경험 + essential for this position
지원하는 자리에 필요한 ~기술/능력/경험이 있습니다

I possess experience setting up Web pages **essential for this position**. 해당 직위에 필요한 웹페이지를 제작한 경험이 있습니다.

I possess customer service-related skills **essential for this position**.
해당 직위에 필요한 고객서비스 관련 업무를 잘 수행할 수 있는 능력을 가지고 있습니다.

essential for + 대상 ~에게 필수
인, 필요한 customer service-
related 고객 서비스와 관련한

무작정 따라하기
STEP 2 ▶ 앞에서 배운 패턴을 이용해 문장을 만들어 보세요.

❶ 저는 대화를 통해 문제를 해결하는 능력을 길렀습니다.
(the ability to solve the problem)

----

❷ 저는 경제적으로 독립하는 법을 배웠습니다.
(financially independent)

----

❸ 저는 프레젠테이션 기획에 자신이 있습니다.

----

❹ 저는 DMW사에서 리더십 과정을 들었습니다.

정답 및 해설

❶ I have acquired the ability to solve the problem through talking with people. ❷ I have learned how to stand financially independent for myself. ❸ I'm confident in planning presentations. ❹ I have taken a leadership course at DMW Incorporated. ❺ I have the ability to meet deadlines and make easy-to-understand proposals.

❺ 저는 마감일을 지키면서 일을 끝낼 수 있는 능력이 있으며, 이해하기
쉬운 기획서를 만들 수 있습니다. (meet deadlines, easy-to-
understand proposals)

직접 만들어 보세요 자신의 상황에 맞는 문장을 만들어 봐야 실전에 강해집니다.

- -

- -

Vocabulary Box 특별한 기술이나 능력을 나타내는 표현

leadership 지도력
teamwork 협력, 협동심
flexibility and adaptability 융통성과 적응력
people skills 사교성
interpersonal skills 대인관계를 원만하게 하는 능력
persuasion skills (타인에 대한) 설득력
negotiation skills 협상 기술
communication skills 의사소통 능력
superior verbal communication skills 말에 의한 전달능력이 뛰어남
language skills[fluency in ~] 언어 능력[~언어에 유창]
efficient time management skills 효율적인 시간관리 능력
critical thinking skills 비판적 사고 능력
problem-solving ability 합리적인 문제 해결 능력
presentation skills 프리젠테이션 능력
decision making skills 의사결정 능력
coordinating skills 의견조율 능력

writing skills 글 쓰는 능력
analytical ability 분석 능력
ability to adapt (quickly) (빠른) 적응력
ability to focus 집중력
ability to meet deadlines 마감일을 맞추는 능력
ability to think of creative solutions for problems 창의적 해결방안을 모색하는 능력
ability to handle multiple tasks 다양한 일을 처리하는 능력
ability to work independently 독립적으로 일하는 능력
ability to work in a team 팀 안에서 일하는 능력
ability to handle stress well 스트레스를 잘 관리하는 능력
ability to learn 배우는 능력
ability to prioritize 우선순위를 정하는 능력
ability to deal with conflict 갈등상황을 처리하는 능력
ability to handle crises 위기를 처리하는 능력
ability to see the big picture 큰 구조를 볼 수 있는 능력

Tell me about yourself.에 대한 대답 5 좌우명과 관심사항으로 자신의 가능성을 드러낸다

저는 정직을 제 인생의 좌우명이라고 여깁니다.

생활신조나 직업관은 자신의 현재와 과거 그리고 미래까지 보여줄 수 있는 압축파일입니다. 짧은 문장으로도 인상적인 자기소개를 할 수 있는 방법이죠. 잘 알려진 명언을 인용하되, 강조하고자 하는 장점을 부각시킬 수 있는 것이어야 합니다. 또는 자신의 현재 단점을 커버할 수 있는 격언이라면 완벽하겠죠. 아울러 자신의 관심사항이 지원분야와 일치한다면 이 또한 큰 강점으로 작용할 수 있으므로 꼭 밝히도록 합니다.

"Don't complain, don't explain." This represents who I truly am.
"불평하지 말고 변명하지 말라."는 격언은 제가 어떤 사람인지를 잘 나타내 줍니다.

I prioritize integrity in my life. 성실성을 제 인생의 최우선으로 여깁니다.

My philosophy in life is to think of today as my last day of life.
제 생활신조는 오늘을 인생의 마지막 날인 것처럼 생각하라는 것입니다.

I think of time management as the most important factor at work.
저는 시간관리가 업무에서 가장 중요하다고 생각합니다.

I am deeply interested in global business. 저는 국제 비즈니스에 관심이 아주 큽니다.

무작정 따라하기 STEP 1 ▶ 상황에 맞게 단어를 꾸며 큰 소리로 읽어 보세요.

❶ 격언 + This explains/represents who I truly am
~은 제가 어떤 사람인지를 잘/정확히 설명해 줍니다

"No pain, no gain." This explains who I truly am.
"수고 없이는 결실도 없다."는 이 격언은 제가 어떤 사람인지를 잘 설명해 줍니다.

"As long as you're going to think anyway, think big."
This represents exactly who I am.
"이왕 생각하는 거 대범하게 생각하자."라는 명언은 제가 어떤 사람인지를 정확히 설명해 줍니다.

❷ I prioritize ~ in my life ~를 제 인생의 최우선으로 여기고 있습니다

I prioritize relations with people in my life.
저는 사람들과의 관계를 제 인생의 최우선 순위로 여깁니다.

I prioritize honesty in my life. 저는 정직을 제 인생의 최우선으로 여깁니다.

I prioritize hard work in my life. 저는 근면을 제 인생의 최우선으로 여깁니다.

I regard ~ as my life motto (~를 제 인생의 좌우명으로 여기고 있습니다)라고 바꿔 써도 됩니다.
prioritize ~을 우선으로 여기다

❸ My philosophy in life is to + 동사원형 제 생활신조는 ~입니다

My philosophy in life is to think of today as my last day of life.
제 생활신조는 오늘을 인생의 마지막 날인 것처럼 생각하라는 것입니다.

My philosophy in life is never **to** put off till tomorrow what you
can do today. 오늘 할 일을 내일로 미루지 말라는 것이 제 생활신조입니다.

to 부정사 대신 that 절을 써서 표현할 수도 있지요.
put off 미루다

❹ I think of ~ as the most important factor at work
저는 ~이 업무에서 가장 중요하다고 생각합니다

I regard punctuality **as the most important factor at work**.
저는 시간엄수가 업무에서 가장 중요하다고 생각합니다.

I consider people skills **as the most important factor at work**.
저는 대인관계가 업무에서 가장 중요하다고 생각합니다.

I think of accurate numerical analysis **as the most important
factor in my field**. 저는 정확한 수치분석이 업무에서 가장 중요하다고 생각합니다.

think of A as B A를 B라고 생각하다(= regard A as B; consider A as B)
punctuality 시간준수 **people skills** 대인관계 **accurate numerical analysis** 정확한 수치분석

❺ I am deeply interested in~ 저는 ~에 깊은 관심이 있습니다

I am deeply interested in trade relations. 무역관계에 깊은 관심이 있습니다.

I am deeply interested in working in the customer service area.
고객서비스 분야에서 일하는 데 깊은 관심이 있습니다.

I am deeply interested in overseas markets, especially in China.
해외시장에, 특히 중국시장에 깊은 관심이 있습니다.

I am deeply interested in~과 같은 의미로 I have keen interest in~을 써도 됩니다.

❻ I will make the best use of + 경험/능력 + for~
~을 위해 …경험/능력을 최대한 활용할 것입니다

I will make the best use of my foreign language skills **for** the
success of your company's international market expansion.
저는 귀사가 성공적으로 국제시장을 확장할 수 있도록 제 외국어 실력을 최대한 활용할 것입니다.

I will make the best use of my analytical skills **for** accurate
database calculation procedures at your organization.
저는 귀사에서 정확한 데이터베이스화 작업에 필요한 제 분석능력을 최대한 활용할 것입니다.

make the best use of ~를 최대한 활용하다 **analytical skills** 분석능력 **database calculation procedure** 데이터베이스 산정 작업

❶ 근면은 행운의 어머니라는 명언은 제가 어떤 사람인지를 정확하게 설명해줍니다. (diligence, the mother of good luck)

- -

❷ 제 생활신조는 오늘을 제 남은 인생의 첫 날이라고 생각하라는 것입니다. (the first day of the rest of my life)

- -

❸ 저는 개인역량도 중요하지만 팀웍이 회사생활에서 가장 중요하다고 생각합니다. (individual ability)

- -

정답 및 해설

❶ "Diligence is the mother of good luck." This explains who I truly am. ❷ My philosophy in life is to think today as the first day of the rest of my life. ❸ Individual ability is important at work, but I think of teamwork as the most important factor at work. ❹ I consider logical problem solving as the most important factor at work. ❺ I'm deeply interested in international relations. ❻ I will make the best use of my past experience to develop myself for the future.

❹ 저는 합리적인 문제 해결 능력이 업무에서 가장 중요하다고 생각합니다. (consider, logical problem solving)

- -

❺ 국제교류에 깊은 관심이 있습니다. (international relations)

- -

❻ 미래를 위해 제 과거경험을 최대한 활용하여 스스로를 개발할 것입니다. (develop myself)

- -

직접 만들어 보세요 자신의 상황에 맞는 문장을 만들어 봐야 실전에 강해집니다.

- -
- -

Tell me about yourself.

▶ 학창 시절 교환학생 경험과 좌우명에 초점을 맞춰 말한 경우

Thank you for having me today for an interview.
I completed a B.S. degree in mechanical engineering last year. During my college days, I participated in an exchange program at New York University in the United States. I acquired language skills, interpersonal skills, and the ability to think globally. I strive hard to achieve my goals. I'm a very goal-oriented individual. I regard "no pain, no gain" as my life motto.

자기 소개의 기회를 주셔서 감사합니다. 저는 작년에 기계공학 이학사 학위를 취득하였습니다. 대학 시절, 저는 미국 뉴욕대학의 교환학생 프로그램에 참가하였습니다. 거기서 언어 능력과 대인관계 능력, 그리고 국제적으로 생각하는 능력을 키웠어요. 저는 목표를 달성하기 위해 열심히 노력합니다. 저는 목표 중심형 인간으로 "고통 없이는 성과도 없다"는 것이 제 생활신조입니다.

▶ 학창 시절 여행 경험을 좌우명과 연결시켜 말한 경우

I'm a history graduate from MS University. During my college days, I traveled all around the U.S. From my one-year living and schooling experience in America, I have gained a sense of responsibility and independence. "I would never let my memories be greater than my dreams." This explains who I truly am. I always make the best use of my past experience to prepare myself for the future.

저는 MS 대학의 역사학 전공자입니다. 대학 시절에 미국 전역을 여행했어요. 미국에서 1년간 생활하고 공부하면서 독립심과 책임감을 길렀습니다. "과거에 만족하기보다는 꿈을 더 크게 가지리라."는 말은 제가 어떤 사람인지를 잘 설명해 줍니다. 저는 미래를 위해 준비된 인재가 될 수 있도록 제 과거경험을 최대한 활용합니다.

▶ 이직자가 경력과 자질에 초점을 맞춰 말한 경우

I have more than three years of expeience as an event planner in their hospitality industry, specializing in fund raising, trade shows, and conventions. I pride myself on my crisis handling skills and creative ideas. I've come here to talk to you about a position in the events planning team. Saving money on important events is just what I'd like to do for your company.

― 자신에 대해 말해 보세요.

저는 접객서비스 업계에서 기금조성, 업계 박람회, 그리고 각종 컨벤션을 전문으로 하는 이벤트 플래너로 3년 이상 일한 경험이 있습니다. 저는 저의 위기 관리 능력과 창의적인 아이디어에 자부심을 가지고 있습니다. 저는 이벤트기획팀 자리에 대해 논의하기 위해 이 자리까지 왔습니다. 중요한 행사의 비용을 아끼는 것이 제가 당사를 위해 하고자 하는 바입니다.

▶ 좌우명과 신조에 초점을 맞춰 말한 경우

I believe in the value of hard work and feel that I am an individual of the utmost integrity. I am energetic and love to face challenges. I always make every effort to lead by example and the qualities that I value are evident in my actions. This has earned me the respect of my peers and co-workers in the past.

저는 근면의 가치를 믿고 있으며 자신이 극히 성실한 사람이라고 생각합니다. 저는 활동적이고 도전을 좋아합니다. 저는 항상 모범이 되려고 하며 제가 중요시하는 점을 제 행동으로 보입니다. 이런 점 때문에 저는 제 친구와 동료들의 존경을 받을 수 있었습니다.

▶ 자신을 나타내는 함축적인 단어를 사용해 말한 경우

"Hard working, reliable, and team player" are words that explain who I am. Anyone I work with tell you that I do whatever it takes to get the job done. I am reliable. I never miss deadlines. Last, I'm a team player because I thrive in enviroments that are supportive.

"성실하고, 믿을 수 있고 팀웍이 강한 사람"이라는 말들이 제가 어떤 사람인지를 보여 줍니다. 저와 일해 본 누구라도 제가 일을 확실히 마무리하기 위해 무엇이든지 할 것이라고 말할 것입니다. 저는 믿음직합니다 절대로 마감을 놓치지 않습니다. 마지막으로 저는 서로 지지해주는 환경에서 능력을 발휘하므로 팀플레이어라 할 수 있습니다.

"What are your strengths & weaknesses?"

자신의 장단점은 뭔가요?

> ▶ 이렇게 물어볼 수도 있어요!
>
> • What do you consider to be your strong assets or points?
> • What are your weaknesses in relation to this job?
> • What area of your personality or capabilities would you like to improve?

면접관이 지원자의 장점을 궁금해 하는 것은 이 지원자가 우리 회사에 도움이 될 수 있는지의 여부를 파악하고 싶기 때문입니다. 회사에서 맡게 될 업무와 관련하여 경험이나 기술, 적성 등이 적합한지를 알고 싶은 것이죠. 단점을 물어보는 것 또한 같은 맥락에서입니다. 이력서에서는 미처 발견하지 못한 부분 중 업무를 저해할 요소가 있지 않은지 알기 위함이죠. 능력은 뛰어나나 적성이 맞지 않는다면 채용을 해도 쉽게 이직을 하게 될 것이고, 전문지식이나 경험을 요구하는 직위인데 아무런 배경지식이 없다면 회사는 직원을 채용해도 현장에 투입하기까지 비용이나 시간을 많이 낭비하게 되므로 신중하게 고려하지 않을 수 없습니다.

장점을 묻는 것은 여러분에게 자신의 능력에 대해 뽐내보라고 멍석을 깔아주는 거나 다름없습니다. 중요한 것은 많은 장점들 중에서 상대방, 즉 면접관이 솔깃해 할 장점들을 선택해야 한다는 것이죠. 상대방이 솔깃해 하는 장점은 크게 두 가지로 추려집니다. 즉 회사의 수익을 창출(increase revenues)시키거나 비용을 감소(decrease costs)시킬 수 있는 장점인지 이를 저해할 단점인지로 나뉩니다. 따라서 지원한 업무와 관련한 강점을 두세 가지 정도 말하되 상투적이고 애매한 이야기는 피하고 구체적인 예를 제시하세요. 회사의 웹사이트에서 조사한 인재상과 일치시킨다면 면접관을 만족시키는 답변을 만들 수 있을 것입니다.

다음, 단점을 말할 때에 거짓말을 하지 않는 것은 중요합니다. 하지만 채용을 심각하게 고려해봐야 한다거나 사회성에 의심이 가는 자신의 치부까지 일부러 드러낼 필요는 없습니다. 보여주고 싶은 만큼만 보여준다는 데 묘미가 있는 것이죠. 직무를 수행하는 데 있어 해를 끼치지 않을 만한 것으로 선택하여 간결하게 답하고 해당 단점을 보완하려는 노력에 답변의 중점을 두세요.

What are your strengths & weaknesses?라는 질문에 대한 대답으로 꼭 포함해야 하는 것으로 장점을 말할 때에는,

1. 전문적인 지식이나 경험
2. 일에 꼭 필요한 기술이나 능력
3. 성격과 적성

단점을 말할 때에는,

4. 심각하지 않은 단점이나 장점이 될 수도 있는 단점
5. 단점을 보완하려는 노력

지금부터는 What are your strengths & weaknesses?라는 질문에 대한 대답으로 꼭 들어가야 할 5가지에 대해 배우게 될 것입니다.

What are your strengths and weaknesses?에 대한 대답 **1**

전문적인 지식이나 경험으로 자신의 장점을 밝힌다

저의 장점은 컴퓨터 및 정보 시스템에 관한 지식에 밝다는 것입니다.

회사들이 점점 신입사원들보다 경력사원들을 선호하는 이유는 지원분야에 대한 전문지식과 현장경험 등을 갖추고 있기 때문입니다. 회사의 구인광고나 업무내용을 조사해, 지원하는 업무에서 필요로 하는 전문지식이 무엇인지를 파악하고, 과거의 어떤 경험이나 업무를 통해 전문지식을 사용했는지 설명하세요. 일한 경험이 많지 않다면 전공 공부나 관심사, 팀 프로젝트, 동아리, 봉사 활동, 학생회 활동 등을 통해 비슷한 경험을 한 바가 있음을 강조합니다. '나는 별로 경험이나 아는 게 없다'가 아니라 가지고 있는 것 중에서, '다시 보니 비슷한 경험을 한 바가 있다'는 방향으로 전환하는 것이 좋단 말이죠.

I have a B.A. degree **in** public relations **and I took** economics.

대학에서 홍보학을 전공해서 문학사 학위를 받았으며, (따로) 경제학을 수강한 바 있습니다.

My real strengths lie in my knowledge and understanding of computers and information systems. 저의 진정한 장점은 컴퓨터 및 정보 시스템에 관한 지식에 밝다는 것입니다.

I have been in the banking industry **for** 3 years. 3년 동안 금융업에 종사했습니다.

In my previous job, **I mainly handled** customer complaints.

이전 직장에서는 주로 고객 불만을 처리했습니다.

무작정 따라하기
STEP 1 ▶ 상황에 맞게 단어를 꾸며 큰 소리로 읽어 보세요.

❶ I have + 학위 + in + 전공 and I took + 과목

~학위를 갖고 있으며 …수업을 수강하였습니다

I have a B.A. degree **in** public relations and **I took** marketing.
대학에서 홍보학을 전공해서 문학사 학위를 받았으며 마케팅을 수강한 바 있습니다.

I have a B.S. degree **in** mechanical engineering and **I took** some graduate courses as well.
대학에서 기계공학을 전공해서 이학사 학위를 받았으며 석사과정도 이수하였습니다.

관련 학위는 전문분야에 대해 구체적으로 설명해주지 못합니다. 어느 분야에 무슨 학위를 가지고 있고, 관련 학위가 없더라도 관련 과목을 수강하여 기본적인 지식을 갖추고 있음을 강조합니다.

❷ I completed courses in + 과목 and also possess/have a license/certificate in + 분야

~과정을 이수하였으며, …자격증도 갖고 있습니다

I completed courses in accounting and statistics **and also**

possess a professional **license in** asset management.
저는 회계학과 통계학 과정을 이수하였으며, 자산 관리 전문 자격증도 갖고 있습니다.

I completed courses in real estate and **also possess a** professional **license in** real estate transaction.
저는 부동산학 과정을 이수했으며 부동산 거래 관련 전문 자격증을 가지고 있습니다.

I completed courses in microeconomics and calculus **and also have a license in** information processing.
저는 미시경제학과 미적분학 과정을 이수하였으며 정보관리 관련 자격증도 갖고 있습니다.

possess 대신 앞서 배운 have acquired[gained]를 써도 같은 맥락의 표현입니다.

❸ My strengths lie in/are ~ 저의 장점은 ~에 있습니다

My real strengths lie in my knowledge and understanding of computers and information systems.
저의 진정한 장점은 컴퓨터 및 정보 시스템에 관한 지식에 밝다는 것입니다.

My real strengths lie in my educational background in media and communication. 저의 진정한 장점은 신문방송과 관련한 교육을 받은 점입니다.

My key strengths are my study in computer science and hands-on experiences in Web development.
컴퓨터 과학을 공부하고 웹개발 분야의 현장경험이 있다는 점이 저의 가장 큰 장점입니다.

My key strengths are my educational background in the Chinese language and business administration and practical experience in the Chinese market. 중국어와 경영학을 전공했다는 점과 중국시장에서 실전경험을 해봤다는 점이 저의 가장 큰 장점입니다.

❹ I have been in + 업종 + for + 기간 ~업에 …동안 종사했습니다

I have been in the banking industry **for** 3 years.
3년 동안 금융업에 종사했습니다.

I have been in the educational field **for** 2 years.
2년 동안 교육계에 종사했습니다.

I have been writ**ing** for the school newspaper **during** the university life. 대학생활 동안 학교 신문사 기자로 활동하고 있습니다.

I have been organiz**ing** women's rights movements at the YWCA for many years.
저는 오랫동안 YWCA에서 여성 인권 운동을 조직화하고 있습니다.

경험자라면 어느 분야에 얼마 정도의 기간동안 일해 왔는지는 중요한 정보가 됩니다. 지금도 계속 하고 있는 업무를 강조하고 싶다면 I have been + -ing(~일을 계속 하고 있습니다)와 같이 완료진행 시제를 사용하세요.

❺ I (mainly) handled + 담당업무 ~업무를 (주로) 담당했습니다

In my previous job, **I mainly handled** customer complaints.
이전 직장에서는 주로 고객불만을 처리했습니다.

Participating in club activities, **I administered** budgets and expenses. 동아리 활동에 참여하면서 예산과 비용을 관리했습니다.

자신이 경험한 업무를 구체적으로 알려주는 방법입니다. 관리를 했는지 고객들을 상대했는지 등 주요업무를 밝히세요.

handle ~을 다루다, 처리하다(= deal with) administer ~을 관리하다

I took care of teaching students, researching teaching materials, and consulting. 학생들을 가르치고, 교육 자료를 조사하고 상담하는 일을 담당했습니다.

❻ I was exposed to the world of + 분야 + as A
A로 일하면서 ~분야의 세계를 접해보았습니다

I was exposed to the world of accounting as an intern last summer. 지난 여름 인턴으로 일하면서 회계 관련 세계를 접했습니다.

I was exposed to the world of health care industry as a volunteer at a hospital two years ago.
저는 2년 전에 종합병원의 봉사자로 일하면서 의료분야의 세계를 접할 수 있었습니다.

짧은 기간의 경험이라면 '~분야의 경험이 있다' 라고 말하기 보다는 '~분야를 접할 기회가 있었다' 고 하는 게 진술한 답변을 만드는 데 도움이 될 것입니다.

be exposed to ~에 노출되다

**무작정 따라하기
STEP 2 ▶** 앞에서 배운 패턴을 이용해 문장을 만들어 보세요.

❶ 저는 행정학 학사 학위를 가지고 있습니다. (public administration)

----

❷ 저의 진정한 장점은 시장동향과 소비자 행동패턴에 관한 지식에 밝다는 것입니다. (market trends, consumer behavior)

----

❸ 인사관리 분야를 공부하고 인턴으로 인사부에서 실제로 일한 경험이 있다는 게 저의 가장 큰 장점입니다.

----

❹ 아르바이트를 하면서 정규직원들을 돕고 사무행정을 보조했습니다. (full-timers, office administration)

정답 및 해설

❶ I have a B.A. degree in public administration. ❷ My real strength lies in my knowledge and understanding of market trends and consumer behavior. ❸ My key strengths lie in my educational background in human resources and my hands-on experiences in the HR department as an intern. ❹ In my part-time job, I assisted full-timers and office administration.

직접 만들어 보세요 자신의 상황에 맞는 문장을 만들어 봐야 실전에 강해집니다.

- -

- -

부서명

Purchasing Department 구매부
Accounting Department 경리부
Human Resources Department 인사부
Administration 관리부
Sales Department 영업부
General Affairs Department 총무부
System Supports Department 전산실
Finance Department 재무부서
Legal Department 법무부서

직위명

intern 인턴사원
temp worker 임시직원
full-timer 정규직원
staff member (정규)사원
clerk 점원
supervisor 책임자
assistant manager 대리
section chief 과장
deputy general manager 차장

주요업무 표현 동사모음

assist 돕다
advice 조언하다
analyse 분석하다
arrange (계획, 스케줄 등을) 짜다, 정리하다
advocate 지지하다, 대변하다
benefit 이익을 주다
brief 간단하게 말하다, 요약하다

calculate 계산하다
coordinate 조정하다
cooperate 협력하다
counsel 조언하다
clear 확실하게 하다
clarify 명확하게 하다
credit 신용하다
debate 토론하다, 논쟁하다
demonstrate 설명하다
describe 설명하다
design 설계하다, 디자인하다
discuss 토론하다
encourage 돕다, 용기를 북돋다
generate 일으키다, 만들다
handle 처리[감당]하다, 다루다
help 돕다
interact 교류하다, 상호작용하다
interpret 통역/해석하다
interview 면접하다
negotiate 교섭하다
orchestrate 편성하다
organize 조직하다
persuade 설득하다
present 제출하다
recommend 추천하다
support 지원하다
translate 번역하다

What are your strengths and weaknesses?에 대한 대답 **2**
업무에 꼭 필요한 기술이나 능력이 있음을 언급해 전문지식의 실용성에 힘을 실어준다

저에겐 탁월한 분석력과 자료조사 능력이 있습니다.

특정분야에 대한 지식이 있다는 사실만으로는 충분하지 않습니다. 인사담당자는 지원자가 알고 있는 것을 어떤 식으로 실제 업무에 적용해내는지 또는 응용할 수 있는지 궁금해 합니다. 또한 특정분야에 한정된 것이 아니라 전 분야에 걸쳐 유용하게 사용될 수 있는 기술이나 능력인 팀웍이나 의사소통 능력과 같은 소양도 채용을 결정하는 데 중요한 요인으로 작용할 수 있습니다. 여기서는 자신의 능력이 우수하다는 것을 강조하는 표현을 배워봅시다.

I am good at organizing and communicating with others.
저는 체계적으로 일하고 다른 사람과 의사소통하는 데 능숙합니다.

I am able to make quick decisions. 의사결정을 신속하게 할 수 있습니다.

I have excellent analytical and research **skills**. 저에겐 탁월한 분석력과 자료조사 능력이 있습니다.

I am an efficient multitasker. 저는 효율적으로 여러 가지 일을 동시에 할 수 있는 사람입니다.

My excellent project managerial and designing skills **have enabled me to** function successfully in this field.
탁월한 프로젝트 관리구성 능력으로 인해 이 분야에서 성공적으로 역할을 다 할 수 있었습니다.

무작정 따라하기
STEP 1 ▶ 상황에 맞게 단어를 꾸며 큰 소리로 읽어 보세요.

❶ I am good at ~ing ~에 능숙합니다

　I am good at organizing and communicating with others.
　저는 조직적으로 일하고 다른 사람과 의사소통하는 데 능숙합니다.

　I'm good at planning events. 이벤트 기획에 능숙합니다.

　I am excellent with numbers. 저는 숫자에 관한 일에 탁월합니다.

　I am a wiz at technical work and programming.
　저는 기술적인 일이나 프로그래밍에 뛰어납니다.

> 능력의 정도에 따라 good 대신 다른 형용사나 명사를 쓸 수 있습니다. (good < great < excellent < a wiz)
>
> **be excellent with** ~라면 자신 있다 **be a wiz at** ~에 있어서라면 천재적이다 **be good at + -ing** ~에 능숙하다(동작강조)

❷ I am able to + 동사원형 ~을 할 수 있습니다

　I am able to work under stress.
　저는 스트레스가 되는 환경에서도 일을 할 수 있습니다.

　I am able to work well within a group. 저는 팀 안에서 일을 잘 할 수 있습니다.

> I am able to~는 I can의 또 다른 표현인 것 아시죠? 또, I have the ability to~도 같은 맥락의 표현이에요.

I have the ability to multitask and prioritize. 여러 가지 일을 한꺼번에 진행할 수 있는 능력과 우선순위를 정해 일할 수 있는 능력을 갖추고 있습니다.

I have the ability to train and motivate new employees.
저는 신입사원을 훈련시키고 동기를 부여할 수 있는 능력이 있습니다.

> **multitask** 동시에 여러 작업을 하다 **prioritize** 우선순위를 정하다

❸ **I have excellent ... skills** 탁월한 …능력을 갖추고 있습니다

I have excellent analytical and research **skills**.
저는 탁월한 분석능력과 자료 조사능력을 가지고 있습니다.

I have efficient time-management **skills**. 저는 시간관리를 효율적으로 합니다.

I possess good problem solving and oral communication **skills**.
저는 문제 해결 능력과 언변에 능합니다.

> **excellent** 대신 각각의 능력에 어울리는 형용사를 넣어보고 **have** 대신에 **possess, be equipped with** 등으로 대체하면 더 고급스런 표현이 가능합니다.

❹ I am + 형용사 + -er 저는 ~한 사람입니다

I am a born negotiator. 저는 타고난 협상가입니다.

I am a fast learner. 저는 일을 빨리 배웁니다.

I am a good talker and listener.
저는 언변도 능하지만 다른 사람의 말을 잘 경청합니다.

> 상당히 영어적인 표현이죠. I can work hard.가 아니라 I am a hard worker.라고 표현합니다. 동사에 -er를 붙여 사람의 능력이나 직업을 나타내고, 동사를 수식하던 부사가 명사 앞에서는 형용사로 바뀝니다.

❺ A allow/enable(s) me to B(동사원형)

A라는 능력으로 인해 B할 수 있습니다

My adaptability **allows me to** be a fast learner.
적응이 빨라서 일을 빨리 배웁니다.

My caring for people and good listening skills **helped me** build a strong relationship with customers.
사람들을 배려하고 남의 말을 잘 들어주는 편이라 고객들과 좋은 관계를 쌓을 수 있었습니다.

> **help**를 대입해서 A help me + (to) B(동사원형)을 쓸 수도 있습니다. 자신의 능력과 이를 통한 회사에의 기여도를 동시에 설명할 수 있어 효과적인 패턴입니다.
>
> **adaptability** 적응력 **caring for people** 사람에 대한 배려 **build relationship with** ~와 관계를 쌓다

무작정 따라하기
STEP 2 ▶ 앞에서 배운 패턴을 이용해 문장을 만들어 보세요.

❶ 저는 우수한 작문실력을 가지고 있습니다. (written communication skills)

_____

❷ 저는 창의적으로 문제를 해결하는 데 능합니다. (solve problems)

_____

❸ 저는 스트레스를 받는 상황에서도 집중할 수 있습니다.
(under pressure)

_____

❹ 저의 뛰어난 동기 부여능력으로 저의 팀은 항상 목표를 달성할 수 있었습니다. (motivational skills, accomplish all the goals we set)

_____

❺ 저의 창의적인 아이디어로 시간을 절약하는 해결책을 많이 제시했습니다. (time-saving, come up with)

_____

직접 만들어 보세요 자신의 상황에 맞는 문장을 만들어 봐야 실전에 강해집니다.

_____

_____

Vocabulary Box   직무능력을 나타내는 여러 표현

ability to adapt (quickly) (빠른) 적응력
ability to focus 집중력
ability to meet deadlines 마감일을 맞추는 능력
ability to achieve goals 목표를 성취하는 능력
ability to think of creative solutions for problems
창의적 해결방안을 모색하는 능력

ability to handle multiple tasks 다양한 일을 처리하는 능력
ability to work across multiple disciplines 다양한 분야에서 일할 수 있는 능력
ability to work independently 독립적으로 일하는 능력
ability to work in a team 팀 안에서 일하는 능력
ability to handle stress well 스트레스를 잘 관리하는 능력

What are your strengths and weaknesses?에 대한 대답 **3**
성격과 적성이 지원분야에 안성맞춤임을 보여준다

저는 모험심이 강한 사람입니다.

해당분야와 관련해 뛰어난 지식과 능력을 갖추고 있지만 적성이 맞지 않는 지원자는 채용되더라도 단시간에 이직할 확률이 높습니다. 능력이 있으면 뛰어난 성과를 거두는 것은 당연하지만 적성에 맞고 자신이 좋아하는 일을 할 때 사람은 가장 신바람나게 일할 수 있습니다. 지원분야에서 성공을 부르는 적성을 갖추고 있는지 다시 한번 검토해 보고, 있다면 강조하세요.

I am punctual. 저는 항상 시간을 엄수합니다.

I have a strong sense of responsibility. 저는 책임감이 강합니다.

I like to think of new ideas. 새로운 아이디어를 생각해내는 걸 좋아합니다.

I am a person who is adventurous. 저는 모험심이 강한 사람입니다.

My friends often tell me that I am understanding and trustworthy.
이해심이 많고 신뢰가 간다는 얘기를 친구들한테서 많이 듣는 편입니다.

무작정 따라하기
STEP 1 ▶ 상황에 맞게 단어를 꾸며 큰 소리로 읽어 보세요.

❶ I am + 성격을 나타내는 형용사 저는 ~합니다

I am punctual. 저는 항상 시간을 엄수합니다.

I am fond of getting along with people.
저는 사람들과 어울리는 것을 좋아합니다. (= **I get along with people well.**)

be fond of ~을 좋아하다

❷ I have + 성격을 나타내는 명사 저는 ~합니다

I have a strong sense of responsibility. 저는 책임감이 강합니다.

I have strong intuition and logic. 직관력이 뛰어나고 논리적인 편입니다.

I have a strong will to achieve anything that I plan.
의지력이 강해서 계획한 일은 꼭 이루는 편입니다.

I have a good sense of humor so I create a very friendly atmosphere. 유머감각이 있는 편이라 분위기를 곧잘 화기애애하게 띄우곤 합니다.

❸ I like to + 동사원형 ~하기를 좋아합니다

I like to think of new ideas. 새로운 아이디어를 생각해내는 걸 좋아합니다.

I enjoy solv**ing** complex problems.
저는 복잡한 문제를 해결하는 것을 즐깁니다.

I am interested in math and science so I read many books in those fields. 저는 수학과 과학에 관심이 많아서 평소 그쪽 분야 책을 많이 읽는 편입니다.

❹ I am a person who + 동사~ 저는 ~한 사람입니다

I am a person who is efficient and adventurous.
저는 효율적이면서도 모험심이 강한 사람입니다.

I am a person who thinks that time is money.
저는 시간은 곧 돈이라고 생각하는 사람입니다.

I am a person who enjoys what I do.
제가 하는 일은 즐겁게 하는 성격입니다.

I am a person who can't pass by those in difficulty.
곤란에 처한 사람을 보면 그냥 지나치지 못하는 성격입니다.

❺ A often/always tell(s) me (that) I am~
A로부터 ~라는 얘기를 종종/항상 듣는 편입니다

My friends often tell me that I am understanding and trustworthy. 이해심이 많고 신뢰가 간다는 얘기를 친구들한테서 많이 듣는 편입니다.

My team members always told me I was the best person to work with. 팀원들로부터 함께 일하기 좋은 최고의 팀원이라는 얘기를 항상 들었습니다.

People have often told me that I am nice and hard-working .
착하고 성실하다는 얘기를 많이 들었습니다.

People say that I am very decisive.
결단력이 뛰어나다는 얘기를 주변에서 많이 듣습니다.

❻ I have the reputation that I~ ~라는 평판을 듣고 있습니다

I have the reputation that I am a natural businessperson.
저는 타고난 사업가라는 평판을 듣고 있습니다.

Whether good or bad, **I have the reputation that I** am a perfectionist.
좋은 건지 나쁜 건진 모르겠습니다만, 완벽주의자라는 평판을 듣고 있습니다.

I have the reputation that I am a model student, but I also enjoy having fun.
모범생이라는 평판을 듣고 있습니다만, 사실 노는 것도 굉장히 좋아합니다.

---

like to 대신 enjoy + -ing를 써서 '~하기를 즐긴다'라고 표현하는 방법도 있고, be interested in을 써서 평소 관심을 두고 있는 일에 대해 설명을 할 수도 있습니다. 좋아하고 관심이 간다면 적성에 맞는 일이라는 거죠.

자신에 대한 다른 사람들의 평가를 인용한다면 겸손하면서도 보다 객관적인 냄새를 풍기는 답변이 될 수 있습니다. tell me 대신 say를 써도 좋고요. 정황에 따라 시제도 바꿔가며 자유자재로 표현해 보세요.

5번과 같은 맥락입니다. 다른 사람들의 평가, 즉 평판(reputation)을 통해 자신의 강점을 객관적으로 전달할 수 있습니다.

whether good or bad 좋은 건지 나쁜 건지 **perfectionist** 완벽주의자 **have fun** 놀다 **model student** 모범생 (= exemplary student)

앞에서 배운 패턴을 이용해 문장을 만들어 보세요.

❶ 저는 결단력과 통찰력이 있습니다. (decisive, insightful)

----

❷ 저는 책임감과 의지가 강합니다. (sense of responsibility, will)

----

❸ 저는 도전적인 일을 상당히 즐기는 성격입니다.
   (welcome challenges)

----

❹ 저는 팀의 일원으로 일하는 것을 좋아합니다. (as part of a team)

----

❺ 제 상사가 저는 정보를 분석하는 데 천재적이라고 평하곤 했습니다.
   (used to, be a wiz at)

정답 및 해설

❶ I am decisive and insightful. ❷ I have a strong sense of responsibility and a strong will. ❸ I am a person who rather welcomes challenges. ❹ I like to work as part of a team. ❺ My boss used to tell me that I am a wiz at analyzing data.

used to 예전에 ～하곤 했다

직접 만들어 보세요 자신의 상황에 맞는 문장을 만들어 봐야 실전에 강해집니다.

Vocabulary Box 좋은 성격을 나타내는 여러 표현

outgoing 외향적인(=extrovert ↔ introvert)
cheerful 명랑한(=perky, happy-camper)
laid-back 낙천적인(= optimistic; happy-go-lucky)
matter-of-fact 논리적인(=logical)
self-controlled 자제력이 있는
well-rounded 원만한

goal-oriented 목표지향적인
self-motivated 자발적인
quick-witted 두뇌회전이 빠른
rational 합리적인
level-headed 냉정하고 분별력이 있는
strong intuition 직관력이 뛰어남

What are your strengths and weaknesses?에 대한 대답 **4**
심각하지 않은 단점이나 장점이 될 수도 있는 단점을 언급하는 것이 좋다

말씀드리기 좀 그렇습니다만, 좀 직선적인 편입니다.

면접관이 지원자의 단점을 물어봤을 때 미리 답변을 준비해놓지 않았을 경우 대다수 지원자들은 평소에 자신이 심각하게 고민해온 치명적인 단점을 무심결에 언급하게 됩니다. 문제는 언급한 단점이 업무에 해를 끼치거나 조직 내의 분위기를 저해할 가능성이 있다면 면접관은 지원자의 능력이 뛰어나더라도 채용여부를 다시 한번 고려하게 됩니다. 면접 시 언급할 단점으로 금세 고쳐질 수 있는 기술적인 부분이라든가 또는 누구나 수긍할 수 있는 사소한 단점, 또는 다른 시각으로 바라보면 장점이 될 수도 있는 단점들을 선택하는 것이 안전합니다. 그리고 장점은 크게 부각하는 대신, 단점은 약화시키는 표현을 사용하세요.

My weakness is that I am a little absent-minded.
약간 건망증이 있는 게 단점입니다.

I tend to try to be friends with everyone. 모든 사람과 친구가 되려고 애쓰는 경향이 있습니다.

I must admit that I am a bit conservative. 약간은 보수적이라는 점을 인정해야겠군요.

I am afraid that I am a bit straightforward.
말씀드리기 좀 그렇습니다만, 상당히 직선적인 편입니다.

무작정 따라하기
STEP 1 ▶ 상황에 맞게 단어를 꾸며 큰 소리로 읽어 보세요.

❶ My weakness is that I am ~ ~하다는 게 단점입니다

My weakness is that I am a little absent-minded.
약간 건망증이 있는 게 단점입니다.

My weakness is that I am not very good at saying no.
거절할 줄 모르는 게 흠입니다.

My biggest weakness is that I am a little too laid-back.
좀 너무 낙천적인 게 가장 큰 단점입니다.

> say no 아니라고 말하다, 거절하다
> laid-back 낙천적인

❷ I tend to + 동사원형 ~하는 경향이 있습니다

I tend to try to be friends with everyone.
모든 사람과 친구가 되려고 애쓰는 경향이 있습니다.

I tend to get engrossed in what I like to do.
제가 좋아하는 일에 몰두해 버리는 경향이 있습니다.

> get engrossed in ~에 몰두하다 overly concerned 지나치게 걱정하는 make a decision 의사결정을 내리다

I tend to be overly concerned when making a decision.
의사결정을 할 때 지나치게 염려하는 편입니다.

❸ **I must admit that I am/have to ~**

~라는/해야 한다는 점을 인정하지 않을 수 없네요

I must admit that I am a bit of workaholic.
약간은 일 중독자라는 점을 인정해야겠군요.

I must admit that I have to work on being more decisive.
좀더 단호해지기 위해 노력해야 한다는 점을 인정하지 않을 수 없네요.

I do admit that I have to improve my spoken English.
영어회화 실력을 키워야 한다는 점을 인정합니다.

must 대신 do를 쓰면 단도직입적으로 '인정한다'는 의미로, 이때의 do는 admit을 강조하는 말입니다.
work on ~하는 데 매진하다
decisive 결단력 있는

❹ **I am afraid that I ~** 말씀드리기 좀 그렇습니다만, ~입니다

I am afraid that I am a bit straightforward.
말씀드리기 좀 그렇습니다만, 좀 직선적인 편입니다.

I am afraid that I don't have experience directly related to doing this job. 말씀드리기 뭣 합니다만, 이 일을 하는 데 직접적으로 관련된 경험은 없습니다.

옆의 두 번째 문장은 "However, I have acquired indirectly related skills needed for this position through various activities such as: ...(하지만 저는 다양한 활동들을 통해 간접적으로나마 이 분야에서 필요한 기술을 쌓았습니다. 가령 …와 같이 말이죠.)"의 말로 뒷받침된다면 면접관의 우려를 불식시킬 수 있습니다.

[무작정 따라하기] **STEP 2 ▶** 앞에서 배운 패턴을 이용해 문장을 만들어 보세요.

❶ 저의 단점은 제가 약간 완벽주의자라는 점입니다. (perfectionist)

----

❷ 경쟁을 좋아하는 경향이 있습니다. (competitive)

----

❸ 좀더 전문적인 지식을 쌓아야 하는 점을 인정하지 않을 수가 없네요.
(technical knowledge)

----

❹ 엑셀을 잘 쓸 수 있게 실력을 연마해야 한다는 점을 인정합니다.
(sharpen, Excel skills)

정답 및 해설

❶ My weakness is that I am a bit of a perfectionist. ❷ I tend to be competitive. ❸ I must admit that I have to acquire more technical knowledge. ❹ I do admit that I have to sharpen my Excel skills. ❺ I am afraid that I have a difficult time working with those less passionate than I am.

❺ 말씀드리기 좀 그렇습니다만, 저에 비해 열정이 떨어지는 사람들과 일
하는 게 쉽지가 않더라고요. (have a difficult time + -ing,
passionate)

- -

직접 만들어 보세요 자신의 상황에 맞는 문장을 만들어 봐야 실전에 강해집니다.

- -

- -

Vocabulary Box 나쁜 성격을 나타내는 여러 표현

blunt 무뚝뚝한	nosy 참견을 잘하는
quiet 과묵한	nagging 잔소리가 심한
indecisive 우유부단한	hot-tempered 성급한, 다혈질인
introverted 내성적인	short-tempered 성격이 급한
shy 부끄러움을 잘 타는, 겁먹은	aggressive 공격적인
serious 진지한, 심각한	uptight 신경질적인
naive 순진한	moody 변덕스러운
gullible 잘 속아 넘어가는	stingy 인색한
sentimental 감상에 쉽게 빠지는	stuck-up 거만한
thin-skinned 민감한(↔thick-skinned 뻔뻔한)	bossy 으스대는
stubborn 완고한	absent-minded 건망증이 있는
egotistical 독선적인	narrow-minded 편협한
opinionated 고집이 센	presumptuous 건방진
conservative 보수적인	kidding oneself 세상을 만만하게 보는
mischievous 장난기 있는	worrywart 잔걱정이 많은 사람, 소심한 사람
smooth-talker 입에 발린 소리를 잘하는	know-it-all 뭐든지 다 아는 체 하는 사람

What are your strengths and weaknesses?에 대한 대답 5

단점을 보완하려는 노력을 진솔하게 보여준다

세부사항에 신경 쓰면서도 큰 숲을 보려고 애씁니다.

누구에게나 단점은 있기 마련입니다. 단지 그 단점이 치명적인 것이냐 사소한 것이냐의 차이일 뿐이죠. 또한 자신의 단점을 개선하려는 의지와 노력이 있다면 그 단점은 더 이상 크다고할 수 없을 것입니다. 때문에 면접관들이 단점에 대한 질문을 할 때 귀를 기울여 듣는 부분이기도 합니다. 스스로 부족하다고 생각되는 자격조건을 먼저 언급하고 이에 대한 적극적인 개선노력을 보여주세요.

I'm a perfectionist but I have been trying to be generous to others lately.

완벽주의자이긴 하지만, 최근에는 타인에겐 관대하려고 애쓰고 있습니다.

I consciously try to see the bigger picture while paying attention to small details.

세부사항에 신경 쓰면서도 큰 숲을 보려고 의식적으로 애씁니다.

I have become used to studying Chinese every morning for 20 minutes.

아침마다 20분씩 중국어를 공부하는 습관을 들였습니다.

I will make an effort to learn Excel immediately, if needed.

필요하다면 당장에 엑셀 기능을 익히도록 하겠습니다.

I am expecting to expand my English conversational ability by attending early morning classes. 새벽수업을 들으면서 영어회화 실력 향상을 꾀하고 있습니다.

무작정 따라하기
STEP 1 ▶ 상황에 맞게 단어를 꾸며 큰 소리로 읽어 보세요.

❶ I have been trying to + 동사원형 ~하려고 (꾸준히) 애쓰고 있습니다

I'm a perfectionist but **I have been trying to** be generous to others lately. 완벽주의자이긴 하지만, 최근에는 타인에겐 관대하려고 애쓰고 있습니다.

I have been trying to study English, so I believe my English will improve soon. 예전부터 영어공부를 꾸준히 해왔기 때문에 곧 실력이 향상되리라 믿습니다.

Whenever I have some worries, **I try my best to** focus on my work or studies.
쓸데없는 걱정이 생길 때면 대신 일이나 공부에 몰두하려고 최선을 다합니다.

예나 지금이나 변함없는 자신의 일반적인 노력을 말하고자 할 때는 현재형 try로 쓰세요.

be generous to others 다른 사람에게 관대하다 **try one's best to + 동사원형** 최선을 다해 ~하다

❷ I consciously try to + 동사원형 ~하려고 의식적으로 애씁니다

I consciously try to see the bigger picture while paying attention to small details. 세부사항에 신경 쓰면서도 큰 숲을 보려고 의식적으로 애씁니다.

I consciously try to listen to others more with an open mind.
열린 마음으로 상대방의 얘기에 더욱더 귀를 기울이려고 의식적으로 애씁니다.

I consciously try to read books to widen my views toward the world. 세상을 보다 폭넓게 보기 위해 항상 책을 많이 읽으려고 애씁니다.

❸ I have become used to + (동)명사 (평소에) ~하는 습관을 들였습니다

To my surprise **I have become used to** those good habits.
그러다 보니 저절로 좋은 습관이 붙었습니다.

I have become used to studying Chinese every morning for 20 minutes. 아침마다 20분씩 중국어를 공부하는 습관을 들였습니다.

I am a little forgetful, but **thanks to** my forgetfulness, **I now have a habit of** taking notes.
건망증이 조금 있긴 하지만, 덕분에 평소 메모하는 습관을 들였습니다.

Thanks to A, I (now) have a habit of ~(A 덕분에 ~하는 습관이 들었어요)로 표현해도 좋습니다.

thanks to ~덕분에
take notes 메모를 하다

❹ I will make an effort to + 동사원형 ~하려고 노력하겠습니다

I will make an effort to learn whatever is required to do the job.
업무를 수행하는 데 필요한 것은 뭐든지 배우도록 하겠습니다.

I will make an effort to learn Excel immediately, if needed.
필요하다면 당장 엑셀 기능을 익히도록 하겠습니다.

I will make an effort to obtain the required knowledge if I am granted with this work.
제가 이 일을 맡게 된다면 그에 맞는 소양을 쌓기 위해 최선을 다해 노력하겠습니다.

if needed 필요하다면

❺ I'm expecting to + 동사원형 ~을 꾀하고 있습니다, ~할 예정입니다

I'm expecting to be a certified expert by getting my CPA certificate next year.
저는 내년에 CPA 자격증을 따서 자격을 갖춘 전문가가 되려고 합니다.

I'm expecting to enhance my application of PPT by taking related seminars. 관련 세미나에 참석해서 PPT를 다루는 실력을 향상시키려고 합니다.

기술적인 단점은 이미 이력서에 나타나 있습니다. 따라서 솔직하게 인정하되 기술적으로 부족한 점을 보완하기 위해 현재 특정 노력을 하고 있고 언제쯤이면 필요한 지식을 갖출 수 있게 될지 보여줄 수 있다면 채용 결정 시의 우려사항을 감소시킬 수 있습니다.

❶ 인터넷 동아리 활동을 통해 내성적인 성격을 고쳐보려 꾸준히 애쓰고 있습니다. (introverted character, Internet club activities)

----

❷ 매일 아침마다 하루 일정 계획을 세우는 습관을 들였습니다.

----

❸ 저는 항상 제 목표를 상기시키려고 의식적으로 노력합니다.

----

❹ 지금은 완벽하지 않지만, 저에게 요구되는 것이라면 뭐든지 열심히 배우겠습니다.

----

❺ 출퇴근 시간을 이용해 중국어 회화 실력을 향상시켜볼까 합니다.

정답 및 해설

❶ I have been trying to change my introverted character through Internet club activities. ❷ I have become used to planning a daily schedule every morning. ❸ I consciously try to remind myself of my goals. ❹ I'm not perfect now, but I will make an effort to learn whatever is asked of me. ❺ I'm expecting to improve my Chinese conversational ability while going to and from work every day.

직접 만들어 보세요 자신의 상황에 맞는 문장을 만들어 봐야 실전에 강해집니다.

- -

- -

What are your strengths and weaknesses?

▶ **장점: 뛰어난 직무능력으로 인해 이전 회사에 미친 영향을 간략히 언급한 경우**

My biggest strengths are my flexibility and adaptability. Wherever I work, work environments change daily and throughout the day. And there are certain projects that require individual attention and others that involve a teamwork approach. My flexibility and adaptability have allowed me to surpass my company's expectations.

저의 가장 큰 장점은 유연성과 적응력입니다. 제가 어디에서 일하든지 작업환경은 매일 그리고 하루 중에서도 계속 변화합니다. 또한 혼자서 일해야 하는 프로젝트가 있고 팀웍으로 접근해야 할 프로젝트가 있습니다. 유연성과 적응력으로 저는 회사의 기대를 능가할 수 있었습니다.

flexibility 유연성, 융통성 **adaptability** 적응력 **individual** 개인의 **approach** 접근방식 **surpass** 능가하다 **expectation** 기대치

▶ **장점: 리더쉽과 유연한 대인관계 능력에 초점을 맞춰 말한 경우**

I am good at motivating and inspiring team members to succeed and effectively working with people at all levels and from all walks of life.

저는 팀을 성공으로 이끌고 갈 수 있도록 동기를 부여하고 영감을 주는 것에 능하며 다양한 단계와 모든 분야의 사람들과 효과적으로 일하는 능력이 우수합니다.

motivate 동기를 부여하다 **people at all levels** 다양한 수준의 사람들 **people from all walks of life** 다양한 분야의 사람들

▶ **장점: 다른 사람의 평가를 통하여 자신의 장점을 언급한 경우**

My key strengths are my abilities to adapt to a new environment and to get along with others easily. I have been participating in an acting club where we often change our setting to plan and practice plays with students from other universities. My friends and college professors have told me that I have a sense of humor and a warm-hearted attitude that make people around me comfortable. I will make an effort to make the best use of my adaptability and sociability to create a warm and lively company culture at your organization.

저의 가장 큰 장점은 새로운 환경에 적응을 잘 하고 남들과 쉽게 친해지는 것입니다. 저는 연극 동아리에서 활동했는데, 연극 동아리에서는 다른 대학의 학생들과 함께 연극을 기획하고 연습하기 위해 연습장소를 자주 바꿨죠. 친구들과 대학 교수님들로부터

유머감각과 따뜻한 태도로 주변사람들을 편안하게 느끼게 한다는 말을 줄곧 들었어요. 저의 이런 적응력과 사교성을 잘 이용하여 따뜻하고 생동감 넘치는 사내 문화를 만들도록 열심히 노력할 것입니다.

▶ 단점: 전문지식 부족과 보완 노력에 초점을 맞춰 말한 경우

Everyone has parts in which he or she can improve. As for me, my weakness is that I have to expand my knowledge of computers. I am a fast learner and I am now expecting to expand my technical knowledge by attending a course on e-business.

사람들 모두 개선할 부분은 있습니다. 제 약점은 컴퓨터 지식을 늘려야 한다는 점이죠. 저는 뭐든지 빨리 배우는 편인데, 이제 e-business에 관한 강좌를 들으면서 저의 전문 지식을 늘려갈 예정입니다.

▶ 단점: 장점으로도 해석 가능한 단점을 언급한 경우

I am a person who pursues perfectionism. I tend to go the extra mile to get things done and achieve goals. I must admit that I am a workaholic, and that my weakness is that I become overly goal-oriented in any tasks given to me. I consciously try to devide my work life and my private life so I take it easy during my breaks to refresh myself for a better performance at work. People have told me that they can trust that my performance will always be top quality and reliable.

저는 완벽을 추구하는 사람입니다. 전력을 다해 일처리를 하고 목표를 달성하죠. 저는 제가 일 중독자임을 시인합니다. 제 단점은 제게 주어진 일에 대해 지나치게 목표 중심적으로 된다는 것입니다. 저는 의식적으로 제 사생활과 일을 구분하여 회사에서 더 나은 성과를 낼 수 있도록 쉬는 시간에는 휴식을 취하며 원기를 회복하려고 합니다. 제 업무 성과는 항상 최고수준이며 믿을 만 하다는 얘기를 줄곧 들었습니다.

go the extra mile 전력을 다하다 **get things done** 일을 완수하다 **workaholic** 일 중독자 **overly** 지나치게 **goal-oriented** 목표 중심적인 **consciously** 의식적으로 **take it easy** 쉬다 **refresh** 원기를 회복하다 **top quality** 최고 수준 **reliable** 믿을 수 있는

"Why should we hire you?"

우리 회사가 당신을 채용해야 하는 이유는 뭔가요?

▶ 이렇게 물어볼 수도 있어요!

- **Why should we take a closer look at you than other candidates?**
- **What can you do for this company?**
- **What makes you the best candidate for this position?**
- **What qualifications do you have that make you successful in this line of work?**

이 질문에 대한 답변에는 우선 자신의 장점을 언급해야 합니다. 따라서 "What are your strengths and weaknesses?" 질문을 꼭 먼저 공부한 후에 이번 질문에 대한 답변 패턴을 학습하세요. 다시 말해, 자신의 강점을 설명하고, 이 장점들이 이 회사에 어떻게 도움이 될지 부연설명을 해주면 된다는 것이죠. 정석대로 하자면, 회사 또는 분야에서 원하는 인재상과 자신이 일치된다는 것을 강조하면 됩니다. 자신의 경력과 배경이 다른 지원자와 어떻게 차별화되는지, 성공적으로 해냈던 일 중 지원하는 분야와 유사한 업무가 있었다면, 어떤 식으로 자신의 능력을 발휘했는지 언급하면서 자신이 이 회사에 득이 되는 인재임을 어필하는 겁니다.

Why should we hire you?라는 질문에 대한 대답으로 꼭 포함해야 하는 것에는,

1. 이상적인 지원자에 대한 정의
2. 내가 바로 이상적인 지원자(나의 장점)
3. 회사에 가져다 줄 수 있는 가치

지금부터는 Why should we hire you?라는 질문에 대한 대답에 꼭 들어가야 할 3가지에 대해 배우게 될 것입니다.

Why should we hire you?에 대한 대답 **1** 이상적인 지원자에 대한 정의를 내린다

이상적인 지원자라면 사람들과 의사소통에 능숙하고, 대인관계도 유연해야 합니다.

지원자 본인의 입으로 자신을 채용해야 하는 이유를 직접 말할 경우, 채용을 구걸하는 어조가 되거나 과장된 답변을 제시하기 쉽습니다. 면접관에게 자신이 채용되어야 하는 이유를 객관적으로 제시하고 싶다면 지원분야에서 선호하는 인재상을 정의내리고 나서 자신이 이에 부합함을 증명해 나가세요.

The position of field service engineer **requires** technical knowledge and interpersonal skills **to** ensure customer satisfaction.

현장 서비스 기술자는 고객을 확실히 만족시키기 위해 기술적인 부분의 전문지식과 원만한 대인관계가 요구됩니다.

An ideal candidate should have excellent communication skills and effective interpersonal skills. 이상적인 지원자라면 사람들과 의사소통이 매우 능숙하고, 대인관계도 유연해야 합니다.

An ideal candidate has to marry three abilities: He or she has to know inventory management. **He or she has to have** a proficiency in ERP software. **And most importantly, he or she has to** be meticulous.

이상적인 지원자는 다음의 세 가지 능력을 모두 갖추고 있어야 합니다. 즉, 재고관리에 관한 지식과 능숙한 ERP 소프트웨어 처리능력을 겸비해야 합니다. 그리고 무엇보다 중요한 것은 꼼꼼해야 합니다.

무작정 따라하기
STEP 1 ▶ 상황에 맞게 단어를 꾸며 큰 소리로 읽어 보세요.

❶ The position of + 지원분야 + requires + 자격요건 + to + 동사원형 ~자리는 …하기 위해 −가 요구됩니다

The position of field service engineer **requires** technical knowledge and interpersonal skills **to** ensure customer satisfaction.
현장 서비스 기술자는 고객을 확실히 만족시키기 위해 기술적인 부분의 전문지식과 원만한 대인관계가 요구됩니다.

The position of a salesperson **requires** a comprehensive knowledge of products or services and good listening skills **to** fit the customer's needs.
영업사원이라는 자리는 고객의 필요를 충족시킬 수 있도록 제품이나 서비스에 대한 포괄적인 지식과 다른 사람의 말을 경청할 수 있는 능력을 필요로 합니다.

장점을 묻는 질문과 동일합니다. 해당 분야에 관한 지식과 기술을 동시에 제시해서 채용확률지수를 높이세요.

field service engineer 현장 서비스 기술자 **ensure** 보장하다 **customer satisfaction** 고객 만족 **comprehensive knowledge** 광범위한 지식 **fit** 맞추다, 적합하다

② An ideal candidate should have + 자격조건

이상적인 지원자는 ~자격조건을 갖춰야 합니다

An ideal candidate should have excellent communication and effective interpersonal skills.
이상적인 지원자라면 사람들과 의사소통이 매우 능숙하고, 대인관계가 유연해야 합니다.

An ideal candidate should have a strong interest in education and the determination to succeed. 이상적인 지원자라면 (이 분야에서) 성공하기 위해 교육에 관심이 많아야 하며 성공하려는 강한 의지를 가지고 있어야 합니다.

ideal 이상적인 candidate 지원자(= applicant) interest 관심 determination to succeed 성공하려는 의지

③ An ideal candidate has to marry three abilities: He or she has to know + 분야지식. He or she has to have + 관련 기술. And most importantly, he or she has to + 적성, 성격
이상적인 지원자는 다음과 같은 세 가지 능력을 모두 갖추고 있어야 합니다. 즉, ~지식을 갖추고, …기술도 겸비하고 그리고 가장 중요한 것은 ~성격도 가지고 있어야 합니다.

An ideal candidate has to marry three abilities: He or she has to know inventory management. **He or she has to have** a proficiency in ERP software. **And most importantly, he or she has to** be meticulous. 이상적인 지원자는 다음의 세 가지 능력을 모두 갖추고 있어야 합니다. 즉, 재고관리에 관한 지식과 능숙한 ERP 소프트웨어 처리능력을 겸비해야 합니다. 무엇보다 중요한 것은 꼼꼼해야 합니다.

You have to marry three abilities: You have to know the tech and business side to evaluate new technologies. **You have to have** a basic understanding of how this industry works. **And most importantly, you have to** be very good at talking and listening.
이상적인 지원자는 다음과 같은 세 가지 능력을 갖추어야 합니다. 즉, 새로운 기술을 평가하기 위해 기술적인 부분과 비즈니스적인 부분을 모두 알아야 하며, 이 분야가 어떻게 돌아가는지 기본적으로 이해해야 합니다. 무엇보다도 가장 중요한 것은 뛰어난 화술과 경청하는 능력을 갖추고 있어야 합니다.

상당히 고급스런 표현입니다. 쉽고 간결한 표현을 사용해서 이해하기 쉬운 답변을 준비할 수도 있지만 때때로 고급스런 문장으로 면접관에게 강한 인상을 남기는 것은 어떨까요? An ideal candidate와 He or she 대신 막연히 일반사람들을 지칭하는 You를 써도 같은 맥락의 표현이 됩니다.

marry 굳게 결합시키다 inventory management 재고 관리 proficiency in ~에서의 능숙함 ERP 업무 기획 관리 시스템용 소프트웨어(enterprise resource planning) meticulous 꼼꼼한 evaluate 평가하다

무작정 따라하기
STEP 2 ▶ 앞에서 배운 패턴을 이용해 문장을 만들어 보세요.

① 사회복지사라는 자리는 복지제도에 대한 포괄적인 지식과 변화를 만들려고 하는 따뜻한 가슴을 필요로 합니다. (social worker, welfare system, big heart, make a difference)

----

② 항공기 승무원이라는 자리는 남을 배려하는 헌신적인 서비스 정신과 언어 능력, 타문화에 대한 이해와 참을성을 필요로 합니다. (flight

정답 및 해설

① The position of social worker requires a comprehensive knowledge of welfare systems and a big heart to make a difference.

social worker 사회복지사 welfare system 복지제도 big heart 따뜻한 가슴 make a difference 변화를 일으키다

② The position of flight attendant requires caring and dedicated service, language skills, understanding of different cultures, and patience.

caring and dedicated service 남을 배려하는 헌신적인 서비스

attendant, caring and dedicated service, patience)

----

❸ 이상적인 지원자라면 이 분야에서 성공하기 위해 고객 서비스에 탁월한 능력이 있어야 하며, 숫자에 밝아야 합니다. (exceptional, a good head for numbers)

----

❹ 이상적인 지원자는 창의적으로 생각할 수 있는 능력, 팀웍, 그리고 다른 사람의 의견에 영향을 미칠 수 있는 능력을 갖추고 있어야 합니다. (think outside the box, influence)

----

❺ 이상적인 지원자는 다음과 같은 세 가지 능력을 모두 갖추고 있어야 합니다. 즉, 세법에 관한 구체적인 지식과 뛰어난 분석력, 그리고 무엇보다도 중요한 것은 세부사항에도 꼼꼼하게 신경 쓸 줄 알아야 한다는 것이죠. (specifics, tax law, give attention to details)

----

❸ An ideal candidate should have exceptional customer service skills and a good head for numbers to succeed in this line of work.

a good head for numbers (숫자 기억은 물론 숫자 계산이 빠른 것과 같이) 숫자에 밝음

❹ An ideal candidate should have the ability to think outside the box, teamwork skills, and the ability to influence others' opinions.

think outside the box 창의적으로 생각하다

❺ An ideal candidate has to marry three abilities: He or she has to know the specifics of tax law. He or she has to have strong analytical thinking skills. And most importantly, he or she has to give attention to details.

specifics 구체적인 내용

직접 만들어 보세요 자신의 상황에 맞는 문장을 만들어 봐야 실전에 강해집니다.

- -

- -

Why should we hire you?에 대한 대답 **2** 내가 바로 이상적인 지원자임을 강조한다

저는 제가 지원하는 자리에 적임자라고 믿습니다.

자신의 능력과 경험을 바탕으로 쌓아온 업적이나 성과 뿐 아니라 자신의 성격까지도, 회사에 필요한 업무와 목표를 달성하기 위한 충분조건이라는 점을 강조하세요. 회사의 인재상과 본인의 자격조건이 일치한다는 점을 강조합니다. 능력과 경험을 근거로 한 자신감을 보여주자는 거죠. 이런 강력한 답변을 위해서는 회사와 동종업계의 구인광고 및 업무내용 설명서 분석은 필수입니다. 구인광고에는 회사가 친절하게도 지원자가 갖추었으면 하는 자격조건을 자세히 명시해놓았기 때문이죠.

I am one of the few experts in the marketing industry **with** sales experience.
저는 마케팅 분야에서 영업을 한 경험이 있는 몇 안 되는 전문가들 중 한 명입니다.

I have 4 years of experience in database systems, **which is what you're looking for.** 제가 바로 귀사에서 찾고 있는 데이터베이스 시스템 분야 4년 경력의 소유자입니다.

I put great pride in my multi-lingual skills, **which you have mentioned in the job posting.** 회사의 채용공고에서 언급하셨던 다양한 나라의 언어구사 능력에 저는 큰 자부심을 가지고 있습니다.

I trust that I'm qualified for the position I'm applying for.
저는 제가 지원하는 자리에 적임자라고 믿습니다.

무작정 따라하기
STEP 1 ▶ 상황에 맞게 단어를 꾸며 큰 소리로 읽어 보세요.

❶ I am one of the few ... with + 자격조건
저는 ~을 갖춘 몇 안 되는 …중 한 명입니다

I am one of the few experts in the marketing industry **with** sales experience. 저는 마케팅 분야에서 영업을 한 경험이 있는 몇 안 되는 전문가 중 한 명입니다.

I am one of the few accountants **with** much knowledge about computers and information systems.
저는 컴퓨터와 정보 시스템에 관해 잘 알고 있는 몇 안 되는 회계사 중 한 명입니다.

I am one of the few engineering students **with** a solid command of English.
저는 영어를 잘 구사할 줄 아는 몇 안 되는 공학도 중 한 명입니다.

❷ I am/have + 자격조건, which is what you're looking for
제가 바로 귀사에서 찾고 있는 ~입니다/~의 소유자입니다

수학과 공학을 이해하는 경영학도라거나 경영 마인드를 갖춘 공대생, 유달리 다양한 경험을 가진 신입 아닌 신입 등 자신이 속한 그룹의 여타 지원자들이 가질 수 있는 약점을 극복한, 차별화된 장점을 소개한다면 채용 일순위!

solid 뛰어난 **a solid command of + 언어** ~언어를 잘 구사하는 것

I have 4 years of experience in database systems, **which is what you're looking for**.

제가 바로 귀사에서 찾고 있는 데이터베이스 시스템 분야 4년 경력의 소유자입니다.

I am a computer expert, **which is what you're looking for**.

제가 바로 귀사에서 찾고 있는 컴퓨터 전문가입니다.

❸ I put great pride in + 능력 + which you have mentioned in the job posting

채용공고에 언급하셨던 ~능력에 저는 큰 자부심을 가지고 있습니다

I put great pride in my spoken English ability.

저는 영어회화 구사 능력에 대해 큰 자부심을 가지고 있습니다.

I put great pride in my multi-lingual skills, **which you have mentioned in the job posting**.

회사의 채용공고에서 언급하셨던 다양한 나라의 언어구사 능력에 저는 큰 자부심을 가지고 있습니다.

I put great pride in my overseas work experience, **which you have mentioned in the job posting**.

채용공고에 언급하셨던 해외근무 경험에 대해 저는 큰 자부심을 가지고 있습니다.

❹ I trust/believe (that) S + V ~ ~라고 믿습니다

I trust that I'm qualified for the position I'm applying for.

저는 제가 지원하는 자리에 적임자라고 믿습니다.

I believe that I have what you're looking for.

저는 귀사에서 찾고 있는 자격을 갖추고 있다고 자신합니다.

I am sure I am a good fit for the position.

제가 이 자리에 적임자라고 확신합니다.

무작정 따라하기
STEP 2 ▶ 앞에서 배운 패턴을 이용해 문장을 만들어 보세요.

❶ 저는 다양한 분야에 전문적인 경험을 가진 몇 안 되는 대졸자 중 한 명입니다. (college graduate, professional experience)

---

❷ 제가 바로 귀사에서 찾고 있는 (제가 속한 조직에 대한) 주인의식을 갖춘 사람입니다. (owner mentality)

구인광고 상에 "preferred/ privileged/a must/ advantage" 등으로 표시되어 있는 내용은 회사가 특히 강조하는 사항이니 답변 시 이 부분을 강조해서 말하는 센스를 발휘하세요.

put great pride in ~에 대한 자부심을 두다 **multi-lingual** 여러 나라 말을 하는 cf. bilingual 2개 국어를 하는 **mention** 언급하다 **job posting** 구인광고

자신감은 자세나 시선처리 등 여러 가지에서 드러납니다. 물론, 자신감을 표현할 수 있는 패턴을 사용하는 것도 하나의 방법이죠. I trust/ believe ~ 대신 I am positive ~을 써도 같은 맥락의 표현이 된답니다.

be qualified for ~에 대한 자격을 갖추다 **fit** 꼭 맞는 사람(= the right person)

정답 및 해설

❶ I am one of the few college graduates with professional experience in various fields.

college graduate 대학 졸업생 **professional experience** 전문적인 직업 경험

❷ I have an owner mentality (for an organization I belong to), which is what you're looking for.

❸ 제가 바로 귀사에서 찾고 있는 솔선수범하는 사람입니다.
(take-charge kind of person)

----

❹ 채용공고에서 언급하셨던, 제가 가지고 있는 고도의 창의력에 저는 큰
자부심을 가지고 있습니다. (high degree of creativity)

----

❺ 저는 이 회사의 성장에 긍정적인 영향을 끼칠 수 있다고 자신합니다.
(have a positive influence)

----

❸ I am a take-charge kind of person, which is what you're looking for.

take-charge kind of person
솔선수범하는 사람 (=initiative person)

❹ I put great pride in my high degree of creativity, which you have mentioned in the job posting.

❺ I believe that I can have a positive influence on the growth of this company.

직접 만들어 보세요 자신의 상황에 맞는 문장을 만들어 봐야 실전에 강해집니다.

Vocabulary Box   직업을 나타내는 여러 표현

chef 고급식당 요리사
cook 요리사
illustrator 삽화가
interior decorator 실내장식가
engineer 기술자
producer 연출자, PD
journalist 언론인
translator 번역가
interpreter 통역가
fireman 소방관

garbage man 환경미화원
computer programmer 컴퓨터 프로그래머
flight attendant 승무원
attorney 변호사
accountant 회계사
office worker 사무직원
sales clerk 판매직원
salesperson 영업사원
electrician 전기공
dental hygienist 치과의사 보조사

Why should we hire you?에 대한 대답 **3** 회사에 가져다 줄 수 있는 가치를 알려준다

저는 이 회사의 경쟁력을 유지하는 데 기여할 수 있는 훌륭한 자산이 되리라 믿습니다.

아무리 뛰어난 능력을 자랑하는 지원자일지라도 회사에 기여할 수 있는 바를 직접적 또는 간접적으로 알려주지 못한다면, 면접관으로 하여금 즉시 채용하고 싶다는 욕구로까지 연결시킬 수 없습니다. 가령, 우리가 디지털 카메라를 살 때 해상도도 보고 사이즈 등도 보지만, 그것을 구입하는 직접적인 이유는 그로 인해 화질이 좋은 사진을 찍을 수 있고 휴대하기 편하다는 점, 즉 가치 때문이죠. 이처럼 회사가 새로운 직원을 뽑는 이유를 역이용해, 바로 여러분이 그러한 필요를 충족시켜줄 수 있다는 논리로 접근해 보세요.

I truly believe I would be a great asset to this company and help it to stay competitive. 저는 이 회사의 경쟁력을 유지하는 데 기여할 수 있는 훌륭한 자산이 되리라 믿습니다.

I assure you that I would be able to create an environment where employees can grow and enjoy their work.
저는 직원들이 성장할 수 있고 자신의 일을 즐길 수 있는 환경을 만들어 낼 수 있다고 자신합니다.

Creating customer-oriented service **has enabled my former workplace to generate billions.** 이전 회사에서는 고객 중심의 서비스를 창조해서 많은 이익을 창출할 수 있었습니다.

무작정 따라하기
STEP 1 ▶ 상황에 맞게 단어를 꾸며 큰 소리로 읽어 보세요.

❶ I truly believe (that) I would be ~
저는 진심으로 ~가 되리라 믿습니다

I truly believe I would be a great asset to this company and help it to stay competitive.
저는 이 회사의 경쟁력을 유지하는 데 기여할 수 있는 훌륭한 자산이 되리라 믿습니다.

I am confident that I would be a team player in helping to achieve the common goals for the company.
저는 회사 공동의 목표를 달성하는 데 도움이 되는 팀원이라고 자신합니다.

I am confident that ~, I'm sure that ~, I assure you that ~, I'm positive that ~도 모두 같은 맥락의 의미로 사용할 수 있으니까 입맛에 맞는 것으로 골라 쓰세요. 또, asset 대신에 team player나 employee 등으로 바꿔 쓸 수도 있습니다.

❷ I assure you that I would be able to + 동사원형
저는 ~할 수 있다고 확신합니다

I assure you that I would be able to create an environment where employees can grow and enjoy their work.
저는 직원들이 성장할 수 있고 자신의 일을 즐길 수 있는 환경을 만들어 낼 수 있다고 자신합니다.

I assure you that I would be able to assist team members and contribute to the company. 팀원들을 도와 회사에 공헌할 수 있으리라 확신합니다.

❸ A has/have enabled my previous/former workplace to
+ 동사원형 A로 인해 이전 회사에서는 ~를 할 수 있었습니다

Creating customer-oriented service **has enabled my former workplace to** generate billions.
이전 회사에서는 고객 중심의 서비스를 창조해서 많은 이익을 창출할 수 있었습니다.

My demographic research and analysis **have enabled my previous company to** identify consumers' needs and wants.
이전 회사에서는 저의 인구통계학적 조사와 분석으로 고객의 욕구와 필요를 인지할 수 있었습니다.

무작정 따라하기
STEP 2 ▶ 앞에서 배운 패턴을 이용해 문장을 만들어 보세요.

❶ 저는 이 회사의 우수한 팀원이 되어 운영상 효율을 꾀하고 팀의 생산성을 극대화하는 데 도움이 되리라 확신합니다. (I am sure ~, enhance, operational efficiency, maximize)

----

❷ 저는 마케팅 팀을 보좌해 고객을 찾아내고, 그들에게 다가가 브랜드에 대한 충성도를 가지게 되도록 설득할 수 있다고 자신합니다. (I'm positive that ~, identify, persuade, brand loyalty)

----

❸ 저는 승객들에게는 다정하고, 비상시에는 냉정하게 대처하는 훌륭한 승무원이 될 수 있다고 확신합니다.
(good flight attendant, handle any emergencies calmly)

----

❹ 꾸준하고 성실한 연구로 이전 회사에서 혁신적인 제품을 개발해 엄청난 이익을 창출할 수 있었습니다.
(innovative products, steady and sincere research activities)

----

assist, help, support나 contribute은 신입, 경력직 모두 무난하게 자신의 가치를 나타낼 때 쓸 수 있는 단어들입니다.

과거에 해냈다면 앞으로 입사할 회사를 위해서도 그 이상의 성과를 보여 줄 가능성이 큽니다. 때문에 과거에 성공한 실적이 있다면 꼭 언급하세요.
customer-oriented service 고객 중심의 서비스 **generate** 창출하다 **demographic** 인구 통계학적인 **analysis** 분석 **identify** 찾아내다, 인지하다

정답 및 해설

❶ I am sure I would be a great team member at this company and help it to enhance operational efficiency and maximize team productivity.

❷ I'm positive that I would be able to assist your marketing team in identifying, reaching, and persuading customers toward[to have] brand loyalty.

brand loyalty 어떤 특정 품목에 대해 한 가지 브랜드를 고수하는 것을 일컬어 하는 말

❸ I assure you that I would be able to be a good flight attendant who is kind to passengers and can handle any emergencies calmly.

❹ My developing some innovative products with steady and sincere research activities enabled my previous company to make enormous profits.

- -

- -

Vocabulary Box 직원을 고용해야 하는 이유의 여러 표현

회사가 직원을 고용하는 이유

to make money 이익을 창출하기 위해
to save money 비용을 절감하기 위해
to save time 시간을 절약하기 위해
to make work easier 업무를 용이하게 하기 위해
to solve a specific problem 특정 문제를 해결하기 위해
to be more competitive 좀더 경쟁력 있는 회사가 되기 위해
to build relationships/an image 관계/이미지를 구축하기 위해
to expand business 사업을 확장하기 위해
to attract new customers 신규 고객을 확보하기 위해
to retain existing customers 기존 고객을 유지하기 위해

회사에 주는 가치를 설명할 때 유용하게 쓰이는 동사들

add / increase 증가시키다
maximize 극대화하다(↔minimize 최소화하다)
assist / support 돕다, 조력하다
combine 결합하다, 연합하다
create 창조해내다, 만들다
develop 개발하다
grow 키우다
meet customer's needs 고객의 욕구를 충족시키다
provide 제공하다
coordinate 조정하다
contribute 기여하다, 공헌하다

Why should we hire you?

▶ **이상적인 지원자 묘사에 초점을 맞춰 말한 경우**

First, an ideal candidate should have a strong interest, backed by a well-rounded education. She or he should possess a love of learning, problem-solving skills, and effective communication skills to succeed in this field. You must be a fast learner to keep up with ever-changing technology as well. I am convinced that I possess all these characteristics and am ready to be a successful team member at your company.

우선, 이상적인 지원자는 다방면에 걸친 교육이 뒷받침된, 강한 흥미를 가지고 있어야 합니다. 이 분야에서 성공하기 위해서는 배움에 대한 애정, 문제 해결 능력, 그리고 효과적인 의사소통 능력도 갖추고 있어야 하죠. 계속해서 변하는 기술에 뒤떨어지지 않기 위해서 빨리 배울 수 있는 사람이어야 하기도 하고요. 저는 이런 특징들을 모두 가지고 있고 귀사를 위해 성공적인 팀원이 될 준비가 되어 있습니다.

➔ 논리는 간단합니다. 이상적인 지원자, 즉 인재상을 설명한 후 자신이 이 인재상에 부합하여 회사에 기여할 수 있다는 메시지를 전달하면 되는 것이죠.

backed by ~에 의해 뒷받침된 **well-rounded education** 다방면에 걸친 교육 **love of learning** 배움에 대한 애정 **fast learner** 빨리 배우는 사람 **keep up with** ~에 뒤떨어 지지 않다 **ever-changing** 끊임없이 변하는 **as well** 또한, ~역시 **convinced** 확신하는 **characteristics** 특징 **be ready to + 동사원형** ~할 준비가 되어 있다

▶ **지원한 회사와 직업에 대한 열정에 초점을 맞춰 말한 경우**

I am sure you've interviewed a number of qualified people for this position. They may have somewhat similar qualifications. But I have genuine enthusiasm for the company and the job.

이 자리를 놓고, 자격조건을 갖춘 지원자들을 많이 인터뷰하셨을 거라고 생각합니다. 모두들 어느 정도 비슷한 자격조건을 갖췄을지도 모르겠지만, 저의 경우 이 회사와 이 직업에 대한 진실한 열정을 가지고 있습니다.

➔ 열정은 그 자체로 큰 자산이긴 하지만, 자격을 갖추지 못한 열정은 자칫 무모함으로 비쳐지기도 하니 자격조건을 열거한 후 열정을 강조하세요.

a number of 많은 **qualified** 자격조건을 갖춘 **somewhat** 어느 정도 **similar** 비슷한 **genuine enthusiasm** 진심에서 우러난 열정

▶ 자신이 과거에 성공한 업적에 초점을 맞춰 말한 경우

If this company is looking for someone who is going to raise morale in the company, I am positive I'm the right person. Under my leadership in my last company, employee satisfaction increased dramatically, and absenteeism decreased by about 50%. I'd like to make the same kind of contributions to your company.

귀사가 사내의 사기를 고취시킬 수 있는 사람을 원한다면 제가 적임자라고 믿습니다. 이전에 일한 회사에서 제 리더쉽하에 직원 만족도가 놀라울 만큼 향상되었고, 결근율도 반으로 감소되었습니다. 귀사를 위해서 같은 기여를 해보고 싶습니다.

morale 사기 **dramatically** 극적으로 **absenteeism** 결근율

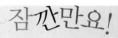

마지막으로 질문이나 하실 말씀 있으신가요? (1)
Do you have any questions or any comments?

인터뷰가 끝날 무렵, 면접관이 마지막으로 할 말이나 질문이 있느냐고 물을 수 있습니다. 이때 단순히 "No.(없습니다.)"라고 대답해서 회사에 관한 중요한 정보를 얻을 기회를 놓치고 회사에 대한 공부가 전혀 안 되어 있다는 느낌을 주는 우를 범하지 않도록 합시다. 너무 자신의 이익에 치중한 질문은 삼가고, 회사에 대한 열의와 의지를 나타낼 수 있는 질문을 하는 것이 현명합니다.

☞ 회사에 관한 연구나 조사를 했음을 알리고 싶다면

· I read an article on your company~. Is your company planning to open a branch in China? What would be the biggest challenge you are expecting there?
  귀사가 ~한다는 기사를 읽었습니다. 중국에 지사를 내실 예정이신가요? 중국시장에서의 예상되는 가장 큰 어려움이라면 무엇이겠습니까?

· People say[A friend from university says]~. Do you think that is the right description of your company culture? 사람들[대학 동창]이 ~라고 하던데, 귀사의 기업문화에 대한 적절한 설명이라고 생각하십니까?

· Your company's revenues have been up for the last 5 years even in recession. What do you think the secret of your company's stable growth is?
  불경기 때조차도 귀사의 수익은 지난 5년 동안 계속 증가해 왔습니다. 귀사의 꾸준한 성장 비결은 무엇이라고 생각하십니까?

☞ p.107의 [잠깐만요!]에서 계속됩니다!

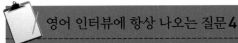

"Why are you interested in this company?"

저희 회사에 지원한 동기를 말씀해 주십시오.

▶ 이렇게 물어볼 수도 있어요!

- What do you know about this company?
- Tell us anything you know about this company.
- Can I ask why you decided to choose our company?
- Why did you decide to seek a position in this company?
- Why are you applying for a position at this company?

면접관은 지원자가 이 회사에 왜 관심을 갖게 되었는지 궁금합니다. 해당 회사가 맘에 들어 소신있게 지원한 것인지 단순히 우선 아무데나 취업하고 보자는 묻지마식 지원을 했는지 말입니다. 후자의 경우는 애사심도 없을 뿐더러 쉽게 이직하거나 좋은 성과를 거두지 못할 확률이 높죠. 그래서 임원면접에서 필수로 물어보는 질문일 수 밖에 없습니다. 지원회사의 경영철학, 비전, 향후 계획, 성과, 제품이나 서비스, 고객층 등 회사에 대해서 잘 숙지하고 있다면 소신있게 지원했다고 판단할 근거가 될 수 있습니다. 가능한 한 회사의 긍정적인 면을 부각하는 내용을 말하되, 단점도 조사할 필요가 있습니다. 이 경우 이 단점을 자신의 어떤 능력으로 보완할 수 있다는 식의 제안사항을 함께 준비하세요.

○ 주의하세요!

① 면접관은 근무할 회사를 자랑스럽게 생각하는 인재를 선호한다는 사실

② 전망이 밝아서라든지, 대기업이라 안정적이라든지 등 지원자 자신의 이익에만 초점을 맞춘 답변은 피하기

③ 회사에 대한 정보는 누구나 알 수 있는 정보가 아닌 조사를 통해서만 얻을 수 있을 법한 전문적인 내용으로 준비하기

Why are you interested in this company?라는 질문에 대한 대답으로 꼭 포함해야 하는 것에는,

1. 지원회사의 주력사업과 업계에서의 위치	2. 지원회사의 비전 및 경영철학
3. 지원회사의 장래성	4. 기업문화 및 이상적인 사원상

지금부터는 Why are you interested in this company?라는 질문에 대한 대답으로 꼭 들어가야 할 4가지에 대해 배우게 될 것입니다.

Why are you interested in this company?에 대한 대답 **1**
지원회사의 주력사업과 업계에서의 위치를 언급해 전문가적인 면모를 드러낸다

귀사는 접대서비스 분야에서 최고 기업이라는 것을 알고 있습니다.

지원하는 회사의 주력사업 조차 모른 채 면접에 임하는 실수는 하지 맙시다. 해당 사업 분야를 밝히면서 그 의의까지 밝힌다면 전문가적인 면모를 부각할 수 있습니다. 또한 시장에서의 위치를 언급하는 데 그치지 말고 현 위치에 오기까지의 원동력을 분석해 해당 회사의 노력과 공로를 인정하는 답변을 한다면 상대의 호감을 살 수 있을 것입니다.

Your company is the best business in the textile industry.
귀사는 직물산업 분야에서 최고 기업입니다.

I'm impressed with the fact that you're the world leader in LCD's.
귀사가 LCD 분야에서 세계적인 선두자라는 사실이 인상적이었습니다.

I am convinced that there would be no better place to work than Xport Inc.
저는 Xport 사보다 더 좋은 기업은 없다고 확신합니다.

Your company is dedicated to developing products that will enrich the lives of those vision-impaired people.
귀사는 시각 장애자들의 생활을 개선하는 제품을 개발하는 데에 헌신하고 있습니다.

Your position as a global leader in tourism is the result of customer-focused management and creating innovative tour packages.
귀사가 여행업계에서 세계적인 리더의 위치를 차지하게 된 것은 고객 중심의 경영과 혁신적인 여행 상품을 개발한 결과입니다.

무작정 따라하기
STEP 1 ▶ 상황에 맞게 단어를 꾸며 큰 소리로 읽어 보세요.

❶ Your company is the best business in + 분야
귀사는 ~분야에서 최고 기업입니다

Your company is the best business in the textile industry.
귀사는 직물산업 분야에서 최고 기업입니다.

Your company is the uncontested leader in the computer software industry. 귀사는 컴퓨터 소프트웨어 분야에서 타의 추종을 불허하는 선두자입니다.

❷ I'm impressed with the fact that~ ~라는 사실이 인상적이었습니다

I'm impressed with the fact that you have the lowest employee turnover rate. 이 회사가 직원들의 이직율이 가장 낮다는 사실이 인상적이었습니다.

「회사명 + be the **uncontested leader in** + 분야」라고 말하면 '~ 회사는 …분야에서 타의 추종을 불허하는 선두자입니다'라는 뜻으로 같은 맥락의 표현이 됩니다.

world leader 대신 market leader, uncontested leader, leading company로 바꿔 쓸 수 있습니다. 업계 1위가 아니지만 인지도가 있는 회사라면 well-known/well-recognized company로 쓰면 돼요.

I'm impressed with the fact that your company's growth rate reached 300% last fiscal year.
지난 회계 연도에 300% 성장을 기록한 귀사의 성장률이 인상적이었습니다.

turnover rate 이직율 growth rate 성장률

❸ I am convinced that S + V~ ~라고 확신합니다

I am convinced that your company is becoming one of the leaders in its field. 저는 귀사가 이 분야의 선두기업 중 하나가 될 것이라고 확신합니다.

I am convinced that there would be no better place to work than JM Hospital. 저는 JM 병원보다 더 좋은 근무환경은 없다고 생각합니다.

❹ Your company is dedicated to + (동)명사 ~
~하는 데에 헌신하고 있습니다

Your company is dedicated to improving the IT industry in Korea. 귀사는 한국의 IT 분야 산업을 발전시키는 데 헌신하고 있습니다.

Your company is dedicated to maintaining the safety and order of citizens' lives. 귀사는 시민들의 삶의 안전과 질서를 유지하는 데 헌신하고 있습니다.

제약회사를 약을 제조 판매하는 회사라고 정의내리는 지원자와 인류의 삶의 질을 향상시키는 데 기여하는 회사라고 보는 지원자. 여러분은 어느 지원자를 회사의 얼굴이 되는 직원으로 채용하시겠습니까? 후자인 것은 말할 필요가 없겠지요.

maintain 유지하다 safety 안전 order 질서

❺ Your position as an international leader is the result of~
귀사가 국제적인 리더의 위치를 차지하게 된 것은 ~의 결과입니다

Your position as the market leader is the result of endless innovation and enormous investment in employee training programs. 귀사가 시장 선두주자로서의 위치를 차지하게 된 것은 끊임없는 혁신과 직원교육 프로그램에 대한 막대한 투자의 결과입니다.

Your position as the uncontested leader is the result of ongoing research and superb standards. 귀사가 타의 추종을 불허하는 선두주자의 위치를 차지하게 된 것은 계속적인 연구와 수준을 높게 유지한 결과입니다.

무작정 따라하기
STEP 2 ▶ 앞에서 배운 패턴을 이용해 문장을 만들어 보세요.

❶ 귀사가 가전제품 생산 분야에서 세계적인 선두자라는 사실이 인상적이었습니다. (the manufacturing of home appliances)

----

❷ 귀사는 반도체 분야에서 최고 기업입니다. (semiconductor)

----

❸ 선샤인 사보다 더 좋은 근무지는 없다고 생각합니다. (Sunshine Corporation)

----

❹ 귀사는 노년층의 생활을 개선하는 상품을 개발하는 데에 헌신하고 있습니다. (the elderly)

----

❺ 귀사가 이 분야를 개척해 나아가는 기업이 된 것은 적극적인 경영방침의 결과입니다. (pioneering company, aggressive, management principles)

정답 및 해설

❶ I'm impressed with the fact that you're the world leader in the manufacturing of home appliances. ❷ Your company is the best business in semiconductors. ❸ I am convinced that there would be no better place to work than Sunshine Corporation. ❹ Your company is dedicated to developing products that will enrich the lives of the elderly. ❺ Your position as a pioneering company is the result of aggressive management principles.

직접 만들어 보세요 자신의 상황에 맞는 문장을 만들어 봐야 실전에 강해집니다.

- -

- -

Vocabulary Box 회사의 사업 분야를 나타내는 여러 표현

hospitality (주유소, 편의점 등과 같은) 서비스 분야
textile industry 직물산업 분야
processed food industry 가공식품 분야
construction industry 건설업계
airline industry 항공 산업
computer software industry 컴퓨터 소프트웨어 산업
media 언론분야

mechanical engineering 기계공학
biochemistry 생화학
health care products 건강관리 제품
home appliances 가전제품
catering 출장 요리 업체
food processing 음식가공업체
legal service 법률 서비스

Why are you interested in this company?에 대한 대답 ❷
지원회사의 비전 및 경영철학이 자신의 철학과 일치함을 강조한다

저는 귀사의 경영철학에 전적으로 동의합니다.

회사의 경영철학이나 비전, 사명, 또는 회사 창립자나 현재 경영인의 철학을 회사의 웹페이지에 가면 쉽게 찾을 수 있습니다. 그것이 자신의 철학과 일치한다면 이를 강조할 수 있으며 이는 곧 납득할 만한 지원동기가 될 수 있죠.

I'm in line with your company's vision, "Progress is Our Most Important Product."
저는 "진보가 가장 귀중한 제품이다."라는 귀사의 경영철학에 맥을 같이 합니다.

I completely agree with your company's business philosophy.
저는 귀사의 기업 철학에 전적으로 동의합니다.

I respect Chairperson Jack Nelson's founding philosophy.
저는 잭넬슨 회장님의 창립철학을 존중합니다.

During job research, I discovered many positive aspects of your corporate goals and objectives. 이것저것 조사하는 과정에서 귀사의 기업목표와 설립목적의 긍정적인 면을 많이 발견했습니다.

무작정 따라하기
STEP 1 ▶ 상황에 맞게 단어를 꾸며 큰 소리로 읽어 보세요.

❶ I'm in line with your company's + 철학/정책
저는 귀사의 ~철학/정책에 동조합니다

I'm in line with your company's affirmative action plans.
저는 귀사의 차별없는 고용 정책에 동조합니다.

I'm in line with your company's mission statement, "Priority to human resources."
저는 "인력자원을 우선"으로 하는 귀사의 기업의 사명에 맥을 같이 합니다.

I completely agree with your company's business philosophy.
저는 귀사의 기업철학에 전적으로 동의합니다.

❷ I respect Chairman/President ____'s + 업적·철학
저는 ~회장/사장님의 …을 존중합니다

I respect Chairman Welch's founding philosophy.
저는 웰치 회장님의 창립철학을 존중합니다.

I respect President Choi's dedication to ethical business conduct.
저는 최 사장님이 사업을 윤리적으로 운영하시는 데 헌신하는 것을 존경합니다.

비전에 동의한다는 말에 그치지 말고 실제 그 비전의 내용을 인용해 주었을 때 답변의 신뢰도는 올라갑니다. I completely agree with ~도 같은 맥락의 표현

chairman 회장(=chairperson) dedication to + (동)명사 ~에 관한 헌신 ethical 윤리적인 business conduct 사업운영

❸ During job research, I discovered many positive aspects of + 업적, 결과, 회사 경영철학 등 (취업준비를 하느라) 이것저 것 알아보는 과정에서 ~에 대한 긍정적인 면을 많이 발견할 수 있었습니다

During job research, I discovered many positive aspects of your corporate projects.
이것저것 알아보는 과정에서 귀사의 프로젝트들에 긍정적인 면을 많이 발견할 수 있었습니다.

During job research, I discovered many positive aspects of your international market expansion results. 이것저것 알아보는 과정에서
귀사의 해외 시장 확장 결과에 대해 긍정적인 면을 많이 발견할 수 있었습니다.

지원하려는 회사의 웹사이트에서 경영철학 및 프로젝트 등에 대해 충분히 숙지해 두세요.

무작정 따라하기
STEP 2 ▶ 앞에서 배운 패턴을 이용해 문장을 만들어 보세요.

❶ 저는 귀사의 고용정책에 동조합니다.

(be in line with, employment policy)

----

❷ 저는 귀사의 기업의 사명에 전적으로 동의합니다.

(mission statement)

----

❸ 이 회장님의 효율성을 기본으로 하는 창립철학을 존경합니다.

(founding philosophy based on efficiency)

----

❹ 이것저것 알아보는 과정에서 귀사의 자회사 관리 방식에 관해 긍정적 인 면모를 많이 발견했습니다. (subsidiary management)

정답 및 해설

❶ I'm in line with your company's employment policy. **❷** I completely agree with your company's mission statement. **❸** I respect Chairman Lee's founding philosophy based on effi-ciency. **❹** During job research, I discovered many positive aspects of your subsidiary management.

직접 만들어 보세요 자신의 상황에 맞는 문장을 만들어 봐야 실전에 강해집니다.

- -

- -

경영철학이나 정책을 나타내는 여러 표현

해당회사의 웹페이지를 검색하여 영문 사이트에서 company value, vision 부분을 찾아 확인해 보는 정성! 필요합니다! 여기서는 대표적인 몇 가지를 보도록 하죠.

경영철학

vision 비전, 목표, 꿈
business philosophy 경영철학
mission statement 기업의 사명
founding philosophy 창립철학
Progress is our most important product.
진보가 가장 귀중한 제품이다.
Priority to human resources 인력자원을 우선
Realize your dreams and hopes.
당신의 꿈과 희망을 이루세요.
Seeing is believing. 보는 것이 믿는 것이다.
Your lifelong confidant. 당신 일생의 동반자.
Honesty, productivity and integrity matter.
정직, 효율성, 성실성이 중요하다.

정책

Affirmative Action 고용 차별 철폐 정책
– '소수 집단 우대 정책', '적극적 고용개선 정책'이라고도 알려짐. 소수 민족과 여성의 교육 기회와 고용에 있어서의 보상적 기회 제공
TQM(Top Quality Management) 전사적 품질경영
– 제품이나 서비스의 품질뿐만 아니라 경영과 업무, 조직 구성원의 자질까지도 품질 개념에 넣어 관리해야 한다는 것
QC(Quality Control) 품질관리
– 미국에서는 QC보다는 QA(Quality Assurance 품질보증)를 많이 이용

benchmarking 벤치마킹
– 기업이 특정 분야에서 뛰어난 업체의 제품이나 기술, 경영 방식 등을 면밀히 분석하여 자사의 경영과 생산에 응용하는 일
outsourcing 아웃소싱
– 자체 인력·설비·부품 등을 이용해 하던 일을 비용 절감과 효율성 증대를 목적으로 외부 용역이나 부품으로 대체하는 것
top-down approach
– 정책이 상급자 또는 상위부서에 의해 일방적으로 결정됨으로써, 하급 구성원들의 의견이 정책결정 과정에서 배제되는 접근방식
BPR(Business Process Re-engineering)
– 조직이 임무를 재정의하거나 업무수행 방식에 있어서의 급진적이고 근본적인 변화를 통하여 비용, 품질, 서비스 등을 획기적으로 향상시키기 위한 경영기법
Open Door Policy
– 경영진과 사원간의 효율적인 의사 전달을 위해 중간 전달 과정을 배제하여 사원들의 의견에 즉각적으로 귀 기울일 수 있는 경영방침
Six Sigma 식스 시그마
– 품질관리 기법 중 하나로 과거의 품질관리가 제품에만 적용된 것과 달리 모든 업무 프로세스에 적용하는 개선된 품질경영 기법
ERP(Enterprise Resource Management)
– 기업내 전사적 자원 관리를 위해 구축하는 통합 정보 시스템
ESOP(Employee Share Ownership Program) 종업원 지주제
– 피고용인들이 자사의 회사 지분에 출자해서 회사에 대한 충성도를 높이고 회사의 성과에 따른 이득을 배분함으로써 사기를 진작시키는 제도

Why are you interested in this company?에 대한 대답 **3**

지원회사의 장래성에 관한 분석으로 미래를 함께 할 수 있다는 공감대를 형성한다

장차 귀사가 현 시장에서 우위를 차지하게 될 것이라 생각합니다.

회사의 경영철학이나 발전, 잠재능력에 관한 긍정적인 코멘트로 공감대를 형성한 후에 회사의 미래지향적 목표에 관련하여 본인의 경험, 교육, 장점이나 기술이 구체적으로 도움이 될 것이라는 것을 잊지 말고 포함해 주세요.

Your company's recent project in China **will have positive results in** consolidating your long-term objectives in the Asian market.

귀사의 최근 중국에서의 프로젝트는 아시아 시장에서의 장기적 목표를 강화하는 데 긍정적인 결과를 낳을 것입니다.

The high standard of service **that your company provides will help it to** achieve dominance in today's market.

귀사가 제공하는 수준 높은 서비스는 현 시장에서 귀사가 우위를 차지하는 데 밑거름이 될 것입니다.

This company is planning to add a cosmetic line, **which I am interested in.**

귀사는 화장품 라인을 추가할 예정인데 제가 그쪽에 관심이 많습니다.

무작정 따라하기
STEP 1 ▶ 상황에 맞게 단어를 꾸며 큰 소리로 읽어 보세요.

❶ Your company's + 사업 + will have positive results in + 분야 및 결과 귀사의 ~사업은 …에 긍정적인 결과를 낳을 것입니다

Your company's market expansion policy **will have positive results in** building a strong image as a stable corporation. 귀사의 시장 확장 정책은 안정적인 기업이라는 인상을 강하게 남기는 데 긍정적인 결과를 낳을 것입니다.

Your company's recent project in establishing oil refineries in Europe **will have a positive impact on** your foreign trade relations.
정유공장을 유럽에 설립한 귀사의 최근 프로젝트는 국제 무역관계에 긍정적인 영향을 미칠 것입니다.

market expansion policy 시장 확장 정책 have positive results in~ ~에 긍정적인 결과를 낳다. results in 대신 impact on을 쓰면 '~에 긍정적인 영향을 미칠 것이다'란 뜻 oil refinery 정유공장

❷ 서비스/제품 + that your company provides will help it (to) + 동사원형

귀사가 제공하는 ~서비스/제품은 귀사가 …하는 데 밑거름이 될 것입니다

The high quality of electronics **that your company provides will help it** become one of the leaders in its field.
귀사의 고품질 전자제품이 귀사가 이 분야의 선도기업 중 하나가 되는 데 도움이 될 것입니다.

high quality 고품질
electronics 전자제품
comfortable flight
experience 편안한 비행기 여행

The comfortable flight experience **that your company provides will help it** to satisfy customers' wants and needs. 귀사가 편안하게 비행기 여행을 즐길 수 있도록 해주는 것은 고객의 필요와 욕구를 만족시킬 것입니다.

❸ This company is planning to + 계획, which I am very interested in   귀사는 향후 ~한 계획을 갖고 계신데 제가 그쪽에 관심이 많습니다

This company is planning to branch out to China, **which I am very interested in**. 귀사는 중국에 지사를 낼 예정인데 제가 그쪽에 관심이 많습니다.

This company is planning to re-engineer its business process soon, **which I'm very interested in**.
귀사는 경영 프로세스를 곧 혁신하려고 하는데 제가 그쪽에 관심이 많습니다.

This company is planning to introduce Six Sigma, **which I am very interested in**.
귀사는 식스 시그마 기법을 도입하려고 계획하고 있는데 제가 그 분야에 관심이 많습니다.

무작정 따라하기
STEP 2 ▶   앞에서 배운 패턴을 이용해 문장을 만들어 보세요.

❶ 귀사의 국제무역 확장 정책은 품질로써 국제적인 명성을 쌓는 데 긍정적 결과를 낳을 것입니다. (for quality, build international reputation)

- -

❷ 이 회사는 홈쇼핑 시장에 진출하려는 계획이 있는데 제가 그 분야에 관심이 많습니다. (enter, home shopping market)

- -

❸ 귀사가 제공하는 수준 높고 경쟁력 있는 서비스는 귀사가 이 분야에서 성장할 수 있는 밑거름이 될 것입니다. (competitive standard of service)

- -

정답 및 해설

❶ Your company's international market expansion policy will have positive results in building an international reputation for quality. ❷ This company is planning to enter the home shopping market, which I am very interested in. ❸ The competitive standard of service that your company provides will help it grow in its field.

직접 만들어 보세요 자신의 상황에 맞는 문장을 만들어 봐야 실전에 강해집니다.

- -

- -

Why are you interested in this company?에 대한 대답 **4**
기업문화 및 이상적인 사원상에 부합되는 인재임을 드러낸다

저는 귀사의 해외시장 확장에 도움이 될만한 언어 능력을 갖추고 있습니다.

지원하는 회사의 기업문화에 잘 맞는 인재라거나 회사가 추진하는 특정 사업분야에 필요한 자질들을 갖추고 있다는 점들을 들어, 자신과 회사가 좋은 궁합임을 은근히 드러냅니다. 다시 말해, 어떤 면에서 회사와 자신이 궁합이 잘 맞는지, 서로에게 필요한 존재인지를 어필하라는 것이죠. 가령 회사가 중국시장에 진출하고 있는 사실을 언급하면서 자신의 중국시장에 대한 폭넓은 이해와 중국어 능력을 제시한다는 논리입니다.

I will contribute to developing the positive corporate culture of this organization.
저는 이 회사의 긍정적인 기업문화를 형성하는 데 기여하겠습니다.

I also **have** language skills **that could be beneficial in** your expansion in the **overseas market.**   저는 귀사의 해외시장 확장에 도움이 될만한 언어 능력을 갖추고 있습니다.

With my background in customer services, **I can give** your planning team a **better perspective on** improving its customer satisfaction level.
고객서비스 분야의 배경지식과 경험으로 저는 귀사의 기획팀이 고객 만족 개선을 위해 보다 폭넓은 견해를 갖추도록 할 수 있습니다.

무작정 따라하기
STEP 1 ▶ 상황에 맞게 단어를 꾸며 큰 소리로 읽어 보세요.

❶ I will contribute to + (동)명사 저는 이 회사가 ~하는 데 기여하겠습니다

I will contribute to maximizing the potential human resources.
저는 이 회사의 잠재적 인적자원을 극대화시키는 데 기여하겠습니다.

I will contribute to increasing market share of this organization.
저는 이 회사의 시장 점유율을 증가시키는 데 기여하겠습니다.

> contribute to + (동)명사 ~에 기여하다 maximize 극대화하다 potential 잠재적인 human resources 인적자원

❷ I have + 능력 + that could be beneficial in + 분야
저는 ~분야에 유용한 …능력을 갖고 있습니다

I have research skills **that could be beneficial in** public relations.
저는 홍보 분야에 유용한 조사 능력을 갖추고 있습니다.

I have creativity and leadership skills **that could be beneficial in** creating an open-minded and innovative company culture. 저는 이 회사가 열린 정신과 혁신적인 사내 문화를 만드는 데 도움이 될 창의성과 지도력을 가지고 있습니다.

> research skills 조사 능력 beneficial 유용한 public relations 홍보 open-minded 개방적인 innovative 혁신적인

❸ With my background in + 분야, I can give + 부서/팀 + a better perspective on + 특정업무/목표

~분야의 배경지식 및 경험으로 저는 …부서/팀이 –특정업무/목표에 대해 보다 폭넓은 견해를 갖추도록 할 수 있습니다

With my background in asset management, **I can give** your management team **a better perspective on** quantitative and analytical management skills.

자산관리 분야의 배경지식 및 경험으로 저는 귀사의 경영팀이 정량분석 기법에 보다 폭넓은 견해를 갖추도록 할 수 있을 것입니다.

With my background in marketing, **I can give** your marketing team **a better perspective on** cost-effective systems.

마케팅 분야의 배경지식 및 경험으로 저는 귀사의 마케팅팀이 비용 효율성이 높은 시스템에 대해 보다 폭넓은 견해를 갖추도록 할 수 있을 것입니다.

asset management 자산관리
quantitative 정량적인
analytical 분석적인 cost-effective systems 비용효율성이 높은 시스템

무작정 따라하기 STEP 2 ▶ 앞에서 배운 패턴을 이용해 문장을 만들어 보세요.

❶ 중국에서의 교육과 경력을 바탕으로 귀사의 아시아 태평양 지역 팀이 중국에서 새로운 마케팅 전략을 펼치는 것에 관해 보다 폭넓은 견해들을 갖출 수 있도록 하겠습니다. (with my education and work experience in China, Asian-Pacific Regional Team, launching new marketing strategies)

----

❷ 저는 귀사의 해외시장 확장에 도움이 될만한 언어 능력도 갖추고 있습니다. (foreign market expansion, language skills)

----

❸ 저는 이 회사가 긍정적이고 지속적인 고객관계를 형성하는 데 기여하겠습니다. (positive, lasting, customer relationships)

----

❹ 연구분야의 배경지식 및 경험으로 저는 귀사의 연구개발팀이 새로운 연구용 기구를 도입하여 사용하는 데에 있어서 보다 폭넓은 견해를 갖추도록 할 수 있습니다. (your R&D department, research tools)

정답 및 해설

❶ With my education and work experience in China, I will give your Asia-Pacific Regional team better perspectives on launching new marketing strategies in China. ❷ I also have language skills that could be beneficial in foreign market expansion. ❸ I will contribute to creating positive and lasting customer relationships. ❹ With my background in research, I can give your R&D department a better perspective on adopting new research tools.

- -

- -

Vocabulary Box 회사를 위해 할 수 있는 업무에 대한 여러 표현

enhance the positive image of an organization
회사의 긍정적인 이미지를 향상시킨다
enhance the quality and performance of a
company's product 회사 제품의 질과 성능을 향상시킨다
promote the value of a company's products or
services 회사의 제품과 서비스 가치를 제고한다
increase sales 판매실적을 올린다
contribute to increased market growth
시장 성장에 기여한다

design equipment that results in cost-effective
systems 비용 효율이 높은 시스템을 만드는 장비를 디자인한다
maximize the potential of human resources
잠재 인력자원을 극대화한다
create positive and lasting customer relationships
긍정적이고 지속적인 고객관계를 구축한다

Why are you interested in this company?

▶ 회사의 경영실적과 잠재력에 초점을 맞춰 말한 경우

I have been following the progress of your company for the last couple of years and I have been very impressed with your record. I am convinced that your company is becoming one of the leaders in its field. I would like to join the company to help it reach its full potential.

저는 귀사의 발전을 지난 몇 년간 지켜보았으며 그 실적에 깊은 인상을 받았습니다. 저는 귀사가 이 분야의 선두기업의 하나로 자리매김할 것이라고 확신합니다. 저는 귀사가 잠재력을 극대화시키는 일에 동참하고 싶습니다.

➡ 상기 답변에 이어 자신의 어떠한 자격조건으로 회사의 목표달성에 기여할지를 밝힙니다.

progress 발전 reach one's full potential ~의 잠재능력을 극대화하다

▶ 나의 경험과 능력에 초점을 맞춰 말한 경우

My past experiences have shown me that I enjoy facing and overcoming the challenge of making a sale. Without a doubt, I feel very confident approaching people I don't know and convincing them that they need my product. Lastly, I like sales because my potential for success is limited only by how much of myself I dedicate toward my goal. I would like to utilize my communication skills to increase sales for your organization.

과거 경험을 보면 저는 영업을 하면서 겪게 되는 도전에 맞서 이겨내는 과정을 즐긴다는 것을 알 수 있었습니다. 의심의 여지없이, 저는 모르는 사람들에게 다가가 제가 파는 제품이 그 사람들에게 필요한 제품이라고 설득하는 것에 자신 있습니다. 마지막으로, 제가 영업을 좋아하는 이유는 목표를 달성하기 위해 노력한 만큼의 대가가 잠재적인 성공을 판가름하기 때문입니다. 저는 제 의사소통 능력을 잘 활용하여 귀사의 영업실적을 향상시키고 싶습니다.

➡ 훌륭한 답변입니다. 하지만 회사에 대한 특정 정보가 조금도 들어가 있지 않아 다른 회사에 가서도 재탕할 수 있는 답이네요. 지원하는 회사의 제품이나 서비스 라인이라도 추가하여 이 회사가 아니면 안 된다는 이미지를 심어주세요.

face 맞서다 overcome 극복하다 without a doubt 의심의 여지없이 convince 설득하다 dedicate toward ~ 를 향해 헌신[노력]하다 utilize 이용[활용]하다

▶ 회사의 근무환경과 직원 교육제도에 초점을 맞춰 말한 경우

I am convinced that there would be no better place to work than Career-Mentor. You are the top consulting firm in Korea. Everything I have seen and heard about this company has impressed me and convinced me that it is a first rate organization to work for. I am also aware that you provide a mentor even for all new employees, and I would embrace any opportunity to work with a mentor and eventually become one myself.

저는 Career-Mentor사보다 더 나은 근무환경은 없다고 생각합니다. 귀사는 한국에서 가장 유명한 컨설팅 회사이기도 합니다. 귀사에 관해 제가 보고 들은 사실이 모두 인상적이었고 그래서 근무하기에 가장 뛰어난 회사라고 확신했습니다. 또한 제가 알기로 귀사는 신입사원에게도 모두 지도교육자를 마련해 준다고 들었습니다. 저는 귀사의 지도교육자와 함께 일하며 추후에 제 자신이 지도교육자가 되는 기회를 경험하고 싶습니다.

first rate 일류급의, 최고의 be aware that S+V ~을 알고 있다 mentor 지도교육자, 멘토 embrace an opportunity 기회를 품에 안다, 기회를 갖다 eventually 결국엔

▶ 회사의 연혁과 평판 등 철저한 조사에 초점을 맞춘 경우

In my research, I found out that you have grown from a small office to a big company that has over 100 locations in last 5 years. I also know that at first you were primarily an English language Institute and that how you employed HR experts to provide clients with comprehensive career development programs. I also read a testimonial from one of your clients in ABC Daily Newspaper who said she has attended the classes this company has provided for the last 3 years. She said she not only has enhanced her English conversational ability, but also is now equipped with effective business communication skills. It makes me desire to be a part of the team that is developing that kind of innovative programs.

회사에 대해 조사를 하면서 귀사가 작은 사무실 하나로 시작해 지난 5년간 100여개가 넘는 지사를 갖춘 대회사로 성장했다는 것을 알게 되었습니다. 그리고 처음에는 주로 영어학원이었는데 지금은 HR 전문가들을 고용하여 종합적인 전문직업 개발 프로그램을 제공한다는 점을 알고 있습니다. ABC 매일신문에 게재된 당사 고객의 추천 광고를 읽어본 적이 있습니다. 지난 3년동안 당사가 제공하는 수업에 참여해서 영어회화 능력을 향상시켰을 뿐만 아니라, 효과적인 비즈니스 커뮤니케이션 능력까지 갖추게 되었다고 했습니다. 그러한 혁신적인 프로그램을 개발하는 일원이 되고 싶습니다.

at first 처음에는(↔ at last) primarily 주로 comprehensive 종합적인 testimonial 추천 광고 be equipped with~ ~을 갖추다

"What are your goals or aspirations?"

목표나 포부를 말씀해 주세요.

▶ 이렇게 물어볼 수도 있어요!

- Where do you want to be in 5 years from now in your career?
- Where do you see yourself in 10 years from now?
- What do you expect to be doing in five/ten years?
- What are your (short-term/long-term) career objectives?

채용되는 것도, 큰돈을 버는 것도 우리 목표 중의 하나이기는 합니다. 하지만 취업면접에서는 어떻게 회사에 기여하고 자기개발에 힘쓸지에 초점을 맞출 필요가 있습니다. 면접관은 여러분의 목표조차도 단기 혹은 중장기적으로 회사에 도움이 될 수 있는 것이기를 원하니까요. 우선 직업관을 통해 일에 대한 열정과 전문인임을 드러내세요. 그리고, 지원하는 분야와 관련 있는 미래를 언급하는 겁니다. 직위 중심이 아니라 지원분야에서 계발하고 싶은 능력, 가지고 싶은 기회나 업무 등을 얘기하는 거죠. 중소기업에서의 면접이라면 회사의 성장과 대립할 수 계획들은 피하도록 하세요. 가령, 레스토랑 매니저 직급의 면접에서 레스토랑 창업이 계획이라고 한다면, 어떤 회사가 경쟁자가 되려는 직원을 채용하여 내부 노하우를 다루게 할까요?! 끝으로, 가장 중요한 것은 뚜렷한 목표와 더불어 목표에 도달하기 위한 구체적인 계획이 있는지의 여부입니다.

What are your goals or aspirations?라는 질문에 대한 대답으로 꼭 포함해야 하는 것에는,

1. 회사에서의 위치와 포부   2. 구체적으로 하고 있는 노력   3. 개인적인 목표

지금부터는 What are your goals or aspirations?라는 질문에 대한 대답으로 꼭 들어가야 할 3가지에 대해 배우게 될 것입니다.

What are your goals or aspirations?에 대한 대답 **1** 회사에서의 위치와 포부를 밝힌다

저는 5년 후 소비자 담당 부서의 매니저가 되어 있을 것입니다.

5년 이내 회사에서의 위치나 기회 또는 포부(단기적인 목표나 포부)를 회사 사업 계획과 분야에 맞춰 설명해 주세요. 5년 이내에 지원자 본인이 도전하고 싶은 직책이나 부서, 프로젝트 등 구체적인 예를 들어 설명하는 것이 중요합니다. 지금 현재 가장 도전하고 싶은 분야에 대해 이유를 밝히고 자신의 계획을 자신있게 설명하세요.

In five years, I'll have obtained an MBA degree in order to become a more competitive worker. 5년 안에 저는 좀더 경쟁력 있는 직원이 되기 위해 MBA 학위를 취득할 것입니다.

In the very short term, I'd like to find a position that suits my aptitude.
아주 단기적으로는 제 적성에 맞는 직책을 찾고 싶습니다.

I can see myself being a manager within the consumer division **in five years**.
저는 5년 후에 소비자 담당 부서의 매니저가 되어 있을 것이라고 봅니다.

My short-term goal is to become part of a good team and help my company grow.
제 단기적인 목표는 뛰어난 팀의 멤버로서 회사가 성장하도록 돕는 것입니다.

My goals include obtaining a CPA. 제 목표에는 CPA를 취득하는 것도 포함되어 있습니다.

무작정 따라하기 STEP 1 ▶ 상황에 맞게 단어를 꾸며 큰 소리로 읽어 보세요.

❶ In five years, I would ~ 5년 후쯤에 ~할 것입니다

In five years, I'll have obtained an MBA degree in order to become a more competitive worker.
5년 안에 저는 좀더 경쟁력 있는 직원이 되기 위해 MBA 학위를 취득할 것입니다.

In five years, I hope to be promoted to a position in which I make important decisions.
저는 5년 후에 중요한 의사 결정을 내리는 자리로 승진되길 바랍니다.

In five years, I would like to be working on projects with more responsibility.
저는 5년 후쯤이면 좀더 막중한 책임을 가지고 프로젝트에 임하고 있을 것입니다.

❷ In the very short term, I'd like to find a position that + 동사 아주 단기적으로는 ~하는 직책을 찾고 싶습니다

In the very short run, I'd like to find a position that makes the best[most] of my ability.
아주 단기적으로는, 제 능력을 최대한 발휘할 수 있는 직책을 찾고 싶습니다.

회사마다 직급체계는 다양합니다. 특정 지급명을 언급하기 보다는 자신이 원하는 일을 하는 자리를 구체적으로 설명하세요. 가령 팀을 이끄는 리더의 자리, 조직의 중요 결정에 깊숙이 관여할 수 있는 자리 등과 같이 말이죠. 대리, 계장 이런 이름들은 목표설정에 중요한 요소가 아닙니다. in five years 대신 five years from now (on)을 써도 되며, I would 앞에 I hope를 넣어 어조를 좀더 부드럽게 할 수도 있어요.

competitive 경쟁력 있는
promote 승진시키다

In the very short term, I'd love to find a position that is fulfilling and challenging.
아주 단기적인 계획으로는, 보람 있고 도전적인 일을 찾고 있습니다.

in the short run 단기적으로 (=in the short term) make the best of ~을 가장 잘 사용하다 fulfilling 보람 있는 challenging 도전적인

❸ **I can see myself ... in five years** 5년 후에 저는 ~을 할 거라고 봅니다

I can see myself being an experienced researcher **in five years**.
5년 후에는 경험이 많은 연구원이 되어있을 것입니다.

I can see myself satisfied and happy with my position **in five years**. 5년 후에 저는 제 직업에 만족하고 행복을 느끼며 살고 있을 것입니다.

❹ **My short-term goal/My primary objective is to become + 원하는 직위** 제 단기 목표는 ~가 되는 것입니다

My short-term goal is to become a high school teacher.
제 단기 목표는 고등학교 교사가 되는 것입니다.

My short-term goal is to become a successful consultant.
제 단기 목표는 성공적인 컨설턴트가 되는 것입니다.

My primary objective is to become a recognized team member.
제 주요 목표는 인정받는 팀원이 되는 것입니다.

❺ **My goals include + (동)명사** 제 목표에는 ~도 포함되어 있습니다

My goals include enter**ing** an MBA program (and getting more practical knowledge). 제 목표에는 MBA 프로그램에 입학하는 것도 포함되어 있습니다 (그래서 좀더 실질적인 지식을 갖추는 것입니다).

My goals include be**ing** a creative problem solver in my company. 제 목표에는 회사 내에서 창의적인 문제 해결사가 되는 것도 포함되어 있습니다.

My goals include be**ing** fluent in English.
제 목표에는 유창한 영어를 구사하는 것도 포함되어 있습니다.

creative problem solver 창의적인 문제해결사 be fluent in + 언어 ~언어에 유창하다

무작정 따라하기
STEP 2 ▶ 앞에서 배운 패턴을 이용해 문장을 만들어 보세요.

❶ 저는 5년 후에 마케팅 부서의 대리가 되어 있을 것입니다.
(assistant manager)

- -

❷ 단기목표로서 제 지도력 향상에 도움이 되는 직책을 찾고 싶습니다.
(leadership skills)

❸ 저는 5년 후에 존경 받는 회계사가 되어 있을 것이라고 봅니다.
(respected accountant)

❹ 제 지금 당장의 목표는 귀사의 영업사원이 되는 것입니다.
(immediate goal, sales person)

❺ 제 목표에는 해외유학도 포함되어 있습니다. (studying abroad)

직접 만들어 보세요 자신의 상황에 맞는 문장을 만들어 봐야 실전에 강해집니다.

What are your goals or aspirations?에 대한 대답 **2**

구체적으로 하고 있는 노력을 밝혀 목표 달성을 위한 강한 의지를 보여준다

최고 중의 최고가 되기 위해 꾸준히 노력하고 있습니다.

본인이 원하는 직업, 분야와 목표에 도달하기 위해 구체적으로 무엇을 준비하고 있는지를 알
립니다. 무계획인 사람보다 구체적으로 미래에 대해 계획을 세운 사람이 목표를 달성할 확률
이 높다는 것은 놀랄 일이 아닙니다.

To be the best of the best, **I am going to keep** myself updated with current
business. 최고 중의 최고가 되기 위해 저는 최신 비즈니스를 계속해서 업데이드할 것입니다.

I am now attending seminars and taking an online class on the matter **to attain the
goals I set**. 제가 세운 목표를 달성하기 위해 현재 그 문제에 관한 세미나에 참여하고 온라인 강의를 듣고 있습니다.

To that end, I am working hard to improve my ability to focus.

그렇게 하기 위해 집중하는 능력을 개선하려 열심히 노력합니다.

무작정 따라하기
STEP 1 ▶ 상황에 맞게 단어를 꾸며 큰 소리로 읽어 보세요.

❶ To be + 되고 싶은 모습, I am going to keep + 노력 부분

~가 되기 위해 계속해서 …할 것입니다

To be the best in the industry, **I am going to keep** myself up-to-
date. 업계에서 최고가 되기 위해 계속해서 최신 동향을 업데이트할 것입니다.

To be a respectful leader, **I am going to keep** taking the initiative.
존경스런 리더가 되기 위해 계속해서 솔선수범할 것입니다.

To be a competent professional, **I am going to keep** educating
myself. 능력 있는 전문 직업인이 되기 위해 계속해서 제 자신을 교육시킬 것입니다.

take initiative 솔선하다, 모범을
보이다 competent 능력 있는
educate 교육시키다

❷ I am (now) + 목표 달성을 위해 지금 하는 노력(-ing) + to attain the goals I set

제가 세운 목표를 달성하기 위해 (지금) ~하고 있습니다

I am now studying the Chinese language and China's market **to
attain the goals I set**.
제가 세운 목표를 달성하기 위해 지금 중국어와 중국시장에 대해 공부하고 있습니다.

I am now building connections in the field **to attain the
goals I set**. 제가 세운 목표를 달성하기 위해 지금 그 분야에서 인맥을 쌓고 있습니다.

'내가 세운 목표'는 간단히 my
goal(s)이라고 해도 됩니다.
attain 도달하다 성취하다
(=achieve)

❸ To that end, I am working hard to improve ~
그런 목적으로, ~을 개발하려 열심히 노력합니다

To that end, I am working hard to improve my English
language skills. 그런 목적으로, 영어실력을 향상시키려 열심히 노력합니다.

To that end, I am working hard to improve my ability to work
across multiple disciplines.
그렇게 하기 위해 다양한 분야에서 일할 수 있는 능력을 키우려 열심히 노력합니다.

To that end, I am trying my best to improve my interpersonal
skills. 그런 목적으로, 대인관계를 원만하게 하는 능력을 키우려 최선을 다합니다.

to that end 그런 목적으로 try
one's best 최선을 다하다

무작정 따라하기
STEP 2 ▶ 앞에서 배운 패턴을 이용해 문장을 만들어 보세요.

❶ 국제적인 시각을 가진 사람이 되기 위해 계속적으로 다양한 국적의 사
람들을 만나볼 것입니다. (international perspectives)

_ _

❷ 제가 세운 목표를 달성하기 위해 필요한 정보를 수집해가고 있습니다.
(collect)

_ _

❸ 그런 목적으로, 수리능력을 향상시키려 최선을 다합니다.
(the ability to work with numbers)

_ _

❹ 그런 목적으로, 분석능력을 향상시키려 최선을 다합니다.
(analytical skills)

_ _

정답 및 해설

❶ To be a person with
international perspective, I
am going to keep meeting
people from different coun-
tries. **❷** I am collecting the
necessary information to
attain the goals I set. **❸** To
that end, I am trying my best
to improve my ability to work
with numbers. **❹** To that
end, I am trying my best to
improve my analytical skills.

직접 만들어 보세요 자신의 상황에 맞는 문장을 만들어 봐야 실전에 강해집니다.

_ _

_ _

What are your goals or aspirations?에 대한 대답 **3**
개인적인 목표를 통해 나만의 강점과 가능성을 시사한다

저는 다양한 기술을 습득하고 다재다능해지고 싶습니다.

세부적인 업무사항 이외의 개인적인 목표를 통해 지원자의 미래계획, 성격, 성향, 선호도 등을 나타낼 수 있습니다. 회사를 위한 구체적인 업무목표 외에 개인적 목표사항을 포함하면 간접적으로나마 자신의 강점이나 보유능력 등을 설명할 기회가 주어집니다.

In the long run, I want to gain a broader range of skills and become more versatile.
장기적으로 저는 다양한 기술을 습득하고 다재다능해지고 싶습니다.

Once I start with this company I'd like to take related continuing education courses to keep abreast of current business.
귀사에서 업무를 시작함과 동시에 이 분야에서 최신 동향에 발맞추기 위해 관련된 평생교육 수업을 듣고 싶습니다.

I would like to climb Mt. Everest **before I retire.** 퇴직하기 전에 에베레스트 산을 등산해 보고 싶습니다.

I'm going to travel around the world. 세계여행을 갈 것입니다.

무작정 따라하기
STEP 1 ▶ 상황에 맞게 단어를 꾸며 큰 소리로 읽어 보세요.

❶ In the long run, I want to + 동사원형 장기적으로, ~하고 싶습니다

In the long run, I want to gain a broader range of skills and become a more pivotal team member.
장기적으로 저는 폭넓은 분야의 기술을 습득하고 회사의 주축이 되는 직원이 되고 싶습니다.

In the long run, I want to train newly hired employees.
장기적으로 저는 신입사원을 교육시키고 싶습니다.

In the long run, I want to be an executive at this company.
장기적으로 저는 귀사의 임원이 되고 싶습니다.

a broader range of skills
폭넓은 분야의 기술 pivotal
member 주축이 되는 직원

❷ Once I start with this company I'd like to + 동사원형
일단 귀사에서 업무를 시작하게 되면 ~하고 싶습니다

Once I start with this company, I'd like to enter an MBA program to keep abreast of current business.
일단 귀사에서 업무를 시작하게 되면 최신 동향에 발 맞추기 위해 MBA 과정에 들어가고 싶습니다.

Once I start with this company, I'd like to move up the ranks, eventually to a leading position.
일단 귀사에서 업무를 시작하게 되면 승진을 하여 결국은 지도적인 직책을 맡고 싶습니다.

keep abreast of current
business 최신 동향에 발맞추다
move up 올라가다, 승진하다

❸ I would like to ~ before I retire 퇴직하기 전에 ~해 보고 싶습니다

I would like to be a CEO **before I retire**.
퇴직하기 전에 CEO가 되고 싶습니다.

I would like to go on many business trips all over the world **before I retire**. 퇴직하기 전에 전세계로 출장을 많이 가보고 싶어요.

retire 퇴직하다

❹ I'm going to ~ ~할 생각입니다

I'm going to master three languages. 3개 국어를 정복할 생각입니다.

I'm going to master English. 영어를 정복할 생각입니다.

I'm going to go backpacking around Europe.
유럽으로 배낭여행을 갈 생각입니다.

무작정 따라하기
STEP 2 ▶ 앞에서 배운 패턴을 이용해 문장을 만들어 보세요.

❶ 장기적으로 저는 다양한 기술을 습득하고 신속하게 올바른 결정을 내리는 임원이 되고 싶습니다. (executive who makes decisions promptly)

----

❷ 귀사에서 업무를 시작함과 동시에 저는 귀사와 귀사제품의 이미지 개선에 힘쓰고 싶습니다. (enhance)

----

❸ 퇴직하기 전에 가장 존경 받는 임원이 되고 싶습니다.

----

❹ 저는 3년 안에 중국어를 마스터할 생각입니다.

정답 및 해설

❶ In the long run, I want to gain a broader range of skills and become an executive who makes decisions promptly. **❷** Once I start with this company, I'd like to enhance the image of the company and its products. **❸** I would like to be the most respected executive before I retire. **❹** I'm going to master Chinese in three years.

직접 만들어 보세요 자신의 상황에 맞는 문장을 만들어 봐야 실전에 강해집니다.

- -

- -

What are your goals or aspirations?

▶ 입사지원 포부에 초점을 맞춘 경우

My primary objective is to learn as much as possible about your company's products, organizational structure, and professional sales techniques so that I may become the most productive member of your sales team.

1차적인 목표는 귀사의 상품, 조직구성, 그리고 전문적 영업기술을 가능한 한 많이 터득하여 영업팀의 가장 생산적인 일원이 되는 것입니다.

primary objective 1차적인 목표 **organizational structure** 조직구성 **professional sales techniques** 전문적 영업기술 **productive** 생산적인

▶ 세부적인 목표와 포부에 초점을 맞춘 경우

My goals include becoming a Certified Financial Advisor so I can obtain a better working knowledge of financial research analysis. Also, this is essential in advancing my career to portfolio manager or even branch office manager.

저의 목표에는 CFA가 되어 재무조사 분석에 좀더 나은 실무지식을 쌓는 것도 포함됩니다. 포트폴리오 매니저나 지점장이 되기 위해 필요한 조건이기도 합니다.

Certified Financial Advisor 재무분석가(CFA) **branch office manager** 지점장

▶ 장기적인 목표와 업무계획에 초점을 맞춘 경우

Ten years from now I see myself as a successful consultant for a world-class firm like yours. I will have developed a wonderful bond with my employer and I will have proven myself a highly competent systems analyst. On behalf of my company, I'll help others find solutions in a very professional and timely manner.

지금으로부터 10년 후에 저는 귀사 같은 세계적인 기업의 성공적인 컨설턴트가 되어 있는 제 자신을 발견할 것 같습니다. 직원들과 긴밀한 유대관계를 만들었을 것이고 시스템 분석가로서 높이 평가될 것입니다. 저는 우리 회사를 대표하여 고객들이 매우 전문적으로 그리고 적절한 시기에 해결방안을 찾을 수 있도록 도와드릴 것입니다.

bond 유대관계 **competent** 유능한, 능력 있는 **on behalf of someone/something** ~을 대신하여, ~을 대표하여
professional and timely manner 전문적이고 시간적으로 적절한 방법

― 목표나 포부를 말씀해 주세요.

▶ 융통성과 열린 사고에 초점을 맞춰 포부를 말한 경우

I'm open to many options. One thing I have learned is to stay flexible to opportunities. I have found that the world is changing so rapidly that it is not a good idea to lock oneself into a specific goal that may not be achievable. However, one thing for sure is that I want to continue to advance and become an industry expert in my field. And eventually I'd like to take on more responsibility as a team leader.

저는 여러 가능성을 다 생각해 봅니다. 제가 한 가지 배운 점은 기회에 유연하게 반응하라는 것입니다. 세상이 워낙 빠르게 변화하는지라 이뤄지지 않을 수도 있는 특정한 목표에 자신을 기둬두는 것은 바람직하지 않다고 생각합니다. 하지만 확실한 점은 제가 계속 진보해서 제 분야에서 업계 전문가가 되고싶다는 점입니다. 그리고 궁극적으로 팀 리더로서 좀더 막중한 책임을 맡아보고 싶습니다.

잠깐만요!

마지막으로 질문이나 하실 말씀 있으신가요? (2)
Do you have any questions or any comments?

p.83에 이어 면접관으로부터 이런 질문을 받았을 때 답변으로 제시할 만한 질문들입니다. 마음에 드는 질문들을 몇 개 뽑아 두세요.

☞ 회사나 지원하는 직위에 대한 열의를 보여주고 싶다면
- What is your competitive advantage in the marketplace? 시장에서 귀사의 경쟁 우위력은 무엇입니까?
- What would be the company's strengths and weaknesses? 귀사의 장점과 단점은 무엇이라고 생각하십니까?
- What is a typical workday like in this position? 이 자리의 하루 업무는 어떻게 돌아가나요?
- What would be an ideal candidate for this position? 이 직위에 필요로 하는 이상적인 인재상은 어떻게 됩니까?

☞ 개인적인 친밀함과 유대감을 조성하고 싶다면
- What do you like about your job? 면접관님은 자신의 직업의 어떤 면이 좋으십니까?
- How is your job different than what you expected it to be? 자신의 직업이 기대하셨던 부분과 어떻게 다르던가요?
- Why did you decide to join this company? 이 회사를 입사하게 된 동기는 어떻게 되십니까?

☞ 기타
- Is there anything you'd like to know? 저에 대해 더 궁금하신 점은 없으십니까?
- No, but thank you for your time. I hope I come and see you again as a member of this company.
  없습니다만, 시간 내주셔서 감사드립니다. 회사의 일원으로 다시 돌아와 뵙고 싶습니다.
- No, but if you don't mind, I'd like to brief you on my qualifications for this position.
  없습니다만, 괜찮으시다면 제 자격조건에 대해 간단하게 정리해드리고 싶습니다.

영어 인터뷰에 심심하면 나오는 질문 9가지

첫째마당에서 다룬 질문에 대한 지원자의 답변에 따라 다음과 같은 질문들이 꼬리에 꼬리를 물고
이어질 수도 있습니다. 때로는 앞서 던진 질문들의 연장선에 있는 질문을 하기도 하고,
때로는 전혀 관계없는 질문들을 해서 지원자의 또 다른 면모를 파악하고자 합니다.
다방면에서 회사와 잘 맞는지의 여부를 살펴보고자 함이지요.

01. 전공을 선택한 이유가 무엇이죠?

02. 전공 공부를 통해 습득한 특별한 기술 중에 지금
지원하는 자리와 관련 있는 것은 무엇인가요?

03. 취미가 뭔가요?

04. 이직하는 사유는 무엇입니까?

05. 스트레스를 받는 상황에서 일할 수 있나요?

06. 지도력에 대해 어떻게 정의내리시겠습니까?

07. 혼자서 일하는 것을 선호하세요, 팀으로 일하는 것을 선호하시나요?

08. 현재 다른 회사들과도 인터뷰를 하고 있나요?

09. 급여는 어느 정도로 생각하고 있나요?

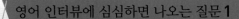

패턴훈련》 2-1.mp3

"Why did you choose your major?"

전공을 선택한 이유가 무엇이죠?

▶ 이렇게 물어볼 수도 있어요!

- **How did you decide on your major?**
- **What made you select your major?**
- **Tell me about your major.**

이런 질문에 대해 대답할 때는 전공을 선택한 이유와 전공공부를 통해 배운 내용을 자세히 설명하는 것이 좋습니다. 망설이면서 대답을 하거나 다른 사람의 권유로 선택했다고 하는 것은 소신이나 주관이 없이 중요한 결정을 내리는 사람으로 낙인찍히기 쉽습니다. 따라서 전공 선택에 큰 영향을 미친 동기가 무엇이었는지 말하되, 자신의 전공이 지금 지원하려고 하는 분야에 직접 또는 간접적인 영향이 있다는 점을 암시하는 답을 준비하세요. 면접관은 지원자가 전공을 통해 배운 지식과 기술을 업무에 응용할 수 있는 인재이기를 원합니다.

따라서 이런 질문과 함께 How is your major related to our job requirements?(당신의 전공이 지원업무와 어떻게 연관됩니까?) 같은 질문이 따라 나올 수 있습니다. 이런 경우 성적증명서에서 지원분야와 가장 연관된 과목을 뽑아 제시하세요. 그 전공과목을 통해 지금 지원하고자 하는 분야에 필요한 전반적인 지식을 얻을 수 있었다는 점을 강조하는 겁니다! 재학 기간 동안 실습이나 그룹 프로젝트를 통해 이론을 응용하고 실습해 본 경험도 강조하세요! 이런 점들은 회사에 입사했을 때 즉시 업무에 투입될 수 있음을 보여줄 수 있는 훌륭한 방법이랍니다. 또한, 면접관이 How is your major related to our job requirements?라고 추가 질문을 꺼내기 전에 미리 면접관의 마음을 헤아려 이런 대답들을 한다면 금상첨화가 따로 없겠지요.

❶ I was deeply interested in + 과목 + 특정시절
~시절, …과목에 관심이 많았습니다

I was deeply interested in computer science from my childhood.
어릴 때부터 컴퓨터 과학에 관심이 많았습니다.

I was deeply into chemistry in high school.
고등학교 시절 화학에 관심이 많았습니다.

> be interested in ~에 관심이 있다 be into ~에 흥미를 느껴 푹 빠지다

❷ I always liked + -ing, so I decided to study … further
늘 ~하는 것을 좋아했기 때문에 …를 좀더 깊이 공부해 보기로 결정했습니다

I always liked read**ing** and writ**ing** so I decided to study English literature **further**.
늘 책 읽고 글 쓰는 걸 좋아했기 때문에 영문학을 좀더 깊이 공부해 보기로 결정했습니다.

I always loved learn**ing** marketing strategies, **so I chose to study** business administration **deeper**. 저는 마케팅 전략에 대해 배우는 것을 항상 좋아했기에 경영학을 좀더 깊이 공부해 보기로 선택했습니다.

> like 대신 '~하기를 즐기다'란 뜻의 enjoy나 '~하기를 너무 좋아하다' 라는 뜻의 love를 써도 같은 맥락의 표현이 됩니다.

❸ A inspired me with B, so I decided to major in + 전공
A는 저에게 B로 많은 영감을 주었고, 그래서 저는 ~을 전공하기로 결정하였습니다

My father, who is an experienced carpenter, **inspired me with** the art of woodwork, **so I decided to major in** interior design.
경험 많은 목수셨던 저희 아버지는 목재 공예 솜씨로 저에게 많은 영감을 주셨고, 그래서 인테리어 디자인을 전공하기로 맘 먹었습니다.

My English teacher in high school **inspired me with** fascinating stories about English literature, **so I decided to major in** English and English literature in university.
고등학교 시절 제 영어 선생님은 영문학과 관련된 놀라운 이야기로 저에게 영감을 주셨고, 그래서 저는 대학에서 영문학을 전공하기로 결정합니다.

> 같은 직업군에 있는 사람을 어렸을 때부터 주위에 둘 수 있었다면 여러분은 행운아입니다. 가까이에서 실제 직업을 구체적으로 엿본 후에 다른 사람보다 좀더 많은 정보를 갖고 소신있게 결정을 내릴 수 있었을 테니까요.
> art of woodwork 목재공예 기술[솜씨] fascinating 놀랄만한, 대단한, 황홀한

❹ It was a natural decision to choose/select + 전공 + as my major to be + 직업
~가 되기 위해 …을 전공으로 선택한 것은 당연한 결정이었습니다

It was a natural decision to choose education **as my major to be** a teacher. 교사가 되기 위해 교육학을 전공한 것은 당연한 결정이었습니다.

It was a natural decision to select mechanical engineering **as my major to be** an engineer.
엔지니어가 되기 위해 기계공학을 전공으로 결정한 것은 당연한 것이었습니다.

> 자신이 지원하는 직업을 뒷부분에 살짝 삽입하면 됩니다.
> natural decision 자연스런[당연한] 결정

❺ From my major, I have learned ~ 전공을 통해 ~을 배웠습니다

From my major, I have learned several computer applications.
전공을 통해 컴퓨터 프로그램을 배웠습니다.

From my major, I grasped a knowledge of market trends.
전공으로부터 시장동향에 관한 지식을 얻었습니다.

From my major, I mastered an understanding of the social
welfare system. 전공을 통해 사회복지 제도와 기능을 마스터하였습니다.

> computer applications 컴퓨터 프로그램 market trends 시장동향

❻ My studies have helped me (to) gain ~

전공 공부가 ~을 기르는 데 도움이 되었습니다

My studies have helped me gain fine writing skills.
전공 공부가 글솜씨를 제대로 기르는 데 도움이 되었습니다.

My studies have helped me to gain a general knowledge
of economics. 전공 공부를 통해 전반적인 경제학 지식을 갖추게 되었습니다.

My studies have helped me to gain a knowledge of
microcomputer and software programming.
전공 공부를 통해 마이크로 컴퓨터와 소프트웨어 프로그래밍 지식을 갖출 수 있었습니다.

❼ My studies have enabled me to + 동사원형

전공 공부로 인해 ~할 수 있었습니다

My studies have enabled me to experience hands-on practice
in business through field studies.
전공 공부로 인해 현장학습을 통한 비즈니스 실무를 경험할 수 있었습니다.

> hands-on practice 실무 clinical reserach 임상연구 carry out 수행하다

My studies have enabled me to carry out scientific theories
through clinical research.
전공 공부로 인해 과학적 이론을 임상연구를 통해 실습해 볼 수 있었습니다.

STEP 2 ▶ 앞에서 배운 패턴을 이용해 문장을 만들어 보세요.

❶ 고등학교 시절 건축에 관심이 많았습니다. (architecture)

----

❷ 저는 항상 지역사회센터에서 자진하여 돕는 것을 즐겼고 그래서 사회
복지학을 전공하기로 결정했습니다.
(volunteer at community centers, social welfare studies)

----

❸ 의류 분야에서 종사하시는 저희 고모는 의복에 대한 열정으로 저에게 많은 영감을 주셨고, 그래서 의류 직물학을 전공하기로 결정했습니다. (the apparel industry, clothing and textiles)

- -

❹ 간호사가 되기 위해 간호학을 전공으로 선택한 것은 당연한 것이었습니다. (nursing)

- -

❺ 전공 공부를 통해 프리젠테이션 기술을 배웠습니다.

- -

❻ 전공 공부가 논리적인 사고능력을 기르는 데 도움이 되었습니다. (logical thinking skills)

- -

❼ 전공 공부로 인해 다양한 일을 처리하는 능력을 기를 수 있었습니다. (ability to handle multiple tasks)

- -

정답 및 해설

❶ I was deeply interested in architecture in high school. (=I was deeply into architecture in high school.) ❷ I always enjoyed volunteering at community centers, so I decided to major in social welfare studies. ❸ My aunt, who is working in the apparel industry, inspired me with her passion for clothes, so I decided to major in clothing and textiles. ❹ It was a natural decision to choose nursing as my major to be a nurse. ❺ From my major, I have learned presentation skills. ❻ My studies have helped me gain logical thinking skills. ❼ My studies enabled me to gain the ability to handle multiple tasks.

직접 만들어 보세요 자신의 상황에 맞는 문장을 만들어 봐야 실전에 강해집니다.

- -

- -

Vocabulary Box 전문지식

global business 국제비즈니스
trade relations 무역관계
market trends 시장동향
numerical analysis 수치분석
teaching methods 교수법

computer applications 컴퓨터 프로그램
social welfare system and functions
사회복지 제도와 기능
legal practices 사법업무
judicial process 사법처리

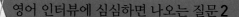

"What specific skills acquired through your studies are related to this position?"

전공 공부를 통해 습득한 특별한 기술 중에 지금 지원하는 자리와 관련 있는 것은 무엇인가요?

▶ 이렇게 물어볼 수도 있어요!

- What specific skills acquired through your university life are related to this position?
- How is your major related to our job requirements?
- How has your college experience prepared you for this position?
- What have you learned from university?
- Tell me about your university life.

앞에서도 잠깐 언급했던 How is your major related to our job requirements?와 일맥상통하는 질문입니다. 이와 같은 질문은 전공을 선택한 동기를 묻는 질문 다음으로 전공과 관련해 자주 출제되는 문제이죠. 전공 공부를 통해 키운 능력과 갖추고 있는 지식에 초점을 맞춘 질문입니다. 전공과목 중에서도 특히, 집중적으로 연구한 내용, 전공 공부를 통해 어떠한 자질을 키울 수 있었는지를 밝히세요. 항상 지금 지원하는 분야와 최접점에 있는 지식과 기술에 초점을 맞추어야 합니다. 지원하는 분야가 전공과 관련이 없다면 어느 분야에서나 사용 가능한 일반적인 지식과 능력을 강조해도 되고, 전공 분야에 대한 공부가 지금 지원하는 분야에 대해 독특한 시각을 제시하고 결국에 가서는 이것이 직·간접적인 영향을 미쳐 회사에 도움이 될 것이라는 긍정적인 국면을 강조하세요.

하지만, 답안의 내용을 꼭 전공 공부로 한정지을 필요는 없습니다. 전공 공부로는 모자랐던 부분을 채우기 위해 했던 활동 등을 추가하세요. 이 질문은 결국 대학 생활 전반을 통해 업무에 필요한 기본적인 자질을 갖추려고 노력했는지를 검토하는 것이니까요.

❶ I have focused my energy on + 집중한 분야 + and obtaining + 획득한 능력

저는 ~분야에 주력해 …능력을 키우는 데 에너지를 집중했습니다

I have focused my energy on my studies in marketing **and obtaining** an insight into today's market trends and the newest marketing strategies. 저는 마케팅 전공 공부를 통해 현대 시장의 동향과 최신 마케팅 전략에 대한 통찰력을 키우는 데 에너지를 집중했습니다.

I have focused my energy on my studies in computer engineering **and obtaining** practical application for tools and programs. 저는 컴퓨터 공학 전공 공부를 통해 툴과 프로그램에 대한 실제적인 응용 능력을 키우는 데 집중했습니다.

I have focused my energy on work **and obtaining** real-world experience. 저는 일을 통해 실제 사회 경험을 키우는 데 집중했습니다.

I have focused my energy on club activities **and obtaining** leadership and people skills.
저는 동아리 활동을 통해 지도력과 대인관계 능력을 키우는 데 집중했습니다.

application 응용 real-world experience 사회 경험

❷ In addition to A, I participated in/attended + 활동명

A 이외에도 …활동에 참여했습니다

In addition to my studies, **I participated in** presentation club activities in school.
전공 공부 외에도 저는 학교에서 프리젠테이션 동아리 활동에 참여했습니다.

In addition to my studies, **I attended** seminars and workshops on finance. 전공 공부 외에도 재무와 관련한 세미나와 연수회에 참석했습니다.

In addition to work experience, **I participated in** volunteer activities for the community.
일한 경험 외에도 저는 지역 봉사 활동에 참여했습니다.

❸ These activities taught me + 능력/지식

이런 활동들로 ~능력을 키울 수 있었습니다

These activities taught me leadership, communication, and teamwork skills.
이런 활동들로 저는 지도력, 의사소통 능력, 팀웍을 키울 수 있었습니다.

These activities taught me how to motivate team members and work on teams.
이런 활동들로 저는 팀 동료들의 사기를 올리고 팀으로 일하는 방법을 배웠습니다.

116

This study taught me cutting-edge technology and estimating skills. 저는 이 공부를 통해 첨단 기술과 추정하는 능력을 키웠습니다.

cutting-edge 최첨단의
estimate 평가하다, 추정하다

❹ **I double-majored in A and B since I knew that this field requires much knowledge of** + 구체적인 지식
이 분야에서 일하려면 ~에 대해서 지식이 많아야 된다는 것을 알고 있었기 때문에 A와 B를 복수 전공했습니다

I double-majored in Chinese and business **since I knew that this field requires much knowledge of** China's market and human resources. 이 분야에서 일하려면 중국 시장과 인적자원 관리에 대해서 지식이 많아야 된다는 것을 알고 있었기 때문에 중국어와 경영학을 복수 전공했습니다.

I majored in electrical engineering **and minored in** management **since I knew that this area requires extensive knowledge of** new technology and management of clients and products.
이 분야에서 일하려면 새로운 첨단 기술과 고객 및 제품관리에 있어서 광범위한 지식이 있어야 된다는 것을 알고 있었기 때문에 전기공학을 전공으로, 경영학을 부전공으로 공부했습니다.

major in A and minor in B
A를 전공하고 B를 부전공하다
extensive 광범위한

❺ **I believe that A has specifically prepared me to** + 동사원형 A로 ~할 수 있는 준비를 구체적으로 했다고 생각합니다

I believe that my study in textiles and clothing and business administration **has specifically prepared me to be an MD**.
의상학과 경영학 전공의 공부로 MD로 일할 수 있는 준비를 구체적으로 했다고 생각합니다.

I believe that my internship experience in U.S.A. **has specifically prepared me to work** in the travel industry.
미국에서 인턴사원으로 일한 경험으로 관광업에 종사할 수 있는 준비를 구체적으로 했다고 생각합니다.

I believe that many of my team project experiences **have prepared me to work** effectively with others. 많은 그룹 프로젝트를 통해 다른 사람들과 효과적으로 일할 수 있는 준비를 구체적으로 했다고 생각합니다.

I believe that my various part-time jobs **have prepared me to** deal with and solve problems.
다양한 아르바이트 경험으로 문제를 다루고 해결할 수 있는 준비를 구체적으로 했다고 생각합니다.

deal with 대신에 cope with나
handle로 바꿔서도 됩니다.

무작정 따라하기
STEP 2 ▶ 앞에서 배운 패턴을 이용해 문장을 만들어 보세요.

❶ 저는 중국어와 중국 시장에 대한 공부를 통해 중국시장의 추세를 이해하고 중국어 구사 능력을 키우는 데 집중해 왔습니다.
(study of China's market, Chinese language ability)

❷ 전공 공부 외에도 학교에서 학생회 활동에 참여했습니다.
(student body activities)

- -

❸ 이런 활동들로 문제를 해결하고 장기적인 관계를 유지하는 능력을 키웠습니다. (long-lasting, relationship building skills)

- -

❹ 이 분야에서 일하려면 금융정보에 관한 지식이 많아야 된다는 것을 알고 있었기 때문에 재무와 행정학을 복수 전공했습니다. (finance information, administration)

- -

❺ 동종업계에서 인턴사원으로 일한 경험이 특히 마케팅 쪽에서 일할 수 있는 준비 과정이 됐다고 생각합니다.

- -

정답 및 해설

❶ I have focused my energy on the study of the Chinese language and China's market to gain insight into China's market trends and to improve my Chinese language ability. ❷ In addition to my studies, I participated in student body activities in school. ❸ These activities taught me problem-solving and long-lasting relationship building skills. ❹ I double-majored in finance and administration since I knew that this field requires much knowledge of finance information. ❺ I believe that my internship experience in the same industry has specifically prepared me to work in the marketing area.

직접 만들어 보세요 자신의 상황에 맞는 문장을 만들어 봐야 실전에 강해집니다.

- -

- -

Vocabulary Box 동향과 최고 경지를 나타내는 여러 표현

동향	최고를 나타내는 말
trend 추세, 동향	cutting-edge 최첨단의
general trend 대세	state-of-the-art 최첨단의
market trend 시장의 동향	top-notch 최상급의
the newest trend 최신 동향	top-of-the-line 최상급의
overseas trend 해외 동향	the world's best 세계 최고의(= the world's greatest)
consumer trend 소비자 동향	the nation's best 국내 최고의
	Asia's best 동양 최고의

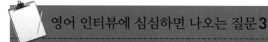

"What are your hobbies?" 취미가 뭔가요?

▶ 이렇게 물어볼 수도 있어요!

- What do you do in your spare time?
- How do you spend your free time?
- What do you enjoy doing in your spare time?
- What do you do on weekends?
- How do you relax?

면접관은 이 질문을 통해 지원자와 함께 나눌 수 있는 관심거리나 화제를 찾으려고 합니다. 지원자가 지속적으로 관심을 갖고 하는 일이 있다면 자신의 적성을 보여 줄 수 있습니다. 또한 지원자의 개인적인 관심분야나 취미가 지원분야와 직접적으로 관련이 있는지, 혹은 관련이 없다 하더라도 지속적인 취미활동을 통해 습득한 기술이나 성향이 업무와 사람들과의 관계에서 어떻게 기여할 수 있는지를 파악할 수 있는 질문입니다.

즐기는 취미활동이 무엇인지, 여가 활용은 어떻게 하는지 정리해 보세요. 장황하게 여러 가지 활동을 설명하는 것 보다 가장 즐기고 오랫동안 해온 여가활동 한두 개에 집중해 얘기하도록 합니다. 꼭 업무와 직접적으로 관련이 있는 여가활동이 아니어도 좋습니다. 하지만 업무와 특별히 관계가 없는 여가활동은 너무 길게 설명하지 않도록 주의하세요. 지속적으로 하고 있는 여가활동의 경우, 무엇을 했느냐를 떠나 무엇을 배웠고 어떤 경험을 했는지 간단히 설명해 보세요. 취미활동을 통해 얻을 수 있었던 장점이나 기억에 남는 경험이 있다면 간단히 소개하는 것도 좋습니다.

상황에 맞게 단어를 꾸며 큰 소리로 읽어 보세요.

❶ For fun, I often ... with + 사람 재미삼아 ~와 함께 …할 때가 많습니다

For fun, **I often** play tennis **with** my co-workers.
재미삼아 동료들과 테니스를 칠 때가 많습니다.

For fun, **I often** go inline-skating **with** my classmates.
재미삼아 학교 친구들과 인라인 스케이트를 타러 갈 때가 많습니다.

❷ To relax and recharge myself, I ... on weekends
휴식도 취하고 재충전도 할 겸, 주말에 …을 합니다

To relax and recharge myself, **I** take dance lessons **on weekends**. 휴식도 취하고 재충전도 할 겸, 주말에 댄스수업을 받습니다.

To relax and recharge myself, **I** go hiking **every weekend**.
휴식도 취하고 재충전도 할 겸, 주말마다 산행을 합니다.

> relax 휴식을 취하다 recharge oneself 재충전하다 on weekends 주말마다(=every weekend) go hiking 산행을 하다

❸ I spend my spare time + -ing ~하면서 여가시간을 보냅니다

I spend my spare time visit**ing** art galleries.
미술 전시회를 보러 다니며 여가시간을 보냅니다.

I spend my free time surf**ing** the Internet.
인터넷하면서 여가시간을 보냅니다.

I spend my leisure time watch**ing** movies.
영화를 보면서 여가시간을 보냅니다.

> spare time = free time = leisure time

❹ I really enjoy + -ing ~ in my free time
여가시간에 ~을 즐겨 합니다

I really enjoy swimm**ing in my free time**. 여가시간에 수영을 즐겨 합니다.

I really enjoy work**ing** out **in my free time**.
여가시간에 운동을 즐겨 합니다.

I really love play**ing** tennis with my business associates **in my free time**. 여가시간에 사업 동료들과 테니스를 즐겨 칩니다.

❺ Thanks to ..., I ~ …덕분에 ~하게 되었습니다

Thanks to my daily exercise routine, **I** have become physically fit and healthy. 매일 운동을 하는 덕분에 몸이 단단하고 건강해졌습니다.

Thanks to my English conversation class, **I** now enjoy talking with foreigners. 영어회화반 덕택에 외국인과 대화 나누는 것을 즐깁니다.

Thanks to Toastmasters, a public speech club, **I** now feel comfortable and confident speaking in public.
토스트매스터라는 연설 클럽 활동 덕분에 사람들 앞에서 편하고 자신감 있게 연설할 수 있습니다.

fit (몸이) 단단하고 건강한 **public speech** 대중 연설

❻ My active involvement/participation at/in + 단체/활동 has helped me (to) + 동사원형
~에서의 활발한 활동 덕택에 …할 수 있었습니다

My active involvement at the hiking club **has helped me to** become more positive and energized.
산악회에서의 활발한 활동 덕택에 좀더 긍정적이고 활발하게 되었습니다.

My active participation at the community center **has helped me to** expand my network with people in my neighborhood.
지역회관에서의 활발한 활동 덕택에 이웃 주민과의 인맥을 넓힐 수 있었습니다.

My active participation in the Chinese Drama Club **has helped me to** learn Chinese fast.
중국어 연극반에서의 활발한 활동 덕택에 중국어를 빨리 배울 수 있었습니다.

❼ My interest in + 분야 + helps me (to) + 동사원형
~에 관한 관심이 …하는 데 도움이 됩니다

My interest in movies **helps me to** come up with creative advertising ideas.
영화에 관한 관심이 창조적인 광고 아이디어를 생각해내는 데 도움이 됩니다.

My interest in investment **helps me to** save and invest money wisely. 재테크에 관한 관심은 지혜롭게 돈을 저축하고 투자할 수 있도록 도와줍니다.

investment 재테크, 투자

My interest in Japanese movies **helped me to** become proficient in the Japanese language. 일본 영화에 대한 관심 덕분에 일본어에 능숙해졌습니다.

❽ Since I + 과거동사 ~, I have + p.p. ~한 후로 …했습니다

Since I started going to the gym, **I have** lost 5 kgs and I feel healthier and more energized at work.
헬스클럽에 다닌 후로 5kg을 감량하여 직장에서 좀더 건강하고 활기찹니다.

Since I joined the Saturday morning soccer club, **I have** become a morning person and team player.
토요일 조기 축구클럽에 참가한 후로 저는 아침형 인간이 되었고 협동심이 커졌습니다.

Since I started watching American TV shows, **I have** improved my English listening skills.
미국 TV 방송을 시청한 후로 영어 청취능력이 향상되었습니다.

❶ 재미삼아 친구들과 함께 인라인 스케이트를 타러 갈 때가 많습니다.

----

❷ 음악을 들으면서 여가시간을 보냅니다.

----

❸ 여가시간에 서점에 들러 신간들을 살피는 것을 아주 즐깁니다.
(drop by, check out)

----

❹ 농구클럽 덕택에 저는 좀더 활발하고 자신감이 넘치게 되었습니다.
(outgoing, confident)

----

❺ 회사 사교동아리에서의 활발한 활동 덕택에 상사와 동료와의 인맥을
넓힐 수 있었습니다. (my company's social club)

----

❻ 주말 마라톤에 참가한 후로 좀더 능률적으로 업무에 임하게 되었습니
다. (more productive at work)

정답 및 해설

❶ For fun, I often go inline-skating with my friends. ❷ I spend my spare time listening to music. ❸ I really enjoy dropping by a book store and checking out new books in my free time. ❹ Thanks to the basketball club, I now have become more outgoing and confident. ❺ My active participation at my company's social club has helped me to expand my connections with my bosses and co-workers. ❻ Since I started running weekend marathons, I have become more productive at work.

직접 만들어 보세요 자신의 상황에 맞는 문장을 만들어 봐야 실전에 강해집니다.

- -

- -

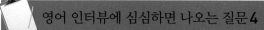

"Why are you leaving your present job?"

이직하는 사유는 무엇입니까?

▶ 이렇게 물어볼 수도 있어요!

- **Why do you want to change jobs?**
- **Why did you quit your job?**
- **Why did you leave your last job?**

현재 직장이나 전 직장에서 뭔가가 불만이거나 문제가 있어서 그만두는 것이 아닌가라는 편견을 가지고 시작하는 질문입니다. 무심코 내뱉는 불평불만을 통해 지원자의 직장 매너나 태도를 테스트하려는 것이 의도입니다. 물론 이유가 봉급이 너무 낮아서, 상사가 너무 고집불통이라서, 야근을 너무 많이 해서 등의 실질적인 이유를 댈 수도 있겠지만 어느 회사나 그러한 상황은 빈번하게 일어날 가능성이 높습니다. 지금 지원하는 회사라고 예외일 수는 없죠. 부정적인 답변은 부정적인 마인드에서 출발한다고 여겨집니다. 또한 전 직장에 대한 부정적인 발언은 자기 얼굴에 침 뱉기입니다.

따라서 이직하는 사유를 물어본다면 전 직장에 대해 비난하거나 전 상사나 동료에 대해 불만을 토로하기보다는 긍정적인 부분에 초점을 맞추세요. 가급적이면 자신의 결정에 긍정적이고 도전적인 이미지를 부여하고, 신중한 고려 끝에 내린 결정임을 알려 줍니다. 미래에 대한 확고한 계획이나 비전이 있음을 알려야 합니다. 현 직장이나 전 직장에 대해 긍정적인 평가를 하되 성장 가능성이나 도전성이 결여되었다거나, 지금 익숙해진 업무에 안주하지 않고 자기 발전의 기회를 위해 이직하는 것임을 강조하는 것이지요. 평생직장에서 평생직업으로 전환되는 요즘 같은 시대에 회사가 이해할만한 이직 사유가 될 수 있습니다.

❶ My ... years at the last company were + 긍정적인 평가

전 직장에서의 지난 …년간은 ~한 시간이었습니다

My 3 **years at the last company were** very enjoyable.

이전 직장에서의 지난 3년은 아주 즐거운 시간이었습니다.

My 2 **years at my present job have been** rewarding and educational. 현 직장에서 보낸 2년간은 보람 있고 많은 것을 배울 수 있는 시간이었습니다.

❷ It was ... company / It was in ... business

(이전 회사에 대해 설명할 때) …회사였습니다 / …업계 회사였습니다

It was in the insurance **business**. 보험업계 회사였습니다. (산업명만 바꿔 쓰세요.)

It was a small-sized **company**. 중소기업이었습니다.

It was a large **corporation**. 대기업이었습니다.

It was a Japanese **company**. 일본계 회사였습니다. (회사의 국적만 바꿔 쓰세요.)

❸ I was in charge of + 담당내용 / I worked in A department

(이전 업무에 대해 설명할 때) ~을 담당했습니다 / A 부서에서 일했습니다

I was in charge of the marketing strategy team.

마케팅 전략팀을 담당했습니다.

I dealt with customers with problems. 고객의 불만을 처리했습니다.

My main duties included estimating the project budgets.

프로젝트 예산을 산정하는 업무를 주로 했습니다.

I was given a lot of opportunities to plan company events.

회사 행사를 기획할 기회가 많았습니다. (지금 지원하는 업무와 비슷한 부분을 강조하세요.)

I worked in the General Affairs department. 총무부서에서 일했습니다.

❹ However, I felt + 이직을 고려하게 된 사유 + and wanted to explore other opportunities

하지만 ~한 점을 느꼈고 그래서 다른 기회를 탐색해 볼 필요를 느꼈습니다

However, **I felt** I have outgrown my current job **and wanted to** look for a challenge and to learn new things.

하지만 저는 현재 직장에서 수용할 수 있는 능력 이상으로 발전했고 그래서 새로운 도전을 찾아 새로운 것들을 배워보고 싶었습니다.

이미 회사를 퇴직했다면 과거 시제를 사용하고 현재 직장을 다니면서 이직을 위한 인터뷰를 하고 있는 경우라면 현재 완료를 사용하는 것이 적절합니다. My 3 years at the last company는 The last 3 years with the previous company로 대체할 수 있습니다. 회사에 대한 평가에 사용할 수 있는 형용사로는 successful, exciting, fulfilling, productive, impressive 등이 있습니다.

I was in charge of~ 외에도 I dealt with~, My main duties included~와 같이 표현해도 됩니다. 담당한 업무 중에서도 구체적으로 어떤 일을 많이 했는지 언급하고 싶을 때는 I was given a lot of opportunities to~를 써보세요.

However, **I felt** a strong urge to move into PR **and wanted to explore other opportunities**.
하지만 저는 PR쪽으로 옮겨보고 싶은 마음이 간절해서 다른 기회를 탐색해 볼 필요를 느꼈습니다.

❺ I am leaving my present job to + 새로운 직장이나 직업에서 얻고 싶은 기회 저는 ~을 하기[얻기] 위해 이직하려고 하고 있습니다

I am leaving my present job to develop my potential.
제 잠재력을 계발하기 위해서 이직하려고 하고 있습니다.

I am leaving my present job to seek out bigger and more challenging responsibilities.
좀더 크고 도전적인 책임을 지는 일을 찾고자 이직하려고 하고 있습니다.

I left my last job to develop my specialty further.
제 전문 분야를 좀더 계발하고자 이전 직장을 그만 두었습니다.

I left my last job to work under a more aggressive corporate culture. 좀더 적극적인 기업문화 하에서 일하고 싶어 지난 직장에서 퇴사하였습니다.

❻ I left my company because + 이직하는 사유
~ 때문에 퇴사했습니다

I left my company because I want to take on more responsibility.
좀더 막중한 큰 책임을 맡고 싶어 퇴사했습니다.

I left my company because I was looking for growth opportunities. 성장할 수 있는 기회를 찾고 있었기 때문에 퇴사했습니다.

I am leaving my company because I feel I have reached the limit of what I can do there.
현재 회사에서는 제가 할 수 있는 것이 한계에 도달했다고 느끼기 때문에 이직하려고 합니다.

I am leaving my company because I feel I have reached the limit of what I can contribute to the company. 현재 다니고 있는 회사에 제가 기여할 수 있는 게 더 이상 없다고 생각하기 때문에 그만두려고 합니다.

❼ That's why I~ (답변을 마무리할 때) 그래서 제가 ~한 것입니다

That's why I applied for this position. 그래서 이 자리에 지원한 것입니다.

That's why I am seeking an opportunity with this company.
그래서 귀사에서 제 전문직업을 개발할 수 있는 기회를 찾기 위해 오늘 여기까지 온 것입니다.

❽ I think/feel ~/ I am positive~ (답변을 마무리할 때) ~라 생각합니다

I think my skills and abilities are suitable for this position.
제가 이 자리에 적합한 기술과 능력을 갖추고 있다고 생각합니다.

outgrown (수용하지 못할정도로) 빨리 성장하다 **urge** 강한 소망, 충동

현재 회사를 다니면서 이직하려고 하는 중이라면 I am leaving my present job to ~, 이미 퇴사를 했다면 I left my last job to ~를 사용하세요.

potential 잠재력 **specialty** 전문 분야

reach the limit 한계에 도달하다

이직을 한 이유를 묻는 것은 그 회사를 떠나 왜 우리 회사를 지원하는 것인지를 물어보는 질문이기도 하니 "Why are you interested in this company?"(p. 84)에서 다루고 있는 패턴도 참조하세요.

I feel the relationship will be beneficial for both of us.
서로의 관계가 도움이 될 것이라고 생각합니다.

I am positive we'd be a good match.
저는 저희가 딱 맞는 궁합이라고 자신합니다.

무작정 따라하기
STEP 2 ▶ 앞에서 배운 패턴을 이용해 문장을 만들어 보세요.

❶ 이전 직장에서의 3년은 배울 수 있는 기회로 가득했습니다.
(be full of, learning experience)

_____

❷ 제과업계 회사였습니다. (confectionary)

_____

❸ 하지만 제 일에 익숙해졌다는 것을 느껴서 다른 기회를 탐색해 볼 필요가 있다고 생각했습니다. (my duties)

_____

❹ 제 전문 직업분야의 다음 단계로 도약하기 위해 이직하려고 하고 있습니다.

_____

❺ 저는 좋은 팀원이 될 것이라 확신합니다. (positive)

_____

정답 및 해설

❶ My 3 years at the last company was full of learning experiences. ❷ It was in the confectionary business. ❸ However, I felt I was getting too used to my duties and wanted to explore other opportunities. ❹ I am leaving my present job to start the next stage of my career. ❺ I am positive I would be a good team member.

직접 만들어 보세요 자신의 상황에 맞는 문장을 만들어 봐야 실전에 강해집니다.

_____

_____

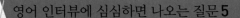

"Can you work under pressure?"

스트레스를 받는 상황에서 일할 수 있나요?

▶ 이렇게 물어볼 수도 있어요!

- How well do you handle stress?
- How do you cope with work-related stress?
- Do you work well under pressure?
- What do you do in a stressful situation?
- How do you manage stress in your daily work?
- How do you handle tension from daily work?

무슨 일이 언제 어떻게 일어날지 모르는 예측불허의 비즈니스 환경에서 대처하고 적응하는 능력이 있는지를 묻는 질문입니다. 특정한 상황을 스트레스로 받아들이는 기준은 사람마다 다르기 때문에 대처나 해소방법도 다르기 마련입니다. 회사의 입장에서 볼 때 업무상 으레 일어날 수 있는 스트레스를 침착하게 효과적으로 해소하는 직원을 선호하는 것은 당연합니다.

이런 질문에 "저는 스트레스를 받지 않습니다."라는 답을 하지는 마세요. 스트레스를 받는 것은 지극히 정상인 것이며 업무상 스트레스는 부정적인 측면도 있지만 업무 효율성을 높이는 촉매제 역할을 하기도 합니다.

중요한 것은 어떠한 상황을 스트레스적인 환경으로 보는지, 그런 열악한 환경에 어떻게 대처하여 문제를 막고 효율적으로 업무를 마치는지 단계적으로 설명하면 됩니다. 본인만이 가지고 있는 스트레스 대처 노하우를 경험이나 예를 들어 설명하면 좋습니다. 업무관련 스트레스를 즉시 건강하게 해소하고 업무에 효율적으로 대처하는 능력이 있음을 보여주세요.

❶ A certain degree/deal of stress keeps me~ 어느 정도의 스트레스는 ~할 수 있게 해줍니다

A certain degree of stress keeps me motivated.
어느 정도의 스트레스는 동기부여가 됩니다.

A certain deal of stress keeps me focused.
어느 정도의 스트레스는 집중하는 데 도움이 됩니다.

> me 뒤에 challenged(도전심이 생기는), alert(정신을 바짝 차리는), alive(생동감이 있는) 등 여러 가지 표현을 바꿔 넣어보세요.

❷ A certain/moderate amount of stress is said to + 동사원형~ 어느 정도의 스트레스는 ~하다고 합니다

A certain amount of stress is said to keep us alert and lead to a more vigorous life.
어느 정도의 스트레스는 긴장감을 유지해 활기찬 생활을 할 수 있도록 한다고 합니다.

A moderate amount of stress is said to motivate us to do better.
어느 정도의 스트레스는 더 잘 할 수 있도록 동기부여를 한다고 합니다.

❸ I try to + 동사원형~ even under the stressful (situations) 스트레스를 받는 상황에서도 ~하려고 노력합니다

I try to stay calm **even under stressful circumstances**.
스트레스가 되는 상황에서도 침착성을 유지하려고 노력합니다.

I try to keep my sense of humor **even under stress**.
스트레스를 받는 상황에서도 유머 감각을 잃지 않으려고 합니다.

❹ I find that ... (when I feel a lot of stress) helps me (to) + 동사원형 (스트레스를 많이 받을 때) …를 하면 ~할 수 있게 됩니다

I find that meditation **helps** me get rid of stress and feel relaxed.
명상은 스트레스 해소를 돕고 안정할 수 있도록 해줍니다.

I find that stretching **when I feel a lot of stress helps me** relax and think rationally.
스트레스 많이 받을 때 스트레칭을 하면 안정을 찾고 이성적으로 생각할 수 있게 됩니다.

> get rid of 대신에 relieve 또는 reduce를 사용할 수도 있어요.

❺ I try not to + 동사원형 until ~ ~하기 전까지는 …하는 것을 자제합니다

I try not to act on a situation **until** I feel calm about it.
어떤 일에 침착하기 전까지는 행동에 옮기는 것을 자제합니다.

I try not to get upset **until** I find out what went wrong.
무슨 일이 잘못되었는지 알기 전 까지는 화내는 것을 자제합니다.

> try not to + 동사원형 ~하지 않도록 노력하다 act on 행동에 옮기다, 실행하다

❻ If I am + 심리상태를 나타내는 말, I wait until ...
~하는 경우에는 …할 때까지 기다립니다

If I am worked up, **I wait until** I am confident that I am thinking clearly. 화가 나서 흥분되는 경우에는 정확히 생각할 수 있다고 확신이 들 때까지 기다립니다.

If I am frustrated, **I wait until** I am sure that I am thinking calmly. 짜증이 심하게 날 경우에는 침착히 생각할 수 있다고 확신할 때까지 기다립니다.

be worked up 흥분하다, 화나다
frustrated 짜증나다

무작정 따라하기
STEP 2 ▶ 앞에서 배운 패턴을 이용해 문장을 만들어 보세요.

❶ 어느 정도의 스트레스는 열중하게 합니다. (enthusiastic)

----

❷ 저는 스트레스를 받는 상황에서도 사람들에게 친절하려고 합니다.
(nice to people)

----

❸ 스트레스를 많이 받을 때 잠깐 바깥공기를 마시면 기분전환에 도움이
됩니다. (get some fresh air, feel better)

----

❹ 어떤 일에 확신이 가기 전까지는 행동에 옮기는 것을 자제합니다.

----

❺ 혼란스러울 때는 문제를 파악할 때까지 기다립니다.
(figure out what the problem is)

정답 및 해설

❶ A certain degree of stress keeps me enthusiastic. **❷** I try to be nice to people even under stressful circumstances. **❸** I find that getting some fresh air when I feel a lot of stress helps me feel better. **❹** I try not to act on a situation until I feel sure about it. **❺** If I am confused, I wait until I figure out what the problem is.

직접 만들어 보세요 자신의 상황에 맞는 문장을 만들어 봐야 실전에 강해집니다.

- -

- -

"How would you define 'leadership'?"

지도력에 대해 어떻게 정의내리시겠습니까?

▶ 이렇게 물어볼 수도 있어요!

- How do you define leadership and how would you rate yourself as a leader?
- How do you describe your leadership style?
- Are you more of a leader or a follower?
- Are you able to lead others?
- Are you a leader? Give me some examples.

지도력은 어느 기업에서나 지원자에게 요구하는 필수자질입니다. 그러나 leadership과 management 즉, 경영능력을 혼동해서는 안 되겠습니다. 면접관은 지원자가 내리는 지도력의 정의를 통해 통찰력을 관찰하고 지원자의 지도력 관련 경험담을 통해 지도자로서의 잠재력을 살펴봅니다.

따라서 지도력에 관한 정의를 내려보는 작업부터 시작해야 합니다. 회사의 경영철학에 따라 지도력의 정의에도 차이가 있습니다. 진보적인 회사 (신생기업, 중소기업, 벤처회사 등)에서는 능력 위주의 도전적인 지도력을 높이 사는 반면, 오래된 전통을 기반으로 하는 보수적인 회사에서는 회사의 안정과 명성을 유지하는 온건한 지도력을 요구합니다.

회사의 경영철학을 참고하여 지도력의 정의를 내리는 것으로 끝나는 것이 아니라 본인이 지도자로서의 자질이 있는지를 설명하세요. 타고난 보좌관형이라면 굳이 거짓말을 하면서 자신이 지도자인 척 할 필요는 없습니다. 지도자를 보좌하는 역할을 수행했던 경험담을 통해 자신이 회사에 역시나 필요한 존재임을 설명하면 되는 겁니다. 팀원과 보좌관 없이 지도자가 제 역할을 수행할 수는 없는 거니까요.

❶ **I would define leadership as ~** 저는 리더십을 ~라고 정의합니다

I would define leadership as establishing direction, developing a vision, and guiding people to meet that vision. 저는 리더십을 방향을 설정하고 비전을 제시하며 사람들이 그 비전을 이룰 수 있도록 도와주는 것이라고 생각합니다.

I would define leadership as an ability to take risks and overcome problems in times of difficulty.
저는 리더십을 어려운 때에 위험을 감수하고 헤쳐 나갈 수 있는 역량이라고 정의합니다.

define A as B A를 B라고 정의하다 **establish direction** 방향을 잡다 **develop a vision** 비전을 만들다 **guide people** 사람들을 안내하다 **take risks** 위험을 감수[부담]하다 **in time of difficulty** 어려운 시점에

❷ **I would describe my leadership style as ~**
저의 리더십 스타일은 ~하는 것입니다

I would describe my leadership style as independent supervision among subordinates.
저의 리더십 스타일은 부하직원들이 자기 일을 각자 독립적으로 책임, 관리하게끔 하자는 것입니다.

I would describe my leadership style as one that creates competition and efficiency among workers.
저의 리더십 스타일은 직원들 간의 경쟁과 효율을 유도하는 편입니다.

I would describe my leadership style as leading by example.
저의 리더십 스타일은 먼저 모범을 보이는 것입니다.

❸ **I demonstrated my leadership as ~**
~로서 제 리더십을 발휘하였습니다

I demonstrated my leadership as president of the Chemistry Students' Association. 저는 화학과 학생회 회장으로 활동하며 리더십을 발휘하였습니다.

I demonstrated my leadership as a volunteer coordinator at the 2002 World Cup.
저는 2002년 월드컵 행사에서 봉사 활동 코디네이터로 제 리더십을 발휘하였습니다.

I proved my leadership as a team leader of many team projects at my previous company.
저는 이전 직장에서 많은 팀 프로젝트의 팀장을 하면서 제 리더십을 발휘하였습니다.

demonstrate 대신 prove로 표현할 수도 있겠습니다.

❹ **Ever since I + 과거동사~, people have told me I would make a great leader one day**
제가 ~한 후로 사람들은 제가 언젠가 훌륭한 리더가 될 것이라고 말했습니다

Ever since I organized the high school reunion, **people have told me I would make a great leader one day**.
제가 고등학교 동창회를 연 이후로 사람들은 제가 언젠가 훌륭한 리더가 될 것이라고 말했습니다.

'A는 ~라고 말하곤 했다'는 의미의 A used to say that~도 함께 알아두세요.
reunion 동창회

Ever since I completed the project with success, **people have told me I would make a great leader one day**.
프로젝트를 성공적으로 마친 이후로 사람들은 제가 언젠가 유능한 리더가 될 것이라고 말했습니다.

Ever since I started working as president of the club, **people have told me I would make a great leader one day**. 동아리 회장으로 일하기 시작한 다음부터 사람들은 제가 언젠가 훌륭한 리더가 될 것이라고 말했습니다.

❺ Throughout my experience I have found that I am better ~ 제 경험을 통하여 제가 ~하는 데 더 능하다는 것을 알았습니다

Throughout my experience I have found that I am better as a supporter. 제 경험을 통하여 저는 제가 보좌하는 데 더 능하다는 것을 알았습니다.

Throughout my experience I have found that I am better as a leader. 제 경험을 통해 저는 제가 리더로서 자질이 더 많다는 것을 알게 되었습니다.

Throughout my experience I have found that I am better at supporting. 제 경험을 통해 저는 보좌하는 업무에 더 뛰어나다는 것을 알았습니다.

❶ 저는 리더쉽이란 적절한 시기에 올바른 결정을 내리는 능력이라고 정의합니다. (make the right decision at the right moment)

----

❷ 제 리더쉽 스타일은 팀의 사기를 진작시켜 한마음으로 공동의 목표를 향하도록 이끌어 가는 것입니다.
(team spirit, work toward a common goal)

----

❸ 저의 리더쉽 스타일은 제가 관리하는 사람들에게 카리스마적이며 지혜로운 길잡이가 되는 것입니다. (charismatic and wise guidance)

----

❹ 이전 직장에서 팀장으로서 제 리더쉽을 발휘하였습니다.
(demonstrate)

정답 및 해설

❶ I would define leadership as the ability to make the right decision at the right moment. ❷ I would describe my leadership style as developing a team spirit to work toward a common goal. ❸ I would describe my leadership style as charismatic and wise guidance to the people I manage. ❹ I demonstrated my leadership as team manager at my previous workplace. ❺ Ever since I participated in the conference, people have told me I would make a good leader one day. ❻ My former boss used to say that I would make a good leader one day.

❺ 제가 그 대회에 참가한 이후로 사람들은 제가 언젠가 유능한 리더가
될 것이라고 말했습니다. (conference)

----

❻ 제 전 상사는 제가 언젠가 훌륭한 리더가 될 것이라고 말씀하시곤 했
습니다. (former boss)

직접 만들어 보세요 자신의 상황에 맞는 문장을 만들어 봐야 실전에 강해집니다.

- -

- -

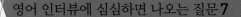

영어 인터뷰에 심심하면 나오는 질문 **7**

패턴훈련〉2-7.mp3

"Do you like working alone or as part of a team?" 혼자서 일하는 것을 선호하세요, 팀으로 일하는 것을 선호하시나요?

▶ 이렇게 물어볼 수도 있어요!

- Are you more productive working alone or in a group?
- Which do you prefer, working alone or working as part of a team?
- Are you a team-oriented person or a self-starter?
- Are you a team player, or do you prefer to work independently?

채용을 하는 회사의 입장에서 독불장군형이나 고슴도치형보다는 무리 속에서 잘 조화되고 적응하는 지원자를 원하는 것은 당연합니다. 하지만 경우에 따라서 융통성 있게, 지원 인력 없이도 독립적으로 일을 할 수 있는 능력 또한 중요합니다. 회사라는 조직 내에서 지원자가 어떤 업무환경에서든 능력을 발휘해 주어야 한다는 것이죠. 회사는 멀티플레이어로 팀워크와 독립적인 작업이 모두 가능한 지원자를 원합니다. 따라서 지원자는 자신의 성향을 솔직히 말하되 다양한 환경에 적응할 수 있다는 것을 강조하세요.

자신의 업무 경향을 분석해 보세요. 학창 시절, 아르바이트, 첫 직장 등에서 했던 개인 프로젝트와 팀워크을 요구하는 그룹 프로젝트 중 어떤 업무를 선호하고 좀더 효율적으로 마칠 수 있었는지 생각해 보세요. 팀워크은 숨 가쁘게 변화하는 국제화 시대에서 경쟁 우위를 확보하기 위한 필수 자질입니다. 만약 면접관이 굳이 둘 중에 하나를 고르라고 요구한다면 팀워크에 무게를 실어 답변을 하되 독립적으로도 경쟁력 있는 사람임을 강조하세요.

❶ I'm + 팀/개인 플레이어 저는 팀/개인 플레이어입니다

I'm a team player. 저는 팀 플레이어입니다.

I'm very self-motivated. 저는 자발적으로 계획을 실행하는 편입니다.

I'm a well-rounded team player. 저는 다재다능한 팀 플레이어입니다.

well-rounded 다재다능한

❷ I think I am more ... working alone than working in a group 저는 혼자서 일할 때가 팀으로 일할 때보다 더 …합니다

I think I am more productive **working alone than working in a group**. 저는 혼자서 일할 때가 팀으로 일할 때 보다 더 생산적인 것 같습니다.

I think I am more creative **working alone than working in a group**. 저는 혼자서 일할 때가 팀으로 일할 때보다 더 창의적인 것 같습니다.

자신의 성향에 맞게 alone과 in a group의 위치를 바꿔쓰면 되죠.

❸ I finish + 일 + 비교급 when I work alone/in a group
저는 혼자서/팀으로 일할 때 일을 더 ~하게 마칩니다

I finish the task faster and more efficiently **when I work alone**.
저는 혼자서 일할 때 일을 더 빨리 그리고 효율적으로 마칩니다.

I finish paper work faster and without error **when I work alone**.
저는 혼자서 문서업무를 할 때 더 빨리 실수 없이 마칩니다.

I complete the work faster and more systematically **when I work in a group**. 저는 팀으로 일할 때 일을 더 빨리 그리고 체계적으로 마칩니다.

efficiently 효율적으로
systematically 체계적으로

❹ Given the choice, I would rather/prefer to work ~
선택할 수 있다면 저는 ~로 일하는 편이 좋습니다

Given the choice, I would rather work with others.
선택할 수 있다면 저는 다른 사람들과 같이 일하는 편이 좋습니다.

Given the option, I would rather work in a group.
선택하라면, 저는 다른 사람들과 같이 일하는 편이 좋겠습니다.

Given my previous work results, I would prefer to work as part of a team. 이전의 업무결과를 본다면 저는 팀으로 일하는 편이 좋습니다.

rather 대신 prefer to를 쓸 수도 있어요.

Given the choice 선택할 수 있다면 **Given my previous work results** 전 업무결과를 보면

❺ A demonstrated that I ~ in a group
A는 제가 팀 업무에 ~하다는 것을 증명해 줍니다

My previous project **demonstrated that I** work well **in a group**.
저의 전 업무는 제가 팀에서 일을 잘 한다는 것을 증명해 줍니다.

My previous task **demonstrated that I** am very responsible **in a group**. 이전 업무를 보면 제가 팀 업무에 굉장히 책임감 있음을 알 수 있습니다.

My experience as a team leader in my previous job **demonstrates that I** work well **as part of a team**.
이전 직장에서 팀장으로 일한 경험은 제가 팀 업무를 잘 처리한다는 것을 증명해 줍니다.

❻ I think it depends on + 상황 ~에 따라 다르다고 생각해요

I think it depends on the type of work.
일의 종류에 따라 다르다고 생각합니다.

I think it depends on the characteristics of the matter.
일의 성격에 따라 다르다고 생각합니다.

I think it depends on the area I work in.
어떤 분야에서 일하느냐에 따라 다르다고 생각합니다.

I think it depends on the situation. 상황에 따라 다르다고 생각합니다.

depend on ~에 따라 다르다,
~에 달려있다

❼ When I work with others/by myself, I can ~
다른 사람들과/혼자서 일할 때는 ~을 할 수 있습니다

When I work with others, **I can** create better solutions with more ideas.
다른 사람들과 일할 때는 더 많은 아이디어를 가지고 더 나은 해결책을 제시할 수 있습니다.

When I work with others, **I can** compliment others' weaknesses and vice versa. 다른 사람들과 일할 때는 제가 다른 사람의 단점을 보완할 수 있고 다른 사람들은 저의 약점을 보완할 수가 있습니다.

When I work by myself, **I can** work faster and with more autonomy. 저 혼자 일할 경우에는 좀더 자율성을 가지고 좀더 신속하게 일할 수 있습니다.

compliment someone's
weakness 단점을 보완하다
vice versa 그 반대로도 마찬가지.
여기서는 others can compli-
ment my weakness라는 의미
autonomy 자율성

무작정 따라하기
STEP 2 ▶ 앞에서 배운 패턴을 이용해 문장을 만들어 보세요.

❶ 저는 유머감각이 있는 팀 플레이어입니다. (humorous)

----

❷ 저는 팀으로 일할 때, 창의력을 필요로 하는 일을 더 빨리 더 효율적으로 마칩니다. (a task that requires creativity)

----

❸ 저는 혼자서 일할 때가 그룹으로 일할 때 보다 더 체계적입니다.
(systematic)

----

❹ 선택할 수 있다면 저는 저보다 경험이 더 많은 사람들과 같이 일하는
편이 좋습니다. (have experience)

----

❺ 프로젝트의 종류에 따라 다르다고 생각합니다.

----

❻ 저의 이전 프로젝트를 보면 제가 소그룹에서 일을 잘 한다는 것을 증
명해 줍니다. (in small groups)

정답 및 해설

❶ I'm a humorous team player. ❷ I finish a task that requires creativity faster and more efficiently when I work as part of a team. ❸ I think I am more systematic working alone than working in a group. ❹ Given the choice, I would rather work with others who have more experience than me. ❺ I think it depends on the type of project. ❻ My previous project demonstrated that I work well in small groups.

직접 만들어 보세요 자신의 상황에 맞는 문장을 만들어 봐야 실전에 강해집니다.

- -

- -

Vocabulary Box 개인/팀 플레이어와 관련된 여러 표현

개인 플레이어
work alone 혼자서 일하다
do something by oneself 혼자 하다
creative loner 창조적인 혼자 일하는 사람
maverick 독불장군
self-starter 혼자 일을 시작하는 사람

팀 플레이어
work as part of a team 팀으로 일하다
work in a group 그룹으로 일하다
work with others 다른 사람들과 함께 일하다
team player 팀플레이어

업무의 효율성과 관련된 형용사
productive 생산적인
systematic 체계적인, 조직적인
efficient 효율적인
fast 빠른
effective 효과적인
beneficial 이익이 되는, 혜택이 되는
effortless 공을 들이지 않은, 수월한

"Are you in the job interview process with any other companies at the moment?"

현재 다른 회사들과도 인터뷰를 하고 있나요?

> ▶ 이렇게 물어볼 수도 있어요!
> - Are you interviewing with any other companies?
> - Have you scheduled with any other companies?
> - Are you in the interview process with any other companies?

우선 이 질문에 대해 Yes라고 하겠습니까, No라고 하겠습니까? No가 답인 경우도 있을 텐데, 과연 이 지원자는 구직 활동을 제대로 하고 있는 것일까요? 아무리 완벽하게 준비해서 한 회사에 소신 있게 지원했다 하더라도 그 결과는 부정적일 가능성도 있는데 무엇을 믿고 계란 한 판을 한 바구니에 담는 것과 같은 무모한 결정을 내린 것일까요? 아니면 회사에서 지원자가 다른 회사로 갈 것이라고 생각할 것 같아 거짓으로 말하고 있는 것일까요? 가령, 중소기업에서 면접을 하던 도중 이런 질문을 받았는데, 대다수의 사람들이 선호하는 특정 대기업에도 지원해 놓았다고 대답한다면 회사 입장에서는 채용해도 오지 않을 지원자가 아닐까 우려할 수도 있으니깐 말이지요. 하지만, 그때는 그냥 그 회사의 이름을 밝히지 않고 회사가 속한 분야만 밝히면 되므로 굳이 거짓말을 할 필요는 없습니다.

반면, Yes라고 답했다면 회사는 지원자가 자신이 선택한 직업이나 지위를 소신껏 지원했는지를 알고 싶어 합니다. '묻지 마 지원'이 비일비재한 취업시장에서 지원자가 여러 회사의 같은 분야, 같은 직위를 지원했다면 그 분야에서 일하고자 하는 강한 의지와 소신을 보여주는 것이라고도 생각 할 수 있으니까요. 따라서 다른 회사에 지원했고 동일업계, 비슷한 직위를 지원했음을 알리세요. 회사는 다른 회사에서도 환영받을 지원자에게 욕심이 더 가는 법입니다.

❶ Yes, I have applied at a couple of other + 지원분야 + companies 네, 몇 개의 ~회사에 지원해 놨습니다

Yes, I have applied at a couple of other steel **companies.**
네, 몇 개의 다른 제철 회사에 지원해 놨습니다.

Yes, I have applied at several other chemical **companies.**
네, 여러 개의 다른 화학 계열 회사에 지원해 놨습니다.

❷ I have decided to build my career in this area, so I am only applying for + 지원하는 직위명 + positions
이 분야를 제 전문 분야로 삼기로 결심해서 ~자리만 지원하는 중입니다

I have decided to build my career in this area so I am only applying for production management **positions.**
이 분야를 제 전문 분야로 삼기로 결심해서 생산 관리직만 지원하는 중입니다.

I have decided to build my career in this area, so I am only applying for secretarial **positions.**
이 분야를 제 전문 분야로 삼기로 결심해서 비서직만 지원하는 중입니다.

I have decided to build my career in this area, so I am only applying for service engineer **positions.**
이 분야를 제 전문 분야로 삼기로 결심해서 서비스 엔지니어 자리만 지원하는 중입니다.

❸ But this company is on the top of the list of the selected companies because + 이 회사를 선택하는 이유   하지만 ~때문에
이 회사는 제가 지원하려고 선택한 회사들 중에 가장 최우선시 되는 곳입니다

But this company is on the top of the list of the selected companies because it provides its employees with a pleasant work environment. 하지만 직원들에게 신바람 나는 작업 환경을 제공하기 때문에 이 회사는 제가 지원하려고 선택한 회사들 중에서 가장 최우선시 되는 곳입니다.

But this company is on the top of the list of the selected companies because it provides its employees with the best support opportunities to grow.
하지만 직원들에게 최고 수준의 지원으로 성장할 수 있는 기회를 제공한다는 점에서 이 회사는 제가 지원하려고 선택한 회사들 중에서 가장 최우선시 되는 곳입니다.

But this company is on the top of the list of the selected companies because I can work with the brightest people under the best working conditions.
하지만 최고 수준의 작업환경 하에 최고 수준의 인재들과 일할 수 있다는 점에서 이 회사는 제가 지원하려고 선택한 회사들 중에서 가장 최우선시 되는 곳입니다.

'지금 면접을 하고 있는 회사와 지원한 다른 회사들 모두 합격한 경우에 어떻게 할 거냐'는 꼬리질문이 나오기 전에 어떠한 이유로 이 회사가 최우선시 되는지 설명한다면 채용해도 오지 않을 것이라는 우려를 불식시킬 수 있습니다.

But this company is on the top of the list of the selected companies because its corporate culture and management philosophy are more appealing to me. 하지만 기업문화와 경영철학이 더 마음에 들기 때문에 이 회사는 제가 지원하려고 선택한 회사들 중에서 가장 최우선시 되는 곳입니다.

앞에서 배운 패턴을 이용해 문장을 만들어 보세요.

❶ 네, 몇 개의 자동차 회사에 지원해 놓았습니다. (automobile)

---

❷ 이 분야를 제 전문 분야로 삼기로 결심해서 연구원 자리만 지원하는 중입니다. (researcher)

---

❸ 하지만 귀사는 혁신과 창의성에 큰 가치를 부여하기 때문에 이 회사는 제가 지원하려고 선택한 회사들 중에 가장 최우선시 되는 곳입니다.

직접 만들어 보세요 자신의 상황에 맞는 문장을 만들어 봐야 실전에 강해집니다.

정답 및 해설

❶ Yes, I have applied at a couple of other automobile companies. ❷ I have decided to build my career in this area, so I am only applying as a researcher. ❸ But this company is on the top of the list of the selected companies because it puts a great value on innovation and creativity.

"What is your expected salary range?"

급여는 어느 정도로 생각하고 있나요?

> 이렇게 물어볼 수도 있어요!

- How much salary would you like us to pay you?
- What starting salary would you expect?
- What salary do you think you should receive?
- Tell us about the salary range you're seeking.
- What was your last salary?

면접관의 입장에서 지원자의 희망연봉에 관한 질문을 하는 것은 비현실적인 급여를 받기 원하는 사람을 골라내려는 의도입니다. 자신의 경력에 맞지 않게 높은 급여를 원하는 신입사원이나 급여에는 관심이 없는 듯 수동적이 되어버리는 경력사원들이 그 대상이 되겠지요. 너무 낮은 급여를 요구하면 자신의 경력이나 능력에 자신이 없는 사람으로 보이고, 너무 높은 급여를 요구하면 건방져 보이거나 교섭의 여지를 주지 않는 완고한 사람으로 보이기 쉽습니다. 물론 채용지수는 하락하겠죠.

정확한 수치를 제시할 필요는 없지만 해당 분야의 연봉을 검색해서 예상 액수 범위 내에서 교섭의 능력을 발휘하세요. 흔히 연봉교섭 하는 것을 꺼리는 이유 중 하나가 다른 사람을 채용할 지도 모른다는 생각 때문입니다. 하지만 회사의 입장에서는 다시 다른 사원을 뽑는 데 드는 비용과 시간을 고려할 때 (만일 교섭하는 지원자의 능력과 경력이 뛰어나다면) 급여협상에 동의하고 채용하는 것이 통례입니다.

자신이 원하는 희망연봉을 제시할 때는 본인이 전 직장에서 받은 급여, 동일 분야 업계의 평균연봉, 자신의 경력, 지식 및 특정기술을 고려하여 정확한 숫자 보다는 범위로 제시하는 것이 좋습니다. 그러나 정말 중요한 점은 돈보다는 지원하는 일을 더 우선시한다는 메시지도 함께 전달할 수 있어야 한다는 것이죠.

◆ 연봉협상을 할 때는 이렇게

① 자신의 자격조건을 제시한 후, 회사가 어느 정도를 염두에 두고 있는지를 먼저 물어 봅니다.

② 면접관이 구체적인 액수를 요구한다면 이 정도 아니면 절대 안 되겠다는 최소한의 액수와 연봉 검색을 통해 적절하다고 생각하고 고른 최대 액수를 범위로 알려 줍니다.

기억하세요. 뛰어난 협상가는 먼저 자신의 요구사항을 밝히지 않으며 항상 협상의 여지를 남겨 두는 법입니다.

❶ Considering/Owing to + 명사, I think/believe I deserve + 희망급여 범위 ~를 고려할 때, ~를 받을 만하다고 생각합니다

Considering my experience, **I think I deserve** around 2.5 to 3 million won a month.
제 경력을 고려할 때 월 250에서 300만원 정도는 받을 만하다고 생각합니다.

I believe I deserve at least 30,000 dollars per year **considering** the industry average salary and my most recent salary. 이 분야 평균 급여와 가장 최근의 제 급여를 고려할 때 연봉 최소 3만 달러 정도를 받을 가치가 있다고 믿습니다.

Owing to my previous work experience at a multinational company, **I believe I deserve** a salary higher than the standard level in this industry. 다국적 기업에서 근무한 경력을 고려할 때 이 분야 표준급여 수치보다 높은 급여를 받을 만하다고 생각합니다.

❷ I used to get paid + 액수 / Before I received + 액수
전에는 ~ 정도 받았습니다

I used to get paid around 35 million won annually.
3천 5백만원 정도의 연봉을 받았습니다.

I used to get paid an annual salary of 38 million won.
3천 8백만원의 연봉을 받았었습니다.

Before I received 2 million won a month.
전에 저는 한 달에 200만원을 받았습니다.

❸ I would like to receive a salary in between + 희망급여
~를 받고 싶습니다

I would like to receive a salary in between 2 million to 2.5 million won a month. 저는 한 달에 200에서 250만원 정도를 받고 싶습니다.

I would like to receive a salary around 45 million won a year, but that is negotiable. 연봉 4천 5백만원 정도를 받고 싶지만 협상이 가능합니다.

I would like to be paid 35 to 40 million won annually.
일년에 3천 5백에서 4천만원을 받고 싶습니다.

> 액수를 범위로 알리지 않을 생각이면 특정 액수를 제시하고 협상가능하다는 말을 붙여 주세요.

❹ My expected salary range is anywhere between A and B 급여 범위를 A에서 B정도로 생각하고 있습니다

My expected salary range is anywhere between 2 **and** 2.5 million won per month.
제가 예상하고 있는 급여 한도는 월 200에서 250만원 정도입니다.

> I expected to get a salary range between A and B도 같은 맥락의 표현입니다.
> **salary range** 급여 범위

I expect to receive a salary in between 2.5 **and** 3 million won a month. 급여 범위를 월 백에서 백오십만원 정도로 생각하고 있습니다.

❺ I'm hoping to start at + 희망급여 초봉으로 ~를 받고 싶습니다

I'm hoping to start at about 28 million won per year.
연봉 2천 8백만원 정도로 시작하고 싶습니다.

Starting at about 32 million won annually **is good with me**.
초봉으로 연 3천 2백만원 정도면 좋습니다.

'starting at + 희망급여 + is good with me'도 함께 알아두세요.

❻ 회사의 결정에 알아서 따르겠다는 표현

I respect your decision in evaluating my experience and educational background. 제 경험과 학력을 잘 고려하셔서 결정하실 것이라 믿습니다.

I'm sure you will make a fair decision in estimating a salary for me. 저는 제 급여를 공정하게 산정해 주시리라 믿습니다.

무작정 따라하기
STEP 2 ▶ 앞에서 배운 패턴을 이용해 문장을 만들어 보세요.

❶ 초봉으로 연 2천만원 정도면 좋습니다. (starting at, annually)

- -

❷ 제가 예상하고 있는 연봉 범위는 3500만원에서 4000만원 정도입니다.

- -

❸ 연봉 4천 5백만원 정도를 받고 싶으나 협상 가능합니다.

- -

❹ 이 분야 평균 급여와 가장 최근의 제 급여를 고려할 때 연봉 최소 4만 달러 정도는 받을 만하다고 생각합니다.
(considering, industry average salary)

- -

❺ 이전 직장에서 팀장으로 일한 경력을 고려할 때 맡게 될 직책에 적절한 급여를 받을 가치가 있다고 믿습니다.
(the given position, appropriate)

- -

정답 및 해설

❶ Starting at about 20 million won annually is good with me. ❷ My expected annual salary range is anywhere between 35 and 40 million won. ❸ I would like to receive 45 million won a year, but that is negotiable. ❹ I believe I deserve at least 40,000 dollars per year considering the industry average salary and my most recent salary. ❺ Owing to my previous work experience as a team leader, I believe I deserve a salary appropriate for the given position.

- -

- -

Vocabulary Box 급여 관련 표현

pay, salary, wage, remuneration, income을 언제 어떻게 쓰는지 헷갈린다고요? 이 단어들을 영한사전에서 찾아보면 '급여'나 '수당' 정도로 비슷하게 나오지요. 하지만 쓰이는 용법에는 차이가 있습니다.

여러 가지 급여

pay 급여
고용주로부터 받는 일당, 수당, 봉급 등을 급여의 개념으로 말할 때 쓰입니다.
The workers demanded a twenty percent pay raise.
근로자들은 20%의 급여인상을 요구하였다.

salary 봉급
정기적으로 받는 봉급의 개념으로 생각하시면 됩니다. annual salary는 '연봉'의 개념이죠.
The lawyer was paid a huge salary.
그 변호사는 엄청난 봉급을 받았다.

wage 시간급, 일급, 주급
주로 시간급, 일급, 주급 따위의 급여를 가리킬 때 사용되지요.
The minimum wage in Korea is 2,550 won per hour.
한국의 최저임금은 시간당 2550원입니다.

remuneration 보수
근무에 대한 보수입니다. 고정적으로 받는 봉급과는 다른 차원으로, 어떤 특정업무를 수행했을 때의 보상, 예를 들어 프리랜서 번역가가 책 한 권을 번역하고 받는 특정금액 등을 remuneration이라고 합니다.

$30,000 is a generous remuneration.
30,000달러는 후한 보수입니다.

income 소득, 수입
총수입, 정기적인 소득을 뜻합니다.
Many low-income families will be unable to buy their own homes.
많은 저소득 가정이 집을 살 수 없게 될 것입니다.

급여에 관한 복합명사

pay raise 급여인상
salary increase 봉급인상
pay cut 급여삭감
rate of pay 급료
fringe benefit 혜택
benefits package 건강보험, 산재보험, 육아휴가 등을 포함한 복지 혜택
severance pay 퇴직금, 퇴직[해직] 수당
perks 직책에 따른 특권(회사 차량 이용 등)

면접자를 당황하게 하는 질문 9가지

지원자들은 어떻게 해서든 면접관에게 좋은 이미지를 심어주려고 하는 반면,
면접관들은 어떻게 해서든 지원자의 정확한 성향을 파악하려 애씁니다.
회사로서는 사람이 가장 큰 자산이기 때문이죠. 그래서 까다로운 면접관들은 기본적인 질문(첫째,
둘째마당 참고)들 외에도 특정 상황에서 특정 능력을 발휘한 실제 경험을 구체적으로 듣고 싶어
합니다. 80, 90점 정도로는 만족할 수 없고, 100점을 능가해 120점을 받고싶다고요?
그렇다면 아래의 질문들도 꼭 챙기시기 바랍니다.

01. 문제 해결 능력을 보여줬던 경험을 한번 얘기해 보세요.

02. 다른 사람들과 의견이 달랐던 경험을 말해 보세요.
그 차이를 어떻게 처리하고 설득했나요?

03. 리더쉽을 보여준 경험을 말해 보세요.

04. 팀의 일원으로 일한 경험을 말해 보세요.

05. 시간 관리 능력을 사용해 본 경험을 말해 보세요.

06. 자신의 창의력으로 도움을 받은 경험을 말해 보세요.

07. 이제껏 자신이 가장 뛰어난 성과를 거둔 성공은 무엇입니까?

08. 까다로운 고객들을 상대해야 했던 경험을 말해 보세요.

09. 자신이 한 가장 큰 실수[실패]는 무엇입니까?

지원자를 믿지 않는 면접관에게 신뢰감 120%를 심어주는
논리적인 답변요령은 없는 걸까요?

첫째마당과 둘째마당에서 다룬 질문들을 Traditional Questions(전통적인 질문)라고 합니다. 중요한 질문들이지만 시중에 이미 많이 노출되어 있어 지원자들이 완벽하게 암기하거나 터무니없이 과장된 답변을 준비하는 것이 가능하죠. 그래서 지원자의 실제 모습에 어긋나는 작위적이거나 과장된 답변을 가려내기 위해서 하는 질문이 바로 여기서 챙기려고 하는 Behavioral Questions(행태적 질문)입니다. 과거 비슷한 상황에서 성공한 지원자가 미래에 즉, 입사 후 비슷한 상황에 처했을 경우 성공할 확률이 높을 것이라는 추측 하에 던져지는 질문인 것이죠. 실제 경험을 근거로 하기 때문에 미래의 업무 성취도를 40~55% 정도 예측할 수 있다고 합니다. 이런 질문들에 대해서는 〈당시 상황〉 → 〈취한 행동〉 → 〈그로 인한 결과〉를 순서대로 설명하는 것이 논리적인 답변요령입니다. 뜻밖의 질문을 받았다고 무턱대고 당황하지 말고, 이 요령대로 차분히 과거의 경험담을 떠올리면서 얘기해 보세요.

논리적인 답변요령 한눈에 보기

❶ 우선 문제가 발생했던 상황부터 설명하라.

면접관이 상황을 이해할 수 있도록 2~3문장 정도로 간결하게 설명하라.
상대는 아무런 배경지식이 없는 사람이므로, 충분한 정보가 포함되었는지 재차 확인하라.

❷ 지원자 자신이 문제 해결을 위해 취했던 조치를 설명하라.

답변의 70~80%를 할애하라. 애초에 면접관이 해당 질문을 한 이유가 아닌가!
면접관은 지원자의 문제 해결 과정을 경청한 후에 행동양식을 평가한다.

❸ 자신이 한 행동의 결과에 대해 설명하라.

성과, 관련 고객/동료/상사의 반응, 해당 경험을 통한 교훈/기술 등을 언급하라.
자신의 조치가 회사나 소속한 기관에 성공적으로 기여한 바를 알려라.

Tell me about a time when you showed problem solving skills.

문제 해결 능력을 보여줬던 경험을 한번 얘기해 보세요.

회사가 애초에 직원을 고용하는 이유는 단 한 가지입니다. 문제를 해결하기 위한 것이지요. 그 문제라는 것이 수익을 창출하는 것(to make profits)일 수도 있고, 비용을 감소시키는 것(to save costs)일 수도 있습니다. 이들도 다시 확장하면 새로운 고객을 창출하거나(to attract new customers) 기존 고객을 유지하고(to retain existing customers), 시스템 등을 정비함으로써 일을 능률화시키는 것(to streamline systems) 등 매우 다양할 것입니다.

중요한 것은 지원자가 과거에 문제를 해결해 본 구체적인 경험이 있다면 이것을 통해 지원하는 회사에 가지고 올 혜택과 기여할 바를 점쳐볼 수 있다는 것이죠. "What can you do for this company?(우리 회사를 위해 무엇을 할 수 있겠느냐?)"라고 미래 지향적으로 물어볼 수도 있겠지만, 과거에 이미 문제를 제대로 해결해 본 경험이 있다면 확실히 검증된 인재라는 것입니다. 문제를 해결하기 위해 필요한 것은 다양하기 때문에 여러분이 특히 강조하고 싶은 능력과 인성을 보여주는 예를 골라 설명합니다. 창의성, 경청하는 능력, 협동 정신, 효율성 등 문제의 성격 여하에 따라 그 해결책도 달라집니다.

또한 여기에서 패기와 도전의식도 살펴볼 수 있습니다. 어려운 상황에서 포기하는 것이 아니라 실패 여부와 상관없이 문제를 해결하기 위해 노력한 흔적으로 도전 정신의 소유자를 걸러낼 수 있습니다. 아직 신입이라 많은 경험은 없지만 무한한 잠재력과 가능성을 보여주는 것이 관건입니다.

상대방의 의견을 경청하고 입장을 고려하여 효과적으로 문제를 해결했음을 강조한 답변

I had a customer who did not want to hear about the features of my products, owing to a prior interaction with my company. I listened carefully to her story. I then explained how I would have handled the situation differently and how I could offer her better service. I showed her some facts that changed her mind about dealing with the company again. She not only bought the products, but also complimented how I handled her account. She is now one of my best customers.

— 상황 설명

— 취한 행동 및 결과 설명

저희 회사와의 이전에 (좋지 않았던) 거래관계 때문에 저희 제품의 특징에 대해 들어보려 하지도 않던 고객이 계셨습니다. 그분의 말씀을 경청한 후에 저라면 어떻게 처리했을지 설명하고 더 훌륭한 서비스를 제공할 수 있는 방법에 대해서도 말씀드렸습니다. 저희 회사와 재거래가 가능하도록 고객님의 의견을 전환시킬 만할 몇 가지 사실들을 제시해 드렸지요. 그분께서는 제품을 구입하셨을 뿐만 아니라 제가 자신과의 거래를 처리하는 방법에 대해서도 칭찬해 주셨습니다. 이제는 저의 최고 고객분들 중의 한 분이 되셨어요.

features (제품의) 특징 **owing to** ~때문에 **prior interaction** 이전의 거래 **compliment** 칭찬하다

솔선수범하는 능력과 강인한 카리스마를 갖춘 리더십을 통한 문제 해결을 강조한 답변

Participating in the drama club as one of the club's leaders, I was exposed to numerous problems. I directed plays a few times and as you all know it requires great harmony of each part to make one perfect play. However, no one knew how to put the sets together; the actors weren't rehearsing enough. Even if I am not a person who usually bosses others around, I realized I had to come in and take charge. I organized the stage schedule and told members to do specific jobs. Things finally started to shape up and people began to have fun. The performers' positive energy enabled us to produce the best show ever and receive enthusiastic applause.

— 상황 설명

— 취한 행동 및 결과 설명

연극 동아리의 간부로 참여하면서 수많은 문제를 접했습니다. 몇 차례 연극을 연출했었는데 다들 아시다시피 완벽한 하나의 연극을 완성하기 위해서는 각 부분이 잘 조화되어야 합니다. 하지만 아무도 세트를 맞추는 법을 몰랐고 배우들은 연습을 열심히 하지 않았습니다. 저는 원래 부리거나 시키는 형은 아니지만 뛰어들어 주도권을 잡아야 할 필요를 느꼈습니다. 무대 일정을 짜고 단원들에게 특정한 일들을 시켰습니다. 결국 상황은 호전되기 시작했고 사람들도 즐거워하기 시작했습니다. 배우들의 긍정적인 에너지로 저희는 최고의 연극을 공연해낼 수 있었고 열광적인 갈채를 받았습니다.

be exposed to ~에 접하다 **boss around** 부려먹다, 시켜먹다 **come in** 입장하다, 간섭하다 **shape up** (상태가) 호전하다, 구체화하다

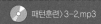
**Tell me about the time you had different ideas from others*.
How did you handle and negotiate the differences?**

다른 사람들과 의견이 달랐던 경험을 말해 보세요. 그 차이를 어떻게 처리하고 설득했나요?

others를 구체적으로 team members, your friends, 또는 your boss로 바꿔 물어보기도 합니다.

입사하면 다양한 배경과 교육을 갖춘 여러 사람들과 일하게 됩니다. 팀의 일원으로 일을 하든, 독립적으로 일을 하든, 다른 사람들과 의견을 교환하고 의사소통을 하는 것은 비일비재하죠. 이 질문의 요지는 지원자가 자신과 다른 의견을 표명하는 동료, 상사, 친구 등에 대해 어떠한 반응을 보이는지 알고자 함입니다.

자신의 의견이 틀렸다면 바로 바른 의견을 겸허하게 채택하는지, 자신의 의견이 맞다면 상대를 자신의 의견쪽으로 효과적으로 설득시킬 수 있는지를 밝히세요. 하지만 면접관은 무엇보다도 지원자가 다른 의견을 보이는 상대에 대해 적대감을 보이는 배타적인 성향을 가지고 있는지, 또는 열린 사고를 가지고 있는지를 알고자 합니다.

의견이 다를 때 상대 의견의 단점을 비난한다고 해서 상대가 의견을 바꾸려 할까요? 적만 만들 뿐입니다. Dale Carnegie는 "How to Make Friends and Influence People"이라는 책에서 "Don't ever criticize.(절대 비난하지 마라.)"라고 했습니다. 자신의 의견을 채택했을 경우 상대에게 돌아가는 효용과 이득만을 언급하는 것으로 충분합니다. 그리고 상대의 의견이 다를 뿐이지, 틀렸다고 생각하는 배타적인 태도는 불화와 갈등을 야기할 소지가 보이기 때문에 면접관에게 경고의 사인만 줄 뿐입니다.

Sample Answer 1

의견이 달랐을 때 한 명씩 따로 따로 만나서 설득하려고 했다는 열정을 강조하는 답변

I was the planning manager in a movie club. My club members and I were planning for a school festival event. Since we were pressed for time due to midterm exams, they wanted to do the same activities as the previous year to save time. But it was clear that it would be our last time to take charge of the school festival. So, I talked individually with each member of our staff and was able to change their minds and get the best creativity that would attract many students and provide members with fulfillment.

— 상황 설명

— 취한 행동 및 결과 설명

저는 영화 동아리의 기획 부장이었습니다. 회원들과 저는 학교 축제 행사를 기획하게 되었는데 중간고사 때문에 시간에 쫓기고 있었죠. 그래서 시간을 아끼고자 동아리 회원들은 이전 해와 동일한 행사를 하기를 원했습니다. 하지만 이번이 우리에겐 학교 축제 행사를 맡아하는 마지막 기회가 될 거라는 걸 전 잘 알고 있었어요. 그래서 저는 각 회원들을 개인적으로 만나 그들의 생각을 변화시켰습니다. 그리고 최상의 창의력을 발휘한 결과 (행사에) 학생들이 많이 참여했고 회원들에게는 성취감을 안겨주었습니다.

planning manager 기획부장
be pressed for time 시간에
쫓기다 midterm exams 중간고
사 take charge of ~을 담당하
다 fulfillment 성취감

Sample Answer 2
자신의 의견이 옳다고 생각했을 때 자신의 의견을 관철시키기 위해 상대의 의견을 비난하는 것이 아니라, 자신의 의견을 선택했을 때 상대에게 돌아가는 긍정적인 혜택을 강조하는 win-win형 답변

I was on a project team in a marketing contest sponsored by a major company. The team brainstormed ideas for the task given and everybody but me was going toward an idea that would not be challenging. Instead, I suggested an idea that required a lot of work but would be more rewarding and innovative. I used my communication skills to persuade my team members to choose my idea. I focused on the benefits we could get through this experience with my idea. They finally agreed to go with my idea, resulting in us getting the second prize.

— 상황 설명

— 취한 행동 및 결과 설명

대기업에서 주최하는 마케팅 경진대회에서, 한 프로젝트팀의 일원으로 주어진 업무에 대해 아이디어 회의를 했는데, 저를 제외하고 저의 팀원들이 그다지 도전적이지 않은 아이디어 쪽으로 가려고 했습니다. 저는 그 대신에 많은 일을 요구하기는 하지만 보람되고 혁신적인 아이디어를 생각해냈죠. 저의 언변을 사용해서 제 아이디어를 채택할 수 있도록 설득하였습니다. 저의 아이디어대로 했을 때 체험할 수 있는 일들을 통해 얻을 수 있는 장점에 중점을 두어 설득했고, 팀원들은 결국 제 의견에 공감했고 우리는 (대회에서) 2위를 하는 결과를 얻었습니다.

contest sponsored by ~가
후원한 경연대회 brainstorm 여
럿이 머리를 맞대고 아이디어를 짜내
다 the task given 주어진 업무

Tell me about a time when you showed your leadership skills.

리더십을 보여준 경험을 말해 보세요.

리더십은 모든 회사가 지원자가 갖추고 있기를 바라는 자질 중의 하나이지만 누구나 가질 수 있는 자질은 아닙니다. 리더십은 하루 아침에 쌓이는 것이 아니죠. 또한 실제 리더십으로 무장한 지원자도 이를 논리적으로 설명할 수 있는 사람은 많지 않습니다. 그래서 먼저 리더의 역할을 제대로 알고 있는지 다시 한번 짚어봐야 합니다. 하나 주의할 점!!! 신입사원이라면 바로 들어가서 리더의 자리에서 일을 하게 되지는 않습니다. 분명 다른 리더를 서포트하는 형태로 일하게 될 텐데, 이런 경우 다른 리더를 위해 기꺼이 훌륭한 조력자가 되어줄 수 있다는 메시지를 전달하는 것도 매우 효과적입니다.

진정한 리더의 역할
1. 조직이나 팀의 방향과 비전을 제시한다.
2. 그 제시된 비전, 즉 목표를 달성하기 위한 실천 계획을 수립한다.
3. 업무를 나누어 책임을 적절하게 일임할 수 있는 능력이 있다.
4. 팀원들에게 동기를 부여하고 최고가 될 수 있도록 가이드해 줄 수 있는 능력이 있다.

Sample Answer 1

리더십 중에서 일임하는 능력(delegation:팀원들에게 좀더 막중한 책임을 줌으로써 소속감도 주고 동시에 배우는 기회도 줄 수 있으며, 리더는 좀더 중요한 일에 집중할 수 있음)에 초점을 맞춘 답변

I was the head of my macroeconomics study group in college. As the leader, I had to delegate parts of the assignment to other group members. I had everyone involved in setting goals and asked for 100% participation. I also made sure every member was well informed of the previous session so that they didn't feel left out. I learned a lot about delegating responsibility and leadership when I discovered that they were happy to help out.

상황 설명

취한 행동 및 결과 설명

대학교에서 거시 경제학 스터디 그룹의 리더였습니다. 리더로서 다른 회원들에게 업무의 일부를 일임해야 했습니다. 회원들이 모두 목표를 설정하는 데 참여하도록 하고 100% 참여할 것을 요청했습니다. 이전 과정에 대해 확실히 알려줘서 (불참한)회원들이 소외감을 느끼지 않도록 했습니다. 조원들이 서로를 도우면서 기뻐하는 모습을 보며 일을 일임하는 능력과 리더십에 대해 많이 배울 수 있었습니다.

macroeconomics 거시 경제학 **delegate** 일을 일임하다 **assignment** 주어진 업무[과제] **be involved in** ~에 참여하다 **feel left out** 소외감을 느끼다 **set a goal** 목표를 설정하다

Sample Answer 2

리더십 중에서 진정한 리더만이 할 수 있는 비전을 제시하고 회원들의 능력 향상을 꾀하려는 동기 부여 능력에 초점을 맞춘 답변

I was the head of an Internet community. We had meetings twice a month. Since we didn't get together very often, bonding among members wasn't tight and many of them were dropping out of the community. I noticed our community didn't have a clear vision. I established direction for the community with the members: to inspire each other to be the best they could be. Members now feel motivated to come to regular meetings and we are presently looking for a bigger space.

상황 설명

취한 행동 및 결과 설명

저는 한 인터넷 동호회의 회장이었습니다. 한 달에 두 번 모임이 있는데 자주 모이지 않기 때문에 유대관계가 그다지 끈끈하지가 않았습니다. 그래서 모임을 이탈하는 회원들이 많았죠. 저는 동호회가 명확한 비전이 없다는 것을 알고 회원들과 동호회를 위한 방향을 설정했습니다. 서로에게 동기를 부여해 서로의 능력을 최상으로 계발할 수 있도록 이끌어주자는 것이었죠. 회원들은 동기부여를 받고 정기모임에 나오게 되었고, 이제 저희는 좀더 큰 장소를 찾고 있습니다.

community 동호회 **get together** 한데 모이다 **bonding** 유대관계 **drop out** 중도에 그만두다, 포기하다 **inspire** 용기를 북돋우다 **presently** 현재 **look for** 물색하다

Tell me about a time when you worked as part of a team.

팀의 일원으로 일한 경험을 말해 보세요

협동심은 이 세상에 존재하는 회사에 들어가서 일하고 싶다면 필요한 자질입니다. 혼자서 일할 수는 없지 않겠어요? 재택근무하면 되잖아요, 하면서 딴지거는 분 안 계시죠? 재택근무 역시 마찬가지입니다. 재택근무를 하면서 자신과 회사를 연결해 주는 직원과의 관계가 우호적이라면 많은 일들이 수월해질 것이고 효율적으로 진행될 테니까요.

여러분이 생각하는 것보다 훨씬 많은 일들이 팀의 형태로 진행되는데, 여러 사람이 연관되다 보니 대다수 스트레스의 근원이 되기도 합니다. 팀원들과의 불화가 원인인 것이지요. 그래서 회사는 지원자가 팀원으로 함께 일하기 좋은 사람인지를 알아내려고 합니다. 다양한 교육과 배경, 출신의 사람들과 일해야 하기 때문에 열린 사고를 가져야 하는 것은 필수입니다. 열린 사고라는 것은 다른 사람이 나와 다른 의견을 가지고 있을 수 있다는 것을 받아들이는 사고, 그리고 다른 것이 곧 틀린 것을 의미하는 것이 아니라는 것을 이해하는 사고를 의미합니다.

좋은 팀원이 되려면 경청하는 능력도 갖추어야 합니다. 다른 사람보다 한 발 앞서 솔선수범하는 습관, 주인의식, 책임감, 주어진 일을 무슨 일이 있어도 끝내는 추진력이 모두 협동심을 이루는 요소라고 할 수 있습니다. 사려 깊고 매너가 좋다면 더 훌륭합니다. 또한 조직의 목표 달성을 위해 개인의 능력을 조직의 목표에 수렴하려는 자세가 있다면 더할 나위 없습니다.

Sample Answer 1
팀의 목표를 위해 개인적인 선호도를 잠시 접어두고 공사를 구별을 할 수 있는 능력을 강조, 동시에 열정이 없는 사람과 일하는 것을 안 좋아한다는 것으로 간접적으로 열정적인 사람임을 드러내는, 재치있는 답변

I have participated in several groups throughout my time at university. Recently, I had to work with a group in my public relations class where one of the team members didn't put forth much effort. To tell you the truth, I don't enjoy working with people who don't have any passion. However, I realized the importance of meeting the deadline, and thought the team's goal should go first. I put our differences aside and completed my part, along with offering assistance to the other group members. As a result, we finished our assignment without any major problems.

— 상황 설명

— 취한 행동 및 결과 설명

대학생활 내내 여러 그룹 활동에 참여했습니다. 최근에 홍보학 수업에서 그룹으로 함께 조사해야 했는데 팀원 중에 한명이 전혀 프로젝트에 노력을 보이지 않았죠. 솔직히 말하면 저는 열정이 없는 사람과 일하는 것을 별로 좋아하지 않습니다. 하지만 최종시한이 긴박함을 알고 있었고 팀의 목표가 먼저라고 생각했기 때문에 저는 서로의 차이점은 뒤로 하고 다른 팀원들을 도와주면서 동시에 제가 맡은 부분을 완수하였습니다. 그 결과 큰 문제없이 저희의 프로젝트를 완성할 수 있었습니다.

throughout ~동안 내내 put forth effort 노력을 기울이다 go first 우선하다 put aside (불화나 갈등을) 제쳐놓다 as a result 결과로 without major problems 큰 문제 없이

Sample Answer 2

팀으로 일하는 이유(팀원의 각기 다른 장점을 특화하여 시너지 효과를 얻을 수 있다)를 정확하게 알고 팀의 목표를 우선시 한다는 점을 강조한 답변

Of course, I have worked in a group a number of times. One incident that comes to mind is when my team had to deliver a presentation in front of the entire department. I wanted to be a presenter because I knew the presenter would get the most credit for the project. However, making a perfect presentation was important and there was a better presenter in the team. I used my research skills and provided the great resources for the presentation.

— 상황 설명

— 취한 행동 및 결과 설명

물론 그룹에서 수차례 일해 본 경험이 있습니다. 하나 떠오르는 경험은 제가 소속한 팀이 전체 부서 앞에서 프리젠테이션을 해야 했던 상황입니다. 보통 보조하는 사람보다는 프리젠테이션을 하는 사람이 그 프로젝트에 대한 공을 대부분 인정받는다는 것을 알고 있었기 때문에 제가 프리젠테이션을 하고 싶었습니다. 하지만 완벽한 프리젠테이션을 하는 것이 중요했고 팀 내에 저보다 훨씬 프리젠테이션을 잘하는 팀원이 있었습니다. 저는 저의 자료 조사 능력을 이용해서 프리젠테이션에 필요한 중요한 참조자료들을 제공하였습니다.

a number of 많은 come to mind 머리 속에 떠오르다 get credits for ~에 대한 공을 인정받다

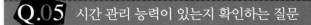 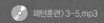
Tell me about a time you used your time management skills.
시간 관리 능력을 사용해 본 경험을 말해 보세요.

우리가 흔히 시간은 돈이라고 하는데 시간과 돈에 차이가 있다면 가장 큰 차이가 무엇일까요? 돈은 잃어버려도, 도둑맞아도, 낭비해도 어쨌든 다시 벌면 되지만 시간은 되돌릴 수가 없다는 것입니다. 그래서 시간 관리 능력이 중요한 것이지요. 또 하나 중요한 것! 돈에는 빈부의 격차가 있지만 시간은 누구에게나 공평하게 주어진다는 점입니다.

시간 관리를 잘하는 사람은 같은 시간에 더 많은 것을 성취해냅니다. 즉, 효율적으로 일을 하는 사람이라는 것이지요. 시간 관리를 잘하는 사람은 균형잡힌 생활을 하고 건강할 확률이 높습니다. 효율적으로 일을 끝내고 휴식시간을 확보해 놓기 때문에 스트레스를 많이 받지도 않습니다. 그래서 시간 관리 능력을 강조할 때는 여러분이 어떠한 기준으로 하루, 일주일, 한 달의 계획을 세워나가는지를 보여주세요. 예를 들면, 중요한 것을 먼저 한다든가, 긴급한 것을 먼저 한다든가와 같이 말이죠. 우선순위를 정하는 자신만의 노하우를 보여주란 얘기입니다. 또, 하루 24시간을 효율적으로 사용하기 위해 도움이 되는 자신만의 비결을 소개할 수도 있습니다. 플래너라든가 PDA를 적극 활용한다든지, 매일 아침 10분씩을 하루 계획을 정리하는 데 사용한다는 것 등과 같이 말입니다.

시간 관리를 하기 위해 사용했던 도구와 방법을 구체적으로 설명하고 시간 관리 능력을 사용한 결과를 강조한 답변

> While I was in university, I worked part-time all four years. ——— 상황 설명
> That was possible because I practiced good time
> management skills and I made a to-do list every morning. As
> I completed each task, I checked it off the list. I try to keep ——— 취한 행동 및 결과 설명
> myself and my life organized. Thanks to my to-do lists, I
> was able to visualize my progress.

재학 중에 4년 내내 아르바이트를 했습니다. 시간 관리를 잘 했기 때문에 이 모든 것을 해낼 수 있었죠. 저는 매일 아침 해야 할 일을 목록으로 정리를 하고 각 항목을 완수할 때마다 목록에서 지워 나갔습니다. 저는 제 자신과 제 삶을 딱딱 체계적으로 살려고 합니다. '해야 할 일 목록' 덕분에 제가 나날이 발전하는 것을 볼 수 있었습니다.

Sample Answer 2

우선 시간 관리 능력이 몸에 배어 있음을 강조한 후 시간 관리를 하는 데 기본이 되는 원리를 소개하는 답변

> As you can see from my resume, I wear many hats. Time ——— 상황 설명
> management is a must for me and I use it every single second
> to meet every goal I set for myself. The secret of my time
> management is simple. First, I focus on what is important ——— 취한 행동 및 결과 설명
> right now. Second, I do one thing at a time and check if I can
> delegate it to someone else or not. Last, I don't worry.
> Worrying only wastes your time and exhausts your energy.

제 이력서에서 보다시피 저는 여러 가지 일을 하고 있습니다. 시간 관리 능력은 필수죠. 그래서 저는 제 자신을 위해 설정한 목표를 모두 성취하기 위해 시간 관리 능력을 매 순간 사용합니다. 제 시간 관리 능력의 비결은 간단합니다. 첫째, 저는 바로 현재 중요한 것에 집중합니다. 둘째, 저는 한 번에 하나씩 차근차근 일을 하고 이 일을 다른 사람에게 일임할 수 있는 것인지를 봅니다. 마지막으로, 저는 걱정하지 않습니다. 걱정하면 시간만 낭비되고 지치게 될 뿐이죠.

wear many hats 여러 가지 역할을 하다 **a must** 필수 **the secret of** ~의 비결 **at a time** 한번에 **exhaust** 소모시키다

시간 관리를 체계적으로 공부하고 이를 통해 배운 원리 소개, 그리고 실제로 어떻게 적용하는지를 강조하는 답변(A과정을 배웠습니다. 따라서 B, C, D라는 것을 알게 되었습니다. 그래서 요즘에는 사무실에서 E를 하고 있습니다.)

I took a time-management course in school. I learned how to prioritize all tasks on A, B, or C lists. I always try to start the A list first. Co-workers have always complimented me on how well I manage my time. Even if I enjoy the social atmosphere of the office, I make it a rule not to waste too much time on chitchat with peers. I've also learned that the average office worker spends about an hour a day handling e-mails. I check business-related e-mails only twice a day.

— 상황 설명

— 취한 행동 및 결과 설명

저는 재학 중에 시간 관리 과정을 이수하면서, 모든 업무를 A, B, C로 우선순위를 두어 분류하는 법을 배웠죠. 저는 항상 가장 중요한 A목록부터 하려고 합니다. 제 동료들은 제가 시간을 잘 관리하는 것에 대해 항상 칭찬하곤 하죠. 사무실의 친목적인 분위기를 좋아하긴 하지만 저는 동료들과 잡담을 하느라 너무 많은 시간을 보내지 않으려고 애쓰고 있습니다. 또한 일반 사무직원들이 이메일로 하루에 한 시간을 소요한다는 것도 배웠습니다. 저는 업무와 관련된 이메일을 하루에 두 번만 열어봅니다.

how to prioritize 우선순위를 정하는 방법 compliment 칭찬하다 social atmosphere 친목적인 분위기 make it a rule to + 동사원형 규칙적으로 ~하다 chitchat 잡담 peer 동료

Tell me about a time you benefited from your creativity.

자신의 창의력으로 도움을 받은 경험을 말해 보세요.

모방은 창조의 어머니라는 말을 들어보셨죠? 이제 잊어버릴 때가 됐습니다. 이 말은 아이들이 걸음마를 배우고 처음 글을 쓰고 그림을 그릴 때 하는 말인데, 고등 교육을 받은 취업 준비생들이 이런 말을 하는 것을 보면 경악을 금치 못하게 됩니다. 여러분이 들어갈 회사는 짝퉁이나 만들어 내는 기업이 아닙니다. 특히 지금 영어 면접을 준비하기 위해 이 책을 읽고 있는 여러분이 목표로 하고 있는 회사는 국제적인 경쟁력을 끊임없이 키워가고 있는 기업일 겁니다. 아시겠어요?(Get the picture?) 국제적인 경쟁력은 똑같은 제품을 만들 때는 나올 수 없습니다. 타사와 같은 제품이라면 결국 가격 인하밖에는 경쟁력이 생길 수 없어 서로를 죽이는 가격전쟁을 할 수 밖에 없죠. 그러나 시대가 바뀌었습니다. 가격이 절대적인 구매 결정 요소는 아닙니다. 남과 다르기 위해서, 뛰어나기만 하다면, 나를 표현해 줄 수 있다면, 디자인이 뛰어나다면, 명품이라면, 가격을 얼마라도 상관 않겠다는 사람이 부지기수입니다.

창의력은 선천적인 것이라고도 할 수 있지만 후천적으로 계발할 수도 있습니다. 그래서 여러분의 답변에 여러분이 창의적인 아이디어를 얻기 위해 어떤 일들을 하는지를 밝힐 수도 있습니다. 여행을 갈 수도 있고, 취미 활동에 대해서 얘기해도 되고, 다양한 사람을 만나는 걸 좋아한다고 해도 좋고, 잡지를 스크랩하며 아이디어를 수집한다고 해도 좋습니다. 즉, 구체적인 답변을 선호한다는 얘기이죠. 또한, 창의성은 면접에서 즉석 테스트하는 경우가 대부분이라는 점을 기억해 두세요. 특정 상황을 주고 어떻게 하겠냐고 했을 때, 그 답변이 창의적인가를 보는 것이죠.

시장의 기회를 재빨리 읽어내는 비즈니스 감각과, 평소 익숙한 생수가 아니라 더위에 효과가 즉각적으로 나타나는 얼음봉지를 생각해낸 창의성을 강조한 답변

> It was a hot summer around the 2002 World Cup. My friend and I were out in Kwanghwamun to cheer the Korean soccer team. It was packed with people and they seemed exhausted in the hot weather. A good idea came to me just then. I located an ice-maker right away with plastic bags. From the next day I sold a small bag of ice for 1000 won. I made it small so they come buy another bag. My ice bag sold like hot cakes.

상황 설명

취한 행동 및 결과 설명

2002년 월드컵이 진행되던 더운 여름이었습니다. 저와 제 친구는 광화문으로 한국 축구팀을 응원하러 나갔습니다. 그곳은 사람들로 빼곡하게 차 있었고 사람들은 더운 날씨로 탈진된 듯이 보였습니다. 순간 좋은 생각이 하나 떠올랐습니다. 즉시 비닐 봉지와 얼음을 만드는 업자를 물색했죠. 그 다음날부터 얼음이 담긴 작은 봉지를 1000원에 팔았습니다. 일부러 작게 만들어서 사람들이 다시 사게끔 했습니다. 제 얼음 봉지는 불티나게 팔렸습니다.

be out 외출하다 **cheer** 응원하다 **be packed with** ~으로 가득 찬 **exhausted in hot weather** 더위에 탈진한 **locate** 찾아내다 **ice-maker** 얼음을 만드는 업자

실연 중심의 독창적인 PT를 통해 자신의 메시지를 인상적으로 전달한 경우

> When I was a junior in university, I made an impressive presentation resulting in an A+. I had to do a case study and deliver a summary in the class. Every classmate prepared the presentation in PowerPoint as usual. The company I researched was Krispy Kreme, which is well known for its fresh doughnuts. I entered the classroom in a Krispy Kreme uniform that I had borrowed. Then I served everyone fresh made Krispy Kreme doughnuts and started to present its management philosophy. It was very effective and I was able to make everyone actively involved in my presentation.

상황 설명

취한 행동 및 결과 설명

제가 대학교 3학년이었을 때 인상적인 프리젠테이션으로 A+를 받은 적이 있습니다. 과제는 케이스 스터디를 하고 나서 그것을 요약 발표하는 것이었습니다. 학생들은 모두 평소처럼 파워포인트를 이용해 프리젠테이션을 준비했지요. 제가 조사한 회사는 크리스피 크림이라는 회사였는데 신선한 도너츠로 잘 알려진 회사였습니다. 저는 크리스피 크림 유니폼을 빌려 입고 강의실에 들어가, 갓 만든 크리스피 크림 도넛을 모두에게 나눠 주었습니다. 그리고 나서 이 회사의 경영 철학 등에 대해 설명해 나가기 시작했습니다. 아주 효과적이었고, 저는 프리젠테이션에 모두를 적극적으로 참여시킬 수 있었습니다.

impressive 인상적인 **case study** 사례 연구 **summary** 개요, 요약 **as usual** 평상시처럼 **be well known for** ~으로 잘 알려져 있다

Q.07 성공담을 구체적으로 묻는 질문

 패턴훈련〉3-7.mp3

What has been your biggest success?

이제껏 자신이 가장 뛰어난 성과를 거둔 성공은 무엇입니까?

면접관이 원하는 것은 지원자가 과거에 이루어 놓은 성과 또는 업적과 미래, 즉 입사 후 회사기 필요로 하는 자질과 직무 능력 사이의 관련성입니다. 과거에 성공한 사람이 미래에 성공할 확률이 높다는 통계자료에 근거한 논리이기 때문에, 훌륭한 답변을 하고 싶다면 가장 최근의, 그리고 지원하는 업무와 가장 관련있는 성과를 설명해 주면 됩니다. 지원하는 분야에서 요구하는, 그리고 자신이 가장 강조하고 싶은 강점을 잘 드러낼 수 있는 일화를 들어주면 효과적입니다.

성공이라고 일컬을 정도로 해낸 것은 없다고 생각하십니까? 자신이 원하는 것을 이루기 위해서 현실적으로 세운 목표, 또는 자신이 소속한 팀이 정한 목표를 달성하려고 애쓰고 자신의 단점을 재평가, 보완함으로써 더 나아진 위치에 올라가 있다면 그 또한 성공이라고 부를 수 있지 않을까요?

즉, 지원자가 성공을 정의내리고 묘사해 나가는 방식에서 지원자의 가치관을 엿볼 수 있습니다. 자신이 중요하다고 간주하는 것을 성취해냈을 때 성공했다고 하지 않습니까? 도전을 좋아하는 사람이라면 불가능할 거라고 생각했던 일에 도전해서 결국 해낸 경험을 성공이라고 칭할 테고, 인간관계를 중요시하는 사람은 폭넓은 인맥을, 전문적인 지식을 중시하는 사람은 특정 학위나 전문가로서의 평판을 성공의 잣대로 삼을 수도 있단 말이지요.

Sample Answer 1

자신이 가진 것을 사회에서 나누고 봉사함으로써 느끼는 보람을 성공으로 정의내린 답변.

I use to be a volunteer English tutor for an orphanage. In my — 상황 설명
neighborhood there is an orphanage and I had always wanted —

to be supportive since I was a child. What I came up with to support them was a service I could provide and they could find useful–teaching English! I visited the place twice a week teaching two levels for three years. Many of them thanked me for my work. It was very rewarding to see their improvement.

— 취한 행동 및 결과 설명

저는 한 고아원에서 영어 교사로 자원봉사를 했습니다. 우리 동네에 고아원이 하나 있는데 어릴 적부터 도움이 되고 싶었거든요. 이 아이들을 돕기 위해 제가 생각해낸 것이 제가 제공할 수 있으면서 그 친구들에게 유용할 수 있는 서비스였는데 그게 바로 영어였습니다. 저는 3년 동안 고아원을 일주일에 두 번씩 방문하고 두 단계로 나눠 가르쳤습니다. 많은 친구들이 제가 해준 일에 대해 고마움을 표시했어요. 이 아이들의 실력이 향상되는 모습을 보는 것은 정말 보람있는 일이었습니다.

tutor 가정교사 orphanage 고아원 in my neighborhood 우리 동네에 supportive 도움이 되는

Sample Answer 2
외국에서 혼자 살면서 보여준 적응력과 독립심을 성공으로 본 경우

It was not until I arrived at JFK airport that I realized how protected I had been by my parents. My surroundings seemed so foreign and unfamiliar to me. What's worse, I wasn't able to speak a word in English. How vulnerable and stupid I felt back then. However, I had a faith in myself. I adapted myself rapidly in the very new environment with my passion to learn and a sincere attitude. My friendly manners and sense of humor enabled me to make everyone in the dorm my friend. Even if it was a very short time, I tried to gain many valuable things and visited some world-famous sites. I think living and making important decisions alone have enabled me to become independent and find out who I truly am. My ability to speak English was a bonus on top of all that.

— 상황 설명

— 취한 행동 및 결과 설명

미국 JFK공항에 도착해서야 제가 그동안 얼마나 부모님에 둘러싸여 보호받고 자랐는지 깨달을 수 있었습니다. 사람들과 풍경들은 정말 낯설어 보였고 설상가상으로 저는 영어 한 마디 할 줄 모르는 상태였습니다. 그 당시 제가 얼마나 유약하고 바보처럼 느껴졌던지. 하지만 저 자신에 대한 믿음을 가지고 있었습니다. 저는 배우려는 열정과 진실한 태도로 재빨리 새로운 환경에 적응했습니다. 친절한 매너와 유머 감각으로 기숙사 사람들을 모두 친구로 만들 수 있었습니다. 아주 짧은 시간이기는 했지만 귀중한 것들을 많이 얻고자 세계적으로 유명한 장소들을 다녔습니다. 혼자 살면서 중요한 결정을 전부 혼자 내리고 하는 가운데 저는 독립심을 키우고 진정한 자아를 발견할 수 있었습니다. 게다가 영어실력도 덤으로 얻을 수 있었죠.

surroundings 환경 foreign 외국의, 낯선, 이질적인 unfamiliar 생소한, 낯선 what's worse 설상가상으로 cf. what's better 금상첨화격으로 on top of all that 게다가 또 vulnerable 유약한 dorm 기숙사

Q.08 고객 서비스 정신을 확인하는 질문

 패턴훈련) 3-8.mp3

Tell me about a time you had to deal with difficult customers.

까다로운 고객들을 상대해야 했던 경험을 말해 보세요.

"Without customers, a company can't survive.(고객 없이는 어떤 회사도 살아남을 수 없다.)" 이 한 문장으로 이 분야의 중요성이 전달되었을 거라고 생각합니다. 회사 중심의 사회에서 고객 중심의 사회로 전환된 지가 꽤 되었지만, 여러분도 아다시피 우리는 슬프게도 고객 서비스의 기본을 모르고 일하고 있는 직원들을 맞닥뜨려 흥분하고 화내는 모습을 여전히 목격할 때가 있습니다. 또는 고객이 열심히 서비스를 요청해야 나타나는 고객 서비스 직원도 있고요. 이 책을 읽고 있는 예비 고객 서비스 전문가님들! 고객 서비스 부서를 찾아오는 고객의 심경을 헤아려 보기 바랍니다. 자, 고객 서비스에는 다음과 같은 종류가 있습니다.

첫째, 거래 실적에 따라 혜택을 주는 고객 서비스가 있습니다. 이는 주로 캐쉬백이나 물권으로 제공되므로 제외합시다.

둘째, 고객 불만을 처리하는 고객 서비스 부서가 있습니다. 대부분 고객들은 화가 난 상태에서 전화를 하거나 방문을 하게 됩니다. 또는 문의 전화를 하게 되죠. 여기서 가장 중요한 능력은 무엇일까요? 상대 고객은 여러분이 실수한 것이 아니지만 마치 여러분 때문에 문제가 생긴 것처럼 화를 내면서 문제 해결을 요청하겠지요. 하지만 결국 자신의 문제를 들어주기를 원하는 것뿐입니다. 그래서 경청하는 능력은 필수인 것이죠. 서비스 분야이기 때문에 공손함은 당연하고요. 또한 상대의 행동을 개인적으로 받아들이지 않는 침착함도 필요합니다. 회사가 실수한 경우라면 직원으로서 회사를 대표하여 사과할 수 있는 주인의식도 갖추고 있어야겠지요.

셋째, 말 그대로 고객이 원하는 모든 것을 다 해 주는 고객 서비스가 있습니다. 항공사 및 특급 호텔이 여기에 속하겠네요. 고객들이 요청하면 직원들이 상냥한 미소로 기꺼이 서비스를 제공합니다. 그런데 아주 숙련된 전문가와 풋내기 사원 또는 해고 직전의 사원의 차이가 뭔지 아세요? 풋내기 사원의 경우, 교육을 받았기 때문에 고객이 부르면 매번 웃으면 달려갑니다. 수동적인 서비스이죠. 반면, 숙련된 전문가는 계속해서 기내의 승객들을 둘러봅니다. 뭔가 불편한 게 없는지, 승객이 비행을 좀더 즐겁게 하기 위해 자신이 뭘 할 수 있을지 등을 적극적으로 생각합니다. 그래서 고객이 미처 요청하기도 전에 그 마음을 헤아려 미리 챙기게 되는 것이죠. 이런 것이 바로 적극적인 서비스입니다.

Sample Answer 1

자신이 한 실수는 아니지만 회사를 대표해서 사과하고, 퇴근여부를 떠나 회사에 대해 긍정적인 이미지를 심어주려고 했던 주인의식을 강조하는 답변

I was a staff member at StarBox. One day, when I had just clocked out, a customer came in very angry. He said he had take-out orders and they were all wrong. He wanted to talk to the manager, who was out. My colleague who was new and had taken his order had left already. Even though it wasn't my mistake and I was off duty, I apologized to him with sincerity first. Then I offered him some coffee. He left satisfied and a confrontation was avoided.

— 상황 설명

— 취한 행동 및 결과 설명

저는 스타박스의 직원으로 일했습니다. 제가 막 퇴근 카드를 찍자마자 한 고객이 화가 나서 들어오셨습니다. 테이크아웃 주문을 하셨는데 주문과 다르다는 것이었습니다. 점장님을 불러내려 하셨는데 마침 점장님은 출타 중이셨죠. 새로 시작한 동료가 주문을 받았는데 이미 퇴근하고 없었습니다. 비록 제 잘못은 아니었고 이미 퇴근한 상태였지만 저는 먼저 진실한 태도로 사과를 드렸습니다. 그리고 나서 새 커피를 제공해 드렸지요. 고객분은 만족해서 떠났고 대립되는 상황을 피할 수 있었습니다.

clock out 퇴근 카드를 찍다 **off duty** 비번의 **with sincerity** 진실하게(=sincerely) **confrontation** 갈등, 대립

Sample Answer 2

과외를 가르친 학생을 고객으로 본 점이 전문인으로서의 근성이 보이는 내용입니다. 고객이 진정으로 더 향상되기를 바라는 인간애에 초점을 둔 답변

My pickiest customer was a student I gave math lessons to. He was going through a rebellious period and wasn't willing to focus on the lesson at all. Sometimes he didn't even show up. It wasn't money that motivated me to seek more effective

— 상황 설명

ways to teach him. I really wanted him to know the joy of learning. I related math to things in real life he could be interested in. And I introduced some fun puzzles he could enjoy and learn something from. He is now an engineering major in university. We still keep in touch.

— 취한 행동 및 결과 설명

제게 가장 까다로웠던 고객은 제가 수학을 가르쳤던 학생이었습니다. 그 아이는 반항기(사춘기)를 겪고 있었고 전혀 수업에 집중하려고 하지 않았습니다. 때로는 수업에 나타나지도 않았고요. 아이를 가르치기 위한 효과적인 방법을 모색한 이유는 돈 때문이 아니었습니다. 저는 정말 그 친구에게 배우는 즐거움을 알려주고 싶었습니다. 저는 실생활에서 그 친구가 관심있어 할 만한 것들과 수학을 연계시켰습니다. 또한 아이가 즐기고 뭔가를 배울 수 있는 퍼즐을 도입했습니다. 그 친구는 지금 대학에서 공학을 전공하고 있고 저희는 여전히 연락하고 지냅니다.

picky 까다로운(= difficult) go through 겪다, 경험하다 rebellious period 사춘기, 반항기 be willing to + 동사원형 기꺼이 ~하려고 하다 show up 출석하다, 나타나다 the joy of learning 배우는 즐거움 an engineering major 공학 전공자 keep in touch 계속해서 연락하다

Sample Answer 3
고객을 대할 때의 자세와 자신의 고객 서비스 철학을 강조한 답변

I always try to put myself in the customer's shoes. My commitment to customers is so great that I consider the service customers might ask for even before they do. That's why no customers are difficult for me. I am here to serve them. I think they have the right to ask for service they pay for. And when I serve them, I treat them as if they are my family, friends, and relatives.

— 마음가짐 및 결과 설명

저는 항상 고객의 입장에서 생각해 보려고 합니다. 제가 고객에게 하는 약속이 있습니다. 그것은 고객이 요청하기 전에 고객이 요청할 지도 모를 서비스 조차 예측하려는 것입니다. 그래서 어떠한 고객도 제게는 까다롭지 않습니다. 저는 고객에게 봉사하기 위해 여기에 있는 것입니다. 저는 고객이 자신이 지불한 서비스를 받을 정당한 권리가 있다고 생각합니다. 그리고 제가 그분들에게 서비스를 할 때는 그분들이 마치 제 가족, 친구, 친척분들이라고 생각하고 서비스를 제공합니다.

put oneself in someone's shoes ~의 입장이 되어 생각해 보다 commitment to ~에 대한 서약[약속] right 권리 pay for ~에 대해 지불하다

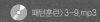
What's the biggest mistake[failure] you've made?

자신이 한 가장 큰 실수[실패]는 무엇입니까?

실패를 해 본 적이 있느냐고 물어보면 지원자들은 대부분 당황합니다. 왜 냐하면 자기소개에서부터 장점, 지원 동기 등 어떤 질문에 대해서건 자신이 잘 하는 것에 초점을 맞춰 답변을 준비하고 면접장에 들어왔는데 자신에게 왜 하필이면 부정적인 질문을 던지는 건지 원망하면서요.

당황스런 질문 하에서 지원자의 성향을 잘 파악할 수 있습니다. 차분히 실패를 어떻게 받아들이는지, 실수나 실패를 통해 교훈을 배웠는지 등을 간단하게 설명하고 다음 질문으로 넘어가세요. 과거의 실패를 주저리주저리 길게 설명하며 누구 잘못이었다는 등을 말할 필요는 전혀 없습니다. 또한 치명적일 정도로 타격이 큰 실패를 언급하는 것도 면접관이 채용결정을 하는 데 망설이게 하는 요인이 될 수 있습니다. 에피소드를 선택할 때는 되도록 심각하지 않고 지금 지원하는 업무와 관련 없는 것을 고르는 것이 안전합니다.

Sample Answer 1

실수를 통해 많은 사람들이 간과할 수 있는 중요한 가치를 지금은 알고 있어 오히려 감사하다는 긍정적인 면을 강조할 수도 있는 답변

The worst mistake I've made is taking for granted the sacrifices my parents made for me. I look back and realize how blessed I am to have parents like mine. They are wonderful people who taught me how to lead a free and joyful life. I am thankful and do everything to the best of my ability to make them proud.

— 상황 설명
— 느낀 점
— 다짐

제가 한 가장 큰 실수는 제 부모님들께서 저를 위해 하신 희생을 당연하게 여긴 점입니다. 지금 돌아보면 제가 저의 부모님 같은 분들을 만날 수 있어서 얼마나 축복받은 것인지를 깨닫습니다. 그분

전공을 말하는 비법
전공을 말할 때도 비즈니스 감각을 가미하라!

자기소개의 도입 부분을 전공에 대한 설명으로 시작할 수 있습니다. 또는 전공에서 배운 것이 지금 지원하는 자리에 어떻게 도움이 될 것인지, 전공 선택의 동기는 무엇인지와 같은 질문에 이 전략을 사용해 보세요.

Before

> **Q.** *Tell me about yourself.* 자신에 대해 말해보세요.
>
> 오필승 : I am a senior at Daehan University. I specialize in mechanical engineering. I'm graduating next year. Thank you.
>
> 제치업 : I majored in business administration and graduated from Minkook University in 2000.

senior (대학) 4학년, 졸업반
major in ~를 전공하다
(=specialize in) **graduate
from** ~(학교)를 졸업하다(=finish
studies at)

오필승 : 저는 대한대학 4학년에 재학 중이고, 기계공학을 전공합니다. 내년에 졸업할 예정입니다. 감사합니다.

제치업 : 저는 민국대학에서 경영학을 전공하였으며 2000년에 졸업했습니다.

➡ 오필승 씨, 졸업을 앞둔 취업준비생의 짧은 영어실력이 두드러진 표현입니다. 물론 문법적으로 틀린 부분이야 없지만 5~20분 이내에 효과적으로 자신의 능력과 인성을 증명해야 하는 인터뷰에는 너무나 초라한 답변입니다. 한 문장으로 보여줄 수 있는 정보를 여러 개의 단지 1형식, 2형식 단문으로만 보여주어 영어실력 뿐만 아니라 요약실력에도 의심이 갈 정도입니다. 그리고, 도대체 뭐가 감사하다는 거죠? 우리가 흔히 생각하는 감사의 표현도 남발하면 역효과를 부른답니다.

➡ 제치업 씨, 취업준비생이 보여주는 가장 보편적이고 진부한 표현입니다. 기본적인 사실 중심의 나열식 표현으로 이목을 끌기에는 역부족입니다. 졸업연도를 보아 이직을 준비하시는 것 같군요. 경력자로 입사하실 경우에는 굳이 졸업연도를 밝히실 필요가 없다는 것도 기억해 주세요. 졸업연도만 듣고는 왠지 모르게 나이 들었다는 부정적인 느낌을 주기도 하죠. 이직을 준비하는 경력자라면 졸업연도보다는 졸업후 쌓은 실력과 경험을 강조해야지요.

❶ 전공을 말할 때는 취득학위와 전공을 명확하게 밝히도록 하세요. 앞서
첫째마당에서 배웠던 표현들을 떠올려 다음과 같이 말해볼까요?

🗨 I am a senior at Daehan University. I specialize in mechanical
engineering. I'm graduating next year. Thank you.

⬇

👍 **I am expecting** a B.S. degree **in** mechanical engineering
from Deahan University.

저는 대한대학에서 기계공학으로 이학사 학위를 취득할 예정입니다.

❷ 재취업을 희망하는 경력자들은 굳이 졸업연도를 밝힐 필요가 없습니
다. 이것은 본인의 나이를 밝히는 것과 같아요.

🗨 I majored in business administration and graduated from Minkook
University in 2000.

⬇

👍 **I completed** a B.A. degree **in** business administration **at**
Minkook University.

저는 민국대학에서 경영학 전공으로 문학사 학위를 취득하였습니다.

❸ 전공을 선택한 이유를 간략히 설명하면 성공하는 비즈니스에 필수인
체계적이고 전략적으로 계획을 하는 성향을 돋보이게 해줍니다.

I have always been interested in international business and
trade.

저는 항상 국제무역에 관심이 있었습니다.

With this, my choice of major was narrowed down to
business administration.

이런 이유로 경영학을 전공으로 선택했지요.

> With this, my choice of
> major was narrowed down
> to + 전공 이런 이유로 ~을 전공
> 으로 선택했지요

❹ 전공에서 배운 기술과 지식을 언급하여 입사 즉시 업무에 투입될 수
있음을 보여주세요.

I have acquired the understanding of how to operate
mechanical equipment and system.

(전공을 통해) 저는 기계설비와 시스템 운용법에 관해 잘 알게 되었습니다.

> I have acquired the
> understanding of ~ ~에 관해
> 잘 알게 되었습니다

I also have become familiar with the application of tools and software required in mechanical designing.

기계설계에 필요한 도구들과 소프트웨어 응용에도 익숙해졌습니다.

I have become familiar with~ ~에 익숙해졌습니다

Through my studies, I became equipped with business mind and knowledge in marketing, finance and management.

전공 공부를 통해 마케팅, 재무 및 경영관리에 관한 비즈니스 마인드와 지식을 갖추게 되었습니다.

Through my studies, I became equipped with + 지식 전공 공부를 통해 ~지식을 갖추게 되었습니다

❺ 자신의 전공이 앞으로 하게 될 업무에 어떠한 플러스 요소가 되는지 설명하세요.

I truly believe that I can support my team to solve specific business problems with the knowledge and practical experience I gained.

전공을 통해 배운 지식과 실질적인 경험을 가지고 팀을 도와 비즈니스 시에 발생하는 구체적인 문제들을 해결할 수 있다고 확신합니다.

잠깐만요!

외국계 회사라고 다 같다고요? 천만의 말씀
— 제1탄 실용성 우선주의 미국계 회사

의사결정 체계나 라인이 짧아 신속하고 간단명료하게 일이 이루어진다. 회의, 보고, 상하관계 등에서 격식과 형식에 얽매이지 않아 상사에게도 이름을 부르는 식이다. 자신의 업무 능력과 성과에 대해 논리적이고 적극적으로 표출하는 자신감 있는 인재를 선호한다. 팀웍보다는 개인기에 가중치를 두어 채용하는 경우가 많다. 성과가 좋으면 연공서열 상관없이 이례적으로 높은 연봉 인상이나 빠른 승진도 가능하지만 역으로 성과가 나쁘면 곧바로 사람을 바꿀 정도로 평가에 엄격하다.

오필승 : I am expecting a B.S. degree in mechanical engineering from Deahan University, where I have not only acquired the understanding of how to operate mechanical equipment and systems but also become familiar with the application of tools and software required in mechanical designing.

제치업 : I completed a B.A. degree in business administration at Minkook University. I have always been interested in international business and trade. With this, my choice of major was narrowed down to business administration. Through my studies, I became equipped with business mind and knowledge in marketing, finance, and management. I truly believe that I can support my team to solve specific business problems with the knowledge and practical experience I gained.

not only A but also B A 뿐만 아니라 B도 역시 required in ~에 필요한 complete 이수하다 be interested in ~에 관심이 있다 be narrowed down to (관심을) ~로 좁히다 become equipped with ~를 갖추다, 구비하다 support 지원하다, 돕다

오필승 : 저는 대한대학에서 기계공학으로 이학사 학위를 취득할 예정입니다. 이 전공을 통해 저는 기계설비와 시스템 운용법에 관해 잘 알게 되었을 뿐만 아니라 기계설계에 필요한 도구들과 소프트웨어 응용에도 익숙해졌습니다.

제치업 : 저는 민국대학에서 경영학 전공으로 문학사 학위를 취득하였습니다. 항상 국제무역에 관심이 있었던 탓에, 경영학을 전공으로 선택하게 되었습니다. 전공 공부를 통해 마케팅, 재무 및 경영관리에 관한 비즈니스 마인드와 지식을 갖게 되었습니다. 전공을 통해 배운 지식과 실질적인 경험을 가지고 팀을 도와 비즈니스 시에 발생하는 구체적인 문제들을 해결할 수 있다고 확신합니다.

*Michelle*과 *Jules*의 정리 한 마디

우리의 필승군과 치업군! 드디어 면접관을 매료시키는 답변을 해냈군요. 여러분도 기억해 두세요. 전공을 말할 때는 단순히 전공 이름만 밝히는 데 그치지 않고 비즈니스 감각(여기서는 자신의 장점을 어필할 수 있는 능력이라고 할 수 있습니다)을 가미하여 다음과 같은 내용들을 간략하게라도 언급하는 것이 플러스 점수를 받게 된다는 점을요!

❶ 취득학위와 전공을 명확하게 밝혀라. 졸업연도와 학교명이 핵심정보는 아니다.
❷ 전공에서 배운 기술과 지식을 언급하라.
❸ 지원하는 분야에 어떻게 도움이 될지 간략하게나마 설명하라.
❹ 전공 선택 이유를 지원동기와 연결하라.
❺ 질문에 대한 답변이 끝날 때마다 감사하다는 말을 붙이는 것은 자제하라.

유학 및 여행 경험을 말하는 비법
무엇을 하고 배웠는가에 초점을 맞추라!

연수나 해외여행 여부에 대해 따로 물어보는 질문 외에도 자기소개의 경험 부분에 삽입해도 좋습니다. 경험이 있다면 어디에 얼마 동안 갔다 왔는지 보다는 무엇을 하고 무엇을 배우고 어떤 능력을 키웠는지에 초점을 두고 답변을 하세요. 해당 경험이 없다면 연수나 해외여행에서 얻을 수 있는 장점을 국내에서 키웠다는 것을 강조하세요. 가령 영어학원을 꾸준히 다녀 영어실력을 향상시켰다는 식으로 말입니다.

Before

junior 대학 3학년   exchange program 교환학생 프로그램

Q. *Have you been abroad?*   외국에 나가본 경험이 있습니까?

오필승 : In my junior year at university, I participated in an exchange program. I went to Australia in 2003 and studied at Melbourne University. I learned a lot. It was a good experience for me.

제치업 : I went to America to study English and travel for one year.

오필승 : 대학 3학년 때 교환학생 프로그램에 참가했습니다. 2003년에 호주에 가서 멜번대학에서 공부했습니다. 많은 것을 배웠고 좋은 경험을 했습니다.

제치업 : 저는 일년 동안 영어를 배우고 여행도 할 겸해서 미국에 갔다 왔습니다.

➡ 오필승 씨, 교환학생으로 어디 프로그램에 참여한 것을 명확하게 밝힌 점은 잘했습니다. 하지만, 뭘 배우셨나요? 외국에서의 어떤 경험이 지원하는 회사 업무에 도움이 될지 생각해 보셨나요? 'good experience' 란 취업시장에서는 다른 말로 바꾸자면, '회사에 이익이 될 수 있는 경험'이란 뜻입니다. 구체적으로 밝혀주세요.

➡ 제치업 씨, 우선 이런 영어를 구사하면서 영어권에 영어공부하러 갔다 왔다고 하면 안 되죠. 언급하지 않는 편이 오히려 낫겠네요. 가기 전에도 이 정도는 하지 않았을까 싶은데요. 둘째, 연수 가서 얻을 수 있는 것은 영어실력 외에도 많다는 것입니다. 이국이라는 낯선 곳에서 외따로 떨어진 생활을 통해 독립심과 문제 해결 능력을 키웠다거나 외국생활을 통해 국제적인 감각을 얻을 수 있었다는 점 등을 강조해 보세요.

❶ 효과적으로 간략하게 말하는 것도 전략입니다. 두 개의 문장으로 길게 늘여 설명할 내용을 한 문장으로 간략하게 줄이되 중요한 내용은 꼭 포함해서 말하는 연습을 합시다. 누가(who), 언제(when), 어디서 (where), 무엇을(what), 어떻게(how), 왜(why) 등의 육하원칙에 맞춰 말해보세요.

> In my junior year at university, I participated in an exchange program. I went to Australia in 2003 and studied at Melbourne University.

⬇

> **I participated in** an exchange program at Melbourne University in Australia in 2003 for two semesters.
> 저는 2003년에 호주 멜번대학의 교환학생 과정에 두 학기동안 참여하였습니다.

❷ 프로그램이나 경험을 통해 무엇을 배웠는지 구체적으로 묘사하세요. 언어학습에 도움이 되었던 프로젝트나 경험담을 포함하는 것도 좋겠습니다.

> I learned a lot. It was a good experience for me.

⬇

> The program **enabled me to** build friendships with local and international students from all around the world who came from different backgrounds.
> 교환학생 과정을 통해 서로 다른 배경을 가진 호주 현지 학생 및 세계 각 곳에서 온 유학생들과 우정을 나눌 수 있었습니다.
>
> **Through** talks on various topics with them, of course, **I could enhance** my English ability extensively.
> 다양한 주제에 대한 의견을 나누는 가운데 당연히 영어실력이 상당히 늘었습니다.

Through A, I could enhance + 능력/기술 A를 통해 ~능력/기술을 향상시킬 수 있었습니다

❸ 더 이상 공부만 잘하는 모범생이 인재로 취급받던 시대는 지나갔습니다. 공부 뿐만 아니라 성격도 원만한 사람이 대접받게 마련입니다. 유학생활을 통해 영어실력 이외에도 얻은 것이 있다면 무엇인지 꼭 짚고 넘어가세요.

In addition to that, living alone in a dormitory **allowed me to**

be responsible and independent, qualities I lacked back in Korea.

뿐만 아니라, 기숙사에서 혼자 생활하면서 제가 한국에 살면서 부족했던 책임감과 독립심을 키울 수 있었습니다.

In addition to that 그뿐만 아니라. 배운 점을 덧붙여 얘기하고자 할 때 붙이기 좋은 표현

❹ 사람들이 여행을 떠나는 데에는 새로운 사람들과 환경을 접하기 위해서라든가, 일상을 탈출하여 자신과 자신의 인생을 다시 한번 돌아보고 재충전하기 위해서 등 나름대로 여러 가지 이유가 있습니다. 단순히 여행을 떠났다고 말하기 보다는 여행의 목적을 구체적으로 밝혀보세요.

I went to America to study English and travel for one year.

⬇

In order to expand my world view and **to** enhance my English ability I left for the United States.

저의 세계관도 넓히고 제 영어실력도 향상시켜 보고자 미국으로 향했습니다.

expand 확장하다 world view 세계관

❺ 영어 습득 외에도 여행이나 그네들의 생활방식을 통해 깨달은 점은 없는지 생각해 보세요. 에피소드나 경험담을 포함해 느낀 바를 논리적이고 구체적으로 설명하는 것도 좋은 방법입니다.

While traveling across the States, I homestayed with local American families.

저는 미국에서 여행하는 동안 미국인 가정에서 홈스테이를 했습니다.

It was an awesome chance for me to experience what life is like in the U.S.

미국에서의 생활을 경험할 수 있었던 좋은 기회였죠.

Dinner time was especially of value to me.

저녁시간은 특히 의미있었습니다.

The family would often have dinner and talk about their day together.

제가 홈스테이했던 집의 가족들은 저녁식사를 함께 하며 각자의 하루에 대해 얘기를 나눌 때가 많았습니다.

Through this kind of experience I could closely examine what life is like in the U.S.

그런 시간들을 통해 미국인들의 생활에 보다 가까이 다가갈 수 있었죠.

While + -ing ~하는 동안. 동시에 일어나는 일을 표현하고 싶을 때 활용하세요!

Through this kind of experience I could~ 이런 경험을 통해 ~할 수 있었습니다

패턴훈련〉4-2.mp3

오필승 : I participated in an exchange program at Melbourne University in Australia in 2003 for two semesters. The program enabled me to build friendships with local and international students from all around the world who came from different backgrounds. Through talks on various topics with them, of course, I could enhance my English ability extensively. In addition to that, living alone in a dormitory allowed me to be responsible and independent, qualities I lacked back in Korea.

제치업 : In order to expand my world view and to enhance my English ability I left for the United States. While traveling across the States, I homestayed with local American families. It was an awesome chance for me to experience what life is like in the U.S. Dinner time was especially of value to me. The family would often have dinner and talk about their day together. Through this kind of experience I could closely examine what life is like in the U.S.

participate in ~에 참가하다 enable + 사람 + to + 동사원형 ~가 …할 수 있게 하다 enhance 높이다, 향상시키다 extensively 상당히 allow + 사람 + to + 동사 원형 ~에게 …하도록 허락하다 independent 독립적인 lack 모자라다, 부족하다

오필승 : 저는 2003년에 호주 멜번대학의 교환학생 과정에 두 학기동안 참여하였습니다. 서로 다른 배경을 가진 호주 현지 학생 및 세계 각 곳에서 온 유학생들과 우정을 나눌 수 있었습니다. 다양한 주제에 대한 의견을 나누는 가운데 당연히 영어실력이 상당히 늘었습니다. 뿐만 아니라, 기숙사에서 혼자 생활하면서 제가 한국에 살면서 부족했던 책임감과 독립심을 키울 수 있었습니다.

제치업 : 세계관을 넓히고 제 영어실력을 향상시켜 보고자 미국으로 향했습니다. 미국에서 여행하는 동안 미국인 가정에서 홈스테이를 했습니다. 미국에서의 생활을 경험할 수 있는 좋은 기회였죠. 저녁시간은 특히 의미있었습니다. 제가 홈스테이했던 집의 가족들은 저녁식사를 함께 하며 각자의 하루에 대해 얘기를 나눌 때가 많았습니다. 그런 시간들을 통해 미국인들의 생활에 보다 가까이 다가갈 수 있었죠.

*Michelle*과 *Jules*의 정리 한 마디

❶ 언어실력의 향상은 최종목표가 아니라 유용한 수단을 획득한 것 뿐이라는 점을 명심하라.

❷ 언어 습득 외에 경험하고 느끼고 깨달은 점, 배운 것들에 대해 이야기하라.

❸ 낯선 환경에서의 적응력 및 생존능력을 강조하라. 자신의 힘으로 무엇인가를 성취했고 외국이라는 낯선 환경에서 잘 적응하고 성과를 이뤘다는 것을 보여주어 면접관을 감동시켜라.

동아리 및 봉사 활동을 말하는 비법
학업이나 일 외적인 활동에 참여했다는 사실을 밝혀라!

공부 외적인 활동들에 참여했는지의 여부에 대한 질문 외에도 자기소개에서의 경험 부분이나 장점을 물어보는 질문에 사용할 수 있습니다. 얘기하면 플러스가 될 만한 분야와 관련해 선호하는 인성이나 업무 능력을 구체적으로 보여주는 증거가 될 수 있으니까요. 다짜고짜 대인관계가 뛰어나다라고만 말하기보다는 동아리 활동을 통해 다른 사람들과 의견을 조율하는 방법을 배웠고 뛰어난 대인관계와 리더쉽으로 동아리 회장으로 선출되었다라고 구체적으로 말하는 것이 아무래도 더 신빙성 있게 들리지 않겠어요?

Before

Q. *In what campus activities did you participate?*
과외 활동 같은 것 해보셨나요?

오필승 : Hmm...

제치업 : I was kind of busy with my studies so I was not an active member of any clubs, but I joined the Business Students' Association at my college.

Business Students'
Association 경영학부 학생회

오필승 : 음… 글쎄요…

제치업 : 저는 공부하느라 바빠서 동아리 활동에 그리 적극적이진 못했지만, 대학 시절 경영학부 학생회에 가입했습니다.

➡ 오필승 씨, 대학 시절 한 번도 과외 활동이나 봉사 활동을 한 적이 없나요? 아니면 지원하는 업무와 관련이 없다고 지레짐작해서 또는 중요성을 느끼지 못해서 말하지 않은 건가요? 갓 졸업한 학생이나 졸업 예정자가 신입으로 취업을 할 때 강조해야 할 부분은 관련 업무 경력이 없는 대신, 학업과 그밖의 팀프로젝트, 아르바이트, 동아리 활동, 인턴이나 봉사 활동 경험들을 통해 지원하는 회사의 업무를 수행하는 데 필요한 기본적인 자질을 키웠다는 것을 알리는 것입니다.

➡ 제치업 씨는 졸업을 너무 오래 전에 하셔서 대학 때 일이 기억이 안 나나 봐요. 과외, 봉사 활동을 꼭 대학 시절로 한정할 필요는 없습니다. 지금 하고 있는 봉사 활동이나 지역단체의 일원으로서의 경험 또는 같은 직종을 가진 직업인들의 모임 등을 부각시켜 언급해 보세요.

❶ 생각해보면 대학 시절에 참가했던 동아리나 동호회, 학생회 활동 등이
있기 마련입니다. 지금 대학생이신 오필승 씨는 무슨 동아리에 참여하
나요?

I'm an active member of the Students' Soccer League at my
college.

저는 학생축구 동아리에서 적극적으로 활동하고 있습니다.

❷ 동아리나 팀의 일원으로서 규칙적으로 참가하는 행사나 활동에 대해
설명하세요.

I play soccer with my club members on weekends .

저희는 매주 주말마다 동아리 회원들과 축구연습을 합니다.

We've attended several tournaments so far this year.

올해만도 토너먼트 경기에 몇 번 참가했습니다.

❸ 본인이 참가함으로서 얻은 것은 무엇이죠? 본인이 몰랐던 장점을 발
견하거나 기술을 습득하는 기회가 되지 않았던가요? 가령 리더쉽을
발휘할 수 있었던 기회가 있었다면 포함해 주세요.

I was appointed as an assistant club leader last semester,
owing to my interest and active participation in the club
management.

저는 우리 동아리를 운영하는 데 관심을 갖고 활발히 참여한 탓에 지난 학기 부회장으로 임명되
었습니다.

I have learned good people skills **since** joining the club, and
people say I have become more responsible.

동아리 활동을 한 뒤로 대인관계를 원활하게 하는 법을 배웠고 사람들은 제가 좀더 책임감있게
되었다고들 합니다.

> I was appointed as + 직책~
> owing to A A때문에 ~로 임명되
> 었습니다

❹ 시간이 없어서, 공부가 바빠서 등의 부정적인 핑계는 접어두고 긍정적
인 방향으로 생각해 보세요. 꼭 학교 동아리 활동이 아니더라도 인터
넷 동호회나 다른 단체 활동, 혹은 지금도 하고 있는 활동이 없는지 반
드시 점검해 보세요.

I was kind of busy with my studies so I was not an active member of any clubs, but I joined the Business Students' Association at my college.

⬇

I have been volunteering **at** church **as** a Sunday school teacher **for** a couple of years.

2년째 교회의 주일학교 교사로서 봉사 활동을 하고 있습니다.

❺ 동아리나 봉사 활동을 통해 어떤 점을 즐기고 좋아했는지 언급하세요.

I enjoy teaching youngsters and **feel great about** contributing to our church and the local community.

어린 친구들을 가르치는 게 즐겁고, 교회와 지역사회에 이바지한다는 점에서 매우 기쁩니다.

잠깐만요!

외국계 회사라고 다 같다고요? 천만의 말씀
— 제2탄 철두철미한 완벽주의 일본계 회사

꼼꼼하고 철두철미하게 일하는 것을 가장 중요하게 생각한다. 따라서 세심한 성격이 아닌 사람은 쉽게 신뢰를 잃기도 한다. 작은 수치도 민감하다는 점을 주의해야 한다. 돌다리도 두드리고 건너는 인재를 선호한다. 프로젝트를 할 때도 상사 또는 동료에게 한 번만 보고하는 것이 아니라 일의 진행상황을 계속 보고할 것을 요청받는다. 이 모두가 고객에게 완벽한 서비스를 하기 위함이라는 사명의식을 갖고 일한다.

 패턴훈련〉4-3.mp3

be appointed as ~로 임명되다 semester 학기 owing to ~때문에, ~로 인해 volunteer 봉사하다 a couple of 두 개의 contribute to ~에 기여하다, 공헌하다 local community 지역사회

오필승 : I'm an active member of the Students' Soccer League at my college. I play soccer with my club members on weekends. We've attended several tournaments so far this year. I was appointed as an assistant club leader last semester, owing to my interest and active participation in the club management. I have learned good people skills since joining the club, and people say I have become more responsible.

제치업 : I have been volunteering at church as a Sunday school teacher for a couple of years. I enjoy teaching youngsters and feel great about contributing to our church and the local community.

오필승 : 저는 학생축구 동아리에서 적극적으로 활동하고 있습니다. 저희는 매주 주말마다 동아리 회원들과 축구연습을 합니다. 올해만도 토너먼트 경기에 몇 번 참가했습니다. 저는 우리 동아리를 운영하는 데 관심을 갖고 활발히 참여한 탓에 지난 학기 부회장으로 임명되었습니다. 동아리 활동을 한 뒤로 대인관계를 원활하게 하는 법을 배웠고 사람들은 제가 좀더 책임감 있게 되었다고들 합니다.

제치업 : 2년째 교회의 주일학교 교사로서 봉사 활동을 하고 있습니다. 어린 친구들을 가르치는 게 즐겁고, 교회와 지역사회에 이바지한다는 점에서 매우 기쁩니다.

*Michelle*과 *Jules*의 정리 한 마디

길다면 길고 짧다면 짧다고 할 수 있는 대학 시절을 공부만 하다가 혹은 이렇다 할 만한 성과 하나 없이 졸업하고 있나요? 대학 시절 혹은 졸업한 사회인으로서 봉사 활동이나 다른 단체 활동에 참여해 봤는지는 면접관에게 호감가는 지원자로 어필할 수 있는 부분입니다. 단지 도서관에서 공부나 파고들었다거나 사무실에서 일에만 전념한 70년대의 모범생형이 아니라, 넘치는 호기심을 가진 좀더 융통성 있고 다재다능한 사람임을 보여주세요. 경험삼아 혹은 재미삼아 참가했던 동아리 모임이나 봉사 활동 사항에 초점을 두고 말이죠.

❶ 사소한 것이라도 동아리나 다른 단체 활동을 한 적이 없는지 꼼꼼히 짚어보라. 특히, 일한 경험이 없는 졸업 예정자의 경우라면, 또한 동아리 활동 경험이 없는 사람이라면 아르바이트를 했던 경험을 언급하는 것도 좋다.

❷ 동아리나 단체 활동을 통해 겪었던 일이나 배우고 느꼈던 점을 덧붙여라. 동아리의 성격에 따라 비즈니스적 요소를 이용할 수도 있다. 가령 타임지 동아리에서 활동한 적이 있다면 국제 정치와 세계 경제의 전반적인 흐름에 대한 분석을 하고 그 분야의 경험을 간접적으로나마 했음을 강조할 수 있다.

❸ 동아리나 봉사 활동을 통해 리더십을 발휘한 적이 있었다면 빼먹지 말고 꼭 언급하라. 리더였다면 리더십을, 일반 멤버였다면 대인관계, 의사소통 능력과 서포트하는 능력을 강조하라.

직장 경력을 말하는 비법

직장 경력으로 자신의 경력과 자질이 드러나도록 하라!

단순히 일해 본 경험을 물어보거나 또는 관련 경험을 물어볼 수 있습니다. 없다면 대체가 될 수 있는 경험이 있다는 것에 초점을 맞추고 관련 경험이 있다면 업무의 내용과 성과를 중심으로 답합니다. 물론 자기소개에 간략하게 언급한다면 자신을 채용할 이유를 인터뷰 초반부터 어필할 수 있습니다.

Before

Q. *Have you ever had any relevant professional experience? How does your work experience relate to this job?*

(관련 있는) 일을 해 본 적 있나요? 일한 경험이 지금 지원하는 자리에 어떻게 도움이 될까요?

오필승 : I have no official work experience.

제치업 : My previous company was ST Corporation. I worked in the Planning Department for two years. I quit my job last year to get a new job.

오필승 : 저는 정식으로 일한 경험이 없습니다.

제치업 : 이전에 ST Corporation에서 일했습니다. 기획부에서 2년간 근무하였습니다. 이직하려고 작년에 회사를 그만두었습니다.

➡ 오필승 씨, '일한 경험이 없습니다'처럼 Yes인지 No인지를 말하는 것이 중요한 것이 아니라 지원하는 업무에 관련한 지식이나 직간접 경험을 다른 활동을 통해서나마 키웠는지가 질문의 요지입니다. 인터뷰에서 No는 금기시되는 표현 중의 하나입니다. 앞장에서 설명했듯이 꼭 정식 업무 경력이 아니더라도 교내 근로 장학생 활동이나 아르바이트 혹은 인턴 경험 등을 통해 배운 점들을 자신 있게 설명해 보세요.

➡ 제치업 씨, 회사와 부서를 선택한 이유, 업무 내용, 성과나 업적, 이직을 하는 이유 등을 곰곰이 생각하고 정리해 보세요. 또한 이직 사유는 이를 물어보는 질문을 따로 할 정도로 중요한 부분이니 간단하나마 그 사유를 밝히도록 하고, 공백기간이 있었다면 그동안 자신의 능력이나 역량을 키우기 위해 했던 활동들을 반드시 언급하세요. 자칫 성실성을 의심받을 수도 있으니까요.

❶ 대학 졸업 예정자이거나 정식 직원으로 일한 경험이 없을 경우에는 비법 3, 8의 전략을 참조하여 동아리 및 봉사 활동, 아르바이트를 통해 얻은 경력을 잘 활용하세요. 명심해야 할 것은 무엇을 했느냐와 더불어, 무엇을 배웠느냐에도 초점을 맞추어야 한다는 겁니다.

❷ 전 직장과 부서, 직위, 근무연수에 대해 언급하되, 업무내용을 구체적으로 밝히도록 하세요. 여러분의 객관적인 경력과 구체적인 업무에 대해 면접관을 이해시키는 부분입니다.

My previous company was ST Corporation. I worked in the Planning Department for two years.

I have two years of hands-on IT industry **experience** working for ST Corporation's Planning Department.
저는 2년 동안 ST사의 기획부에서 일하면서 IT업계의 현장을 직접 경험하였습니다.

I estimated project budgets and **assisted** in the management of an office network.
프로젝트 예산 견적을 뽑고 사무실 네트워크 관리를 도왔습니다.

Also, my past work experience **includes** Web site development using java script and html.
또한, 자바 스크립트와 html을 이용한 웹사이트 개발을 했습니다.

❸ 성공적으로 끝낸 업무와 상사나 동료들에게 인정받은 직무 능력이나 성향은 무엇이었습니까?

I completed each project within the budget and on time.
저는 매번 프로젝트를 기일에 맞춰 예산의 범위 내에서 달성하였습니다.

❹ 이직하는 이유를 밝히세요. 이때 전 직장에 대해 비난하거나 전 상사나 동료에 대해 불만을 토로하지 않도록 주의하세요. 새로운 직장을 구하는 이유에 가급적이면 긍정적이고 도전적인 이미지를 부여하도록 하세요.

💬 I quit my job last year to get a new job.

⬇

👍 The last two years at my previous work **was of great value, but I think it is time to** challenge myself in a new work environment.

지난 2년간의 직장생활은 매우 가치 있는 일이긴 했지만, 이제 새로운 환경에서 도전해 볼 때가 된 것 같습니다.

A was of great value, but I think it is time to + 동사원형 A는 매우 가치 있는 일이긴 했지만, 이제 ~할 때가 된 것 같습니다

❺ 지원회사의 장점을 잘 살려 입사포부와 희망사항을 명확하게 밝히고, 자신이 그 회사에 적합한 인재임을 간략히 내비치도록 하세요.

I'm applying to your company because you are one of the top enterprises in the IT industry and yet you still have great potential for growth.

귀사는 정보 기술 산업의 선두 기업에 속하지만 더욱 더 크게 성장할 수 있는 잠재력을 가지고 있기 때문에 지원하였습니다.

Considering my past experience and expertise in this field, **I am sure that** I'm the right person for this position.

이 분야에서의 제 경력과 전문성을 고려해볼 때, 제가 이 직종에 적임자라고 자신합니다.

잠깐만요!

외국계 회사라고 다 같다고요? 천만의 말씀
— 제3탄 원칙주의 독일계 회사

시간이 걸리더라도 원칙에 따라서 일을 하고, 보수성이 강해 파격적인 시도를 하는 경우는 매우 드물다. 원칙을 중시하기 때문에 효율성이 떨어질 것 같지만, 그 결과 투명하고 효율적으로 회사가 운영된다. 또한, 상하관계가 엄격하다. 인사 스타일은 사람을 믿고 일을 맡기는 분위기로 실수를 몇 번 하더라도 일단 일을 맡겼으면 바로 평가하지 않고 계속 지켜보는 형이다. 독일 직원들과는 몇 년을 같이 일해도 쉽게 친해지지는 않지만, 한번 친해지면 평생 의리를 지킨다고 할 수 있을 정도다.

 패턴훈련) 4-4.mp3

hands-on experience 현장
경험 estimate 산정하다
within the budget 예산 안에서
be of great value 대단히 가치
가 크다 enterprise 사업, 기업
resulting from ~의 결과로
expertise 전문기술 potential
for growth 성장 잠재력 the
right person 적임자

제치업 : I have two years of hands-on IT industry experience working for ST Corporation's Planning Department. I estimated project budgets and assisted in the management of an office network. Also, my past work experience includes Web site development using java script and html. I completed each project within the budget and on time. The last two years at my previous work was of great value, but I think it is time to challenge myself in a new work environment. I'm applying to your company because you are one of the top enterprises in the IT industry and yet you still have great potential for growth. Considering my past experience and expertise in this field, I am sure that I'm the right person for this position.

제치업 : 저는 2년 동안 ST 사의 기획부에서 일하면서 IT 업계의 현장을 직접 경험하였습니다. 프로젝트 예산 견적을 뽑고 사무실 네트워크 관리를 도왔습니다. 또한, 자바 스크립트와 html을 이용한 웹사이트 개발을 했습니다. 저는 매번 프로젝트를 기일에 맞춰 예산의 범위 내에서 달성하였습니다. 지난 2년간의 직장생활은 매우 가치 있는 일이었지만, 이제 새로운 환경에서 도전해볼 때가 된 것 같습니다. 귀사는 정보 기술 산업의 선두 기업에 속하지만 더욱 더 크게 성장할 수 있는 잠재력을 가지고 있기 때문에 지원하였습니다. 이 분야에서의 제 경력과 전문성을 고려해볼 때, 제가 이 직종에 적임자라고 자신합니다.

Michelle과 Jules의 *정리 한 마디*

이직자들이 가장 고민하고 공들여 준비해야 하는 것이 바로 이 부분입니다. 일을 통해서 배운 전문적이고 실용적인 지식과 능력이 지원하고자 하는 회사에 긍정적인 영향을 미칠 수 있다는 것을 강조하도록 합시다.

❶ 지원하는 이유를 명확히 밝혀라.

❷ 전 회사에 대해 비판하거나 전 상사나 동료에 대해 불만을 토로하지 않도록 주의하라. 오히려 현재 지원하고자 하는 회사에 대한 긍정적인 이미지가 이직의 이유임을 밝히는 것도 좋은 방법! 익숙해진 과거 또는 현재 업무에 안주하지 않고 자기 발전의 기회를 모색하기 위한 결정이라는 것을 보여준다.

❸ 전 직장에서 어떤 일을 했는지 구체적으로 밝혀 본인의 경력 및 자질이 잘 드러나도록 하라. 과거에 비슷한 경험을 하고 성공해 본 사람이 미래에 즉 지원하는 이 회사에서 비슷한 일을 담당했을 때 성공할 확률은 전혀 관련 경험이 없던 사람이 그 일에 능숙해지고 성공할 확률보다 훨씬 높다. 또한 회사의 입장에서도 연수나 훈련을 통해 회사가 그 역량을 키워주어야 하는 지원자보다는 이미 경험과 역량을 갖춘 지원자를 채용했을 때 많은 비용과 위험을 감소시킬 수 있다는 이점이 있다.

특기와 성격을 말하는 비법
장점이 빛을 발한 체험담을 얘기하라!

무작정 장점을 나타내는 단어들을 나열하는 것은 좋지 않습니다. 자신의 장점이 실제로 부각된 구체적인 경험담을 곁들여 설명하세요. 또한, 이러한 장점이 지원하는 분야에 도움이 되는 성향임을 직간접으로 증명해 보이세요.

Before

Q. *What are your strengths? What is your personality like? How would your friends describe you?*
장점이 무엇입니까? 성격은 어떻습니까? 친구들이 지원자에 대해 어떻게 말할까요?

오필승 : I'm very flexible and easygoing.
제치업 : My strength is that I have good organizational skills.

flexible 융통성이 있는, 유연한
easygoing 느긋한
organizational skills 조직력

오필승 : 저는 굉장히 융통성 있고 느긋한 편입니다.

제치업 : 저의 장점은 조직력이 뛰어나다는 점입니다.

➡ 오필승 씨, 본인의 성격을 한 문장으로 표현할 수 있는 것도 능력이긴 하지만 면접관은 융통성이 있고 느긋한 성격이 사회생활을 하고 업무를 진행하는 데 어떻게 도움이 될 수 있을지에 좀더 관심을 기울입니다. 위의 성격이나 성향은 경우와 업무에 따라서는 단점이 될 수도 있습니다. 본인의 성격이 회사의 기업문화, 업무수행 그리고 대인관계에 어떻게 긍정적인 요소로 작용할지를 구체적으로 알려 주세요.

➡ 제치업 씨, 경력이 있는 이직자인 만큼 장점에서 빠질 수 없는 부분이 인성보다는 바로 전문지식이나 직무능력이 되겠네요. 본인의 장점을, 지원하는 업무와 관련하여 성공리에 마친 프로젝트나 경험담, 에피소드를 곁들여 제시하세요.

❶ 자신의 성격 중 가장 돋보이거나 지원하는 업무수행에 도움이 될 수 있는 것에 집중하세요.

 I'm very flexible and easygoing.

⬇

 A key strength of mine is flexibility.
제 가장 큰 장점은 바로 융통성[유연성]입니다.

❷ 장점을 언급하는 선에서 끝내지 말고 특정 경험을 통해 자신의 성격적인 장점이 부각된 경우를 언급하세요. 에피소드나 경험담을 곁들이면 자신의 장점을 훨씬 효과적으로 어필할 수 있습니다.

As a part-time sales clerk in a major department store, I **quickly learned** the importance of being able to adapt to any situation and expecting the unexpected.
대형 백화점의 판매원으로 아르바이트를 하면서, 어떠한 상황에도 적응할 수 있고 뜻밖의 일도 예측할 수 있는 능력이 중요하다는 것을 배웠습니다.

I have performed well even in unexpected situations and I **now am proud of** my flexible personality that I once took for granted.
저는 뜻밖의 상황에서도 일을 제대로 수행했으며, 지금은 한때 그러려니 하고 지나쳤던 저의 융통성 있는 성격에 자부심을 가지고 있습니다.

> take for granted 그러려니 하다, 당연히 여기다

❸ 이직자인 경우에는 업무와 관련된 전문지식이나 능력을 중심으로 장점을 강조하고 실제 업무에 어떻게 사용되었는지를 밝히도록 하세요.

 My strength is that I have good organizational skills.

⬇

 One of my main strengths is my organizational skills.
저의 주요 장점 중 하나는 조직력입니다.

I'm able to handle large, complex projects that require a lot of forethought and planning.
충분히 앞을 내다보고 계획해야 하는 크고 복잡한 프로젝트를 잘 처리합니다.

I'm competent at Microsoft Project Software and **have used** it in the past for tracking and scheduling.
마이크로 프로젝트 소프트웨어에 능해서 예전에 트래킹과 스케줄링에 사용해 봤습니다.

> I'm competent at~ ~에 능합니다

❹ 이러한 기술이나 능력이 업무에 어떠한 긍정적인 영향을 미쳤는지 전반적으로 설명하면서 답변을 마무리하세요.

I think good organizational skills **is one of the fundamental qualities of an effective and productive worker.**
뛰어난 조직력은 효율적이고 생산적인 사원에게 가장 기본이 되는 자질 중 하나라고 생각합니다.

With this I can achieve more in a shorter a mount of time.
이러한 능력으로 저는 훨씬 짧은 시간에 더 많은 것을 해낼 수 있습니다.

잠깐만요!

외국계 회사라고 다 같다고요? 천만의 말씀
— 제4탄 열린 대화채널이 돋보이는 프랑스계 회사

경영진 선에서 독단적으로 의사결정을 하지 않고 모든 사안을 직원이나 관련 회사와 상의할 만큼 토론 문화가 발달되어 있다. 참가자 모두가 충분히 이해하고 납득했을 때 일을 추진하므로 의사소통 능력이 뛰어나야 성공할 수 있다. 또한 열린 사고를 가지고 있는 것은 필수조건이다. 세부 사항까지 본사와 상의하기 때문에 일의 진행속도가 느리고 사안들이 조심스럽게 다뤄지는 대신 일단 결정되면 실수 없이 완벽하고 빠르게 움직인다.

 패턴훈련〉4-5.mp3

key strength 중요한 장점
flexibility 융통성 adapt to ~
에 적응하다 expect the
unexpected 예상치 못한 일을
예기하다

오필승 : A key strength of mine is flexibility. As a part-time sales clerk in a major department store, I quickly learned the importance of being able to adapt to any situation and expecting the unexpected. I have performed well even in unexpected situations and I now am proud of my flexible personality that I once took for granted.

제치업 : One of my main strengths is my organizational skills. I'm able to handle large, complex projects that require a lot of forethought and planning. I'm competent at Micorsoft Project Software and have used it in the past for tracking and scheduling. I think good organizational skills is one of the fundamental qualities of an effective and productive worker. With this I can achieve more in a shorter amount of time.

오필승 : 제 가장 큰 장점은 바로 융통성입니다. 대형 백화점의 판매원으로 아르바이트를 하면서, 어떠한 상황에도 적응할 수 있고 뜻밖의 일도 예측할 수 있는 능력이 중요하다는 것을 배웠습니다. 저는 뜻밖의 상황에서도 일을 제대로 수행했으며, 지금은 한때 그러려니 하고 지나쳤던 저의 융통성 있는 성격에 자부심을 가지고 있습니다.

제치업 : 저의 주요 장점 중 하나는 조직력입니다. 충분히 앞을 내다보고 계획해야 하는 크고 복잡한 프로젝트를 잘 처리합니다. 마이크로 프로젝트 소프트웨어에 능해서 예전에 트랙킹과 스케줄링에 사용해 봤습니다. 뛰어난 조직력은 효율적이고 생산적인 사원에게 가장 기본이 되는 자질 중 하나라고 생각합니다. 이러한 능력으로 저는 훨씬 짧은 시간에 더 많은 것을 해낼 수 있습니다.

*Michelle*과 *Jules*의 정리 한 마디

장점은 크게 분야 관련 지식(knowledge)과 관련 직무 능력(skills), 그리고 성격 및 적성(personality)으로 나눌 수 있습니다. 중요한 것은 어떤 장점이든 회사의 인재상이나 업무 내용에 부합하는 것일 때 장점으로 작용한다는 것이지요. 자신을 차별화할 수 없는 상투적인 문구나 여러 가지 장점을 의미 없이 죽 나열하기만 하는 답변은 피하는 것이 좋습니다.

❶ 여러 가지 장점을 욕심내서 죽 나열하기 보다는 지원분야와 가장 관련 있고 돋보이는 장점 한두 개에 집중하라.
❷ 장점이 빛을 발한 체험담을 구체적으로 언급하여 신빙성을 높이는 답변을 제시하라.
❸ 지원하고자 하는 분야에 어떤 식으로 도움이 될지 어필하라.

성과 및 수상 경력을 말하는 비법
구체적인 성과를 구체적으로 언급하라!

성공했다거나 성취했다라고 말할 만한 경험이 없다고 답변을 포기하는 것은 금물! 질문의 요지는 목표를 정해서 또는 주어진 업무에 대해서 자신의 장점을 사용해 목표에 도달해 본 적이 있는지를 물어보는 것입니다. 누구나 부러워하는 그런 성공일 필요는 없습니다. 사소하게라도 개인적인 목표를 달성한 것에서부터 어떤 분야에서 객관적으로 인정받은 증거인 수상 경험 같은 것도 좋습니다.

Before

accomplishment 업적, 공로
customer base 고객층

Q. *Tell me about your biggest accomplishment. What has been the most rewarding moment for you?* 이제까지 달성했던 것 중에 제일 큰 업적을 얘기해 보세요. 가장 보람 있었던 순간은 어떤 때였나요?

오필승 : Hmm... Well... I don't have any accomplishment I can call a success.

제치업 : I built a customer base and supported the sales department.

오필승 : 음… 글쎄… 저는 딱히 성공이라고 부를 만한 업적은 없는데요.

제치업 : 고객층을 구축하고 영업팀을 지원했습니다.

➡ 오필승 씨, 세운 목표를 달성하고 성공한 경험이 있을 것이라고 저는 확신합니다. 인터뷰에서 No라고 답하는 것은 치명타라고 말씀드렸죠! 성공이라는 것이 세계적으로 인정받거나 누구나 '우와' 할 만한 업적일 필요는 없습니다. 2년 동안 영어회화반을 하루도 빠짐없이 다녀 지금은 능숙하게 일상회화를 할 수 있다는 것도 성공이고, 대학 시절 내내 봉사 활동을 통해 지역사회에 필요한 인물이 된 것도 성공이죠.

➡ 제치업 씨, 너무 짧게 대답하시네요. 업무를 수행하는 데 사용한 기술이나 지식, 실제 결과, 결과에 대한 동료, 상사, 고객의 평가와 반응, 배운 교훈, 자신에게는 어떠한 의미를 갖는 경험인지 등을 밝히세요. 그러면, 상대 면접관도 만족스럽게 고개를 끄덕이는 성공사례를 제시할 수 있습니다.

❶ 재학시절 특별히 자랑할 만한 성과가 없었다고 부정적으로 답하기 보다는 작은 것일지라도 동아리나 과에서 참가한 활동이나 프로젝트 등 목표를 정해서, 또는 주어진 업무에 있어 좋은 결과를 일구어낸 경험이 있다는 것에 초점을 맞추세요. 참가한 프로젝트나 활동이 많을 경우 모든 활동을 욕심내서 다 나열하기 보다는 성과가 크거나 지원 업무와 관련이 있을 법한 것으로 한두 개만 집중적으로 전달하세요.

> Hmm... Well... I don't have any accomplishment I can call a success.

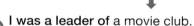

> **I was a leader of** a movie club.
> 저는 영화 동아리의 리더였습니다.
>
> When I first joined, it was very small and its members just watched independent movies and hung out there.
> 제가 처음 가입했을 때는 규모가 상당히 작았고 회원들은 독립영화를 보고 거기서 시간을 때우는 정도의 활동이었습니다.

❷ 참가한 활동이나 경험을 성공으로 이끌기 위해 무엇을 했는지 간략하게 설명하세요.

I suggested that we organize a movie festival introducing good movies to many other students.
저는 많은 다른 학생들에게도 좋은 영화를 소개할 수 있는 영화 축제를 개최할 것을 제안했습니다.

❸ 성공적인 결과를 가져왔다면 그로 인해 받게 된 수상 사실이나 결과에 대한 평가 등을 언급하는 것도 잊지 마세요. 수상 사실이나 팀원들의 평가는 업무수행에 필요한 자질을 입증해주는 객관적인 증거가 될 수 있습니다.

The result was a success.
결과는 성공적이었습니다.
We attracted more students, which led to increased membership.
학생들이 많이 호응해 주었고 동아리 가입회원이 증가하게 되었습니다.

I was also granted a scholarship for my contribution to the school's extracurricular activities.

또한 학교 내 과외 활동 발전에 기여했다고 장학금도 받았지요.

❹ 경력자의 경우, 이전 직장에서의 업무수행 내용과 결과에 초점을 두어, 보다 구체적으로 자신의 성과를 언급하세요. 이때 자신의 적극성이 보다 부각될 수 있도록 능동적인 동사와 정확한 수치를 사용하여 표현하는 것이 좋습니다.

 I built a customer base and supported the sales department.

 My employment at ST Corporation **benefited the company in** three **ways.**

ST사에서 근무할 당시 저는 세 가지 점에서 회사에 이익을 주었습니다.

First, I consolidated two in-house databases and **reduced** informational retrieval time by 25%.

첫째, 사내 두 개의 데이터베이스를 통합하여 정보 검색 시간을 25% 줄였습니다.

Second, my project resulted in shortened product development cycle by 20%.

둘째, 프로젝트 완수 결과, 상품개발 주기가 20% 단축되었습니다.

And third, our team re-engineered the department and **increased** productivity by 50%.

그리고 셋째, 저희 팀은 부서를 재정비하여 생산성을 50% 높였습니다.

> My employment at + 회사명
> + benefited the company in
> … ways ~회사에서 근무할 당시
> 저는 …가지 점에서 회사에 이득을
> 주었습니다

❺ 마찬가지로 업무결과에 따른 수상 경력이 있다면 소개하세요.

That year, **I was named** employee of the year.

그해 저는 최우수 사원상을 받았습니다.

> I was named + 상 ~상을 받았
> 습니다

❻ 끝으로 이런 실적이나 성과가 지원회사에 어떠한 도움을 주게 될지 살짝 언급하세요.

I am sure that I can do the same in attaining the challenging goals you have set forth.

귀사가 수립한 도전적인 목표를 달성하는 데 (이미 언급한 성과처럼) 똑같이 뛰어난 성과를 내리라 믿습니다.

 패턴훈련〉4-6.mp3

오필승 : I was a leader of a movie club. When I first joined, it was very small and its members just watched independent movies and hung out there. I suggested that we organize a movie festival introducing good movies to many other students. The result was a success. We attracted more students, which led to increased membership. I was also granted a scholarship for my contribution to the school's extracurricular activities.

제치업 : My employment at ST Corporation benefited the company in three ways. First, I consolidated two in-house databases and reduced informational retrieval time by 25%. Second, my project resulted in shortened product development cycle by 20%. And third, our team re-engineered the department and increased productivity by 50%. That year, I was named employee of the year. I am sure that I can do the same in attaining the challenging goals you have set forth.

hang out (특별히 하는 것 없이) 놀다 lead to ~한 결과를 낳다. be granted ~를 수여하다, 받다 extracurricular 정규 과정 외의, 과외의 consolidate 통합하다 in-house 사내의 informational retrieval time 정보 검색 시간 shortened 단축된 attain 달성하다 set forth 밝히다, 진술하다, 설정하다

오필승 : 저는 영화 동아리의 리더였습니다. 제가 처음 가입했을 때는 규모가 상당히 작았고 회원들은 독립영화를 보고 거기서 시간을 때우는 정도의 활동이었습니다. 저는 많은 다른 학생들에게도 좋은 영화를 소개할 수 있는 영화 축제를 개최할 것을 제안했습니다. 결과는 성공적이었습니다. 학생들이 많이 호응해 주었고 동아리 가입회원이 증가하게 되었습니다. 또한 학교 내 과외 활동 발전에 기여했다고 장학금도 받았지요.

제치업 : ST사에서 근무할 당시 저는 세 가지 점에서 회사에 이익을 주었습니다. 첫째, 사내 두 개의 데이터베이스를 통합하여 정보 검색 시간을 25% 줄였습니다. 둘째, 프로젝트 완수 결과, 상품개발 주기가 20% 단축되었습니다. 그리고 셋째 저희 팀은 부서를 재정비하여 생산성을 50% 높였습니다. 그해 저는 최우수 사원상을 받았습니다. 귀사가 수립한 도전적인 목표를 달성하는 데 (이미 언급한 성과처럼) 똑같이 뛰어난 성과를 내리라 믿습니다.

---

*Michelle*과 *Jules*의 정리 한 마디

❶ 참가한 활동이나 프로젝트의 종류, 역할, 해결해야 했던 문제점 등을 구체적으로 언급하라.

❷ 참가한 프로젝트의 결과를 주위의 평가, 계발한 능력 등을 포함하여 간결하게나마 설명하라.

❸ 회사는 다양한 목적으로 직원을 채용한다. 가장 크게는 지원자가 회사의 수익을 창출하는 데 어떻게 기여할 지(increase revenues), 회사의 비용을 감소시키는 데 어떻게 기여할 것인지(decrease costs)로 나뉜다. 이 두 가지 채용 요인을 충족시키는 성과와 경험을 구체적으로 제시하라.

❹ 수상 사실이 있다면 객관적인 증거이니 빠뜨리지 말고 꼭 언급하라.

도움이 되지 않는 경험은 없다!

장교 출신이거나 직업 군인이라면 군대 경험을 당연히 따로 물어봅니다. 하지만 객관적으로 보여 줄 만한 동아리 경험이나 아르바이트 경험이 없는 신입 지원자라면 군대 경험을 자기소개나 자신의 역량을 보여주고 싶은 부분에 언급할 수 있습니다. 조직생활에 대한 이해와 협동, 리더쉽 등 강조할 수 있는 장점은 많습니다.

Before

Q. *Tell me about your military experience. What have you learn from the military experience?*
군대 생활에 대해 말해 보세요. 군대 생활을 통해 무엇을 배웠나요?

오필승 : I joined the army in 2002 and was discharged from the army in 2004.

제치업 : I joined the ROTC.

오필승 : 2002년에 육군에 입대해서 2004년에 제대했습니다.

제치업 : 저는 ROTC에 입대하였습니다.

➡ 오필승 씨, 언제 입대해서 언제 제대했는지는 전혀 중요하지 않습니다. 군대 경험도 잘 살리면 좋은 경력 사항이 될 수 있어요. 생각해 보십시오. 2년동안의 군 생활은 조직 생활이나 사회에서 필요한 경험을 쌓을 수 있는 결코 짧지 않은 기간입니다. 회사에서의 경력처럼 담당 업무와 직무능력 등을 자신 있게 어필하십시오.

➡ 제치업 씨, ROTC를 선택한 이유는 무엇이었습니까? 관리자로서 전문적인 트레이닝을 받으셨을 겁니다. 그리고 수십 명에 달하는 병사들을 이끌고 훈련시켰을 것이며 중요한 결정을 내려야 했던 순간, 중대장 등 더 높은 관리자급에게 상황을 분석해서 보고하기도 했을 겁니다. 당신은 영리를 추구하는 기업에서 요구하는 업무를 분명히 수행해 봤습니다. 군대에서의 경험을 회사의 경험으로 변환시켜 생각해 보세요. 미국 국방부 웹사이트를 이용하면 군인으로서 한 경험을 기업에서 하는 경험으로 변환시켜 체계적으로 정리해 놓은 자료를 얻을 수 있습니다.

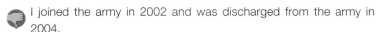

❶ 군에 입대하고 제대한 시기보다는 어떠한 지위로 어떠한 군대에서 복무했는지를 밝히세요.

 I joined the army in 2002 and was discharged from the army in 2004.

⬇

 I served in the military **as** an administration soldier.
저는 군에서 행정병으로 복무했습니다.

> **I served in + 군대 종류 + as 보직** ~군에서 …병으로 복무했습니다
> **army** 육군 **navy** 해군 **marine corps** 해병대 **air force** 공군

❷ ROTC를 지원한 이유를 밝히세요.

I joined the ROTC.

⬇

I joined the ROTC **because** I wanted to finish my undergraduate studies without a two-year gap before I joined the military.
군대에 가기 전에 2년이라는 공백 없이 학부 과정을 마치고 싶어서 ROTC를 지원했습니다.

And since I had to serve in the military anyway, I thought I'd rather take on more important and bigger responsibilities as an officer.
또한 이왕 갈 군대라면 장교로서 좀더 중요하고 책임감 있는 일을 해보고 싶었습니다.

> **I joined + 군대 종류 + because~** ~때문에 …군을 지원했습니다

❸ 군대 경험을 통해서 본인의 성격이 긍정적으로 변했습니까? 예전에는 부족했던 자질이나 능력을 키울 기회가 있었습니까? 군 생활을 통해 배운 것 중 지원하는 업무를 수행하고 조직생활을 하는 데 도움이 될 만한 부분이 있다면 특히 강조하세요.

I was a reserved and shy student when younger, but a lot of physical and mental training in the army **taught me how to** be a more confident presenter.
저는 어렸을때 내성적이고 부끄러움을 타는 편이었는데, 군대에서의 신체적 정신적 훈련을 통해 자신감 있게 자신을 표출하고 보여줄 수 있는 법을 배웠습니다.

> **A taught me how to + 동사원형** A를 통해 ~하는 법을 배웠습니다

In the army, I learned a sense of respect and a spirit of cooperation, which are important traits to successfully live and work in the real world.

군대에서 저는 존경심과 협동심을 배웠고, 이 점은 실제 사회생활에서도 중요한 자질이라고 생각합니다.

I was rather skeptical about mandatory military service in Korea, **but I found that I was wrong during** my time in the ROTC.

저는 한국의 의무병제에 대해 회의적이었지만 ROTC로 군생활을 하면서 제 생각이 틀렸다는 것을 알게 되었습니다.

I have aquired valuable leadership skills in motivating and training people, delegating work and coordinating between different levels of volunteers that will last a lifetime.

군 생활을 통해 사람들에게 동기를 부여하고 교육시키며, 업무를 분담하고 상사와 아래 사람들 사이에서 조정하는 역할을 해내면서 평생 유용할 귀중한 리더쉽을 키웠습니다.

잠깐만요!

외국계 회사라고 다 같다고요? 천만의 말씀
— 제5탄 남녀 평등주의 스웨덴/핀란드계 회사

여성의 활발한 사회참여가 이루어지는 본토 문화와 맞물려 사내에서도 남녀평등 문화가 자리잡혀 있다. 능력만 갖추고 있다면 여성이 임원이 되는 것을 당연시하는 문화이다. 인권에 대해 발달되어 있어 직원을 해고할 때에도 몇 달 동안 해고의 타당성을 검토하는 등 신중한 편이다.

오필승 : I served in the military as an administration soldier. I was a reserved and shy student when younger, but a lot of physical and mental training in the army taught me how to be a more confident presenter. In the army, I learned a sense of respect and a spirit of cooperation, which are important traits to successfully live and work in the real world.

제치업 : I joined the ROTC because I wanted to finish my undergraduate studies without a two-year gap before I joined the military. And since I had to serve in the military anyway, I thought I'd rather take on more important and bigger responsibilities as an officer. I was rather skeptical about mandatory military service in Korea, but I found that I was wrong during my time in the ROTC. I have acquired valuable leadership skills in motivating and training people, delegating work and coordinating between different levels of volunteers that will last a lifetime.

serve in the military 군 복무하다 reserved 내성적인 physical training (PT) 신체훈련 mental training 정신 강화 훈련 sense of respect 존경심 spirit of cooperation 협동심 joined the ROTC ROTC를 지원하다 undergraduate study 학부 과정 gap[blank] 공백 Since ~ anyway 이왕 ~할 것이라면 I'd rather ~하는 편이 낫다 take on a responsibility 책임을 맡다 skeptical 회의적인, 의심 많은 mandatory military service 의무병제 delegate 일을 (쪼개) 분담시키다 coordinate 조정하다 last 지속하다 lifetime 평생

오필승 : 저는 군에서 행정병으로 복무했습니다. 저는 어렸을 때 내성적이고 부끄러움을 타는 편이었는데, 군대에서의 신체적 정신적 훈련을 통해 자신감 있게 자신을 표출하고 보여줄 수 있는 법을 배웠습니다. 군대에서 저는 존경심과 협동심을 배웠고, 이 점은 실제 사회생활에서도 중요한 자질이라고 생각합니다.

제치업 : 군대에 가기 전에 2년이라는 공백기간 없이 학부 과정을 마치고 싶어서 ROTC를 지원했습니다. 또한 이왕 갈 군대라면 장교로서 좀더 중요하고 책임감 있는 일을 해보고 싶었습니다. 저는 한국의 의무병제에 대해 회의적이었지만 ROTC에서 군생활을 하면서 제 생각이 틀렸다는 것을 알게 되었습니다. 군생활을 통해 사람들에게 동기를 부여하고 교육시키며, 업무를 분담하고 상사와 아래 사람들 사이에서 조정하는 역할을 해내면서 평생 유용할 귀중한 리더십을 키웠습니다.

*Michelle*과 *Jules*의 정리 한 마디

대수롭지 않게 여겼던 군생활이 면접관을 매료시킬 수 있는 경력을 보여 주는 보물섬으로 탈바꿈했네요. 어떠한 경험이든 거기에서 업무와 관련한 장점만 뽑아낼 수 있으면 됩니다.

❶ 군대 종류와 업무의 내용을 밝혀라.
❷ 군대 종류에 따라 선택 및 지원동기를 언급하라.
❸ 입대 전의 자신의 모습과 입대 후 달라진 점(장점)이 있다면 구체적으로 설명하라.
❹ 군대에서 수행한 업무와 경험이 회사업무에 어떻게 도움이 될 수 있는가를 밝혀라.

아르바이트 경험을 비즈니스 경력으로 포장하라!

일한 경험이 있는지를 묻는 질문에 대한 대답 뿐만 아니라, 자신의 장점을 부각시킬 수 있는 예로서, 또는 자기소개의 경험 부분에 언급해도 좋습니다.

Before

Q. *Have you ever worked? Did you work while going to school?*
일해 본 경험이 있나요? 학교 다니면서 아르바이트한 거 있어요?

sales clerk 판매원
construction worker 건설 인부
teaching assistant 조교

오필승 : I have many part-time experiences. I worked at McDonald's for three months before entering college. Then I worked as a sales clerk at Lotte Department Store for three months, and also as a construction worker during summer vacations. From last year, I have been working for the Mechanical Engineering Department as a teaching assistant.

제치업 : Before getting my first job, I didn't have any experience working part-time. I just tutored students while I was in university.

오필승 : 저는 여러 가지 아르바이트를 했습니다. 대학 입학 전에는 맥도날드에서 3개월간 일했습니다. 그리고 롯데백화점에서 3개월간 판매사원으로 일했으며 방학동안에는 건설현장 인부로도 일했습니다. 작년부터는 기계공학과에서 조교로 일하고 있습니다.

제치업 : 첫 직장을 갖기 전까지는 특별하다 싶은 아르바이트를 한 적은 없습니다. 대학 다니면서 아이들 개인교습을 한 정도입니다.

➡ 오필승 씨, 아직 학생임에도 불구하고 파트타임 경력이 다양하시네요. 경력이 많은 것을 강조하는 것은 좋으나 모두 단기적인 일들을 중요하지 않은 정보인 장소나 기간 중심으로 나열하기만 하면 호소력이 떨어질 뿐만 아니라, 자칫 성실성의 결여로 보일 수도 있고 쉽게 이직하는 사람이 아닐까 하는 우려를 불러 일으킬 수도 있습니다.

➡ 제치업 씨, 이런 경우엔 대학 시절 경제적 독립을 위해 했던 아르바이트를 언급하되 이전 직장에서 어떻게 도움이 되었는지로 연결해 자연스럽게 이전 직장의 업무를 강조하는 경력 중심 답변을 만들 수 있습니다.

❶ 아르바이트 경력이 많다면, 처음부터 어떤 일을 했는지 무작정 죽 나열하기 보다는 일단 그런 일들이 자신에게 어떤 의미가 있었는지를 전반적으로 얘기하며 말문을 여세요.

 I have many part-time experiences.

⬇

I have quite a few short-term part-time experiences.
저는 단기간의 아르바이트 경험이 많습니다.

Each job **has taught me** a general understanding of working in a group.
각 일을 통해 단체업무에 필요한 전반적인 것들을 배울 수 있는 계기가 되었습니다.

> **A have taught me B** A를 통해 B를 배웠습니다

❷ 자신이 한 아르바이트를 있는 대로 죽 나열하지 말고, 일단 가장 대표적인 것 한두 가지를 먼저 얘기하세요. 이때 어디서 일했다고 얘기하는 선에 그치지 말고 구체적으로 어떤 임무를 수행했는지, 그 일을 통해 무엇을 배웠는지도 간단히 밝히세요.

 I worked at McDonald's for three months before entering college. Then I worked as a sales clerk at Lotte Department Store for three months, and also as a construction worker during summer vacations.

 I had a great experience working as a cashier **at** McDonald's and **as** a sales clerk **at** the clothing corner of Lotte Department Store in my freshman year.
맥도날드에서 계산원으로 일할 기회가 있었으며, 1학년 때는 롯데백화점의 의류 코너에서 판매사원 아르바이트로 좋은 경험을 하였습니다.

I learned all about customer service and general marketing skills to promote sales there.
그곳에서 고객서비스와 판매를 증진시킬 수 있는 전반적인 마케팅 기술을 모두 배웠습니다.

❸ 그밖에 다양한 경험 중 가장 기억에 남거나 지원하고자 하는 분야와 연관이 있는 아르바이트 경험을 하나만 더 언급해주세요.

 From last year, I have been working for the Mechanical

Engineering Department as a teaching assistant.

⬇

After I declared my major in engineering, **I started working as** a teaching assistant in the Mechanical Engineering Department and **have assisted** new students interested in entering our department.

공학부에서 전공을 결정한 후 저는 기계공학과의 조교로 일하며, 우리 과에 지망하고 싶어 하는 학생들을 도와주는 일을 하였습니다.

❹ 이런 다양한 경험을 통해 얻은 능력, 기술 등을 총괄적으로 정리하며 인터뷰 답변을 마무리하면 돼요.

A wide variety of part-time experiences of mine **have taught me** people skills and **provided me with** financial independence.

이런 다양한 아르바이트 경험을 통해 대인관계를 원만하게 하는 법과 경제적으로 독립하는 것을 배울 수 있었습니다.

A provided me with B A를 통해 B를 얻었습니다

❺ 이직자의 경우에는 굳이 아르바이트 경력을 언급할 필요는 없으나, 전 직장에서의 경력이 짧거나 그 아르바이트가 지원회사에 연관 있는 분 야라면 간단히 설명해두는 것도 플러스입니다. 먼저, 어떤 일을 했는 지 간단하면서도 구체적으로 언급하세요.

Before getting my first job, I didn't have any experience working part-time. I just tutored students while I was in university.

⬇

I think my first real-world experience is the tutoring experience I had during university.

대학 시절 아르바이트로 했던 개인강사가 아마도 저의 첫 사회경험이 아니었나 합니다.

I taught mathmatics to high school students in preparation for the college entrance exam throughout my college days.

저는 대학입시를 준비하는 고등학생들에게 수학을 가르쳤습니다.

❻ 그 일들을 통해 느낀 점이나 배운 점은 무엇인지, 그러한 점들이 이전 직장에서 어떻게 도움이 되었는지를 곁들이는 것은 필수!

It was about not only teaching but also guiding students in adolescence. The experience was very rewarding.

공부를 가르치는 것 뿐만 아니라 사춘기 학생들에게 길잡이 역할을 하는 일이었던 관계로, 굉장히 보람 있었습니다.

As much as I taught those students, **I also learned** a great deal about time management, giving advice, and presentation skills.

제가 아이들을 가르친 것만큼이나 저도 시간관리법, 상담방법과 프리젠테이션 기술을 배울 수 있었습니다.

The skills I acquired **helped me** do my job as a sales representative at my previous company.

과외를 하면서 키운 이런 능력이 이전 직장에서 영업사원으로 일하는 데 도움이 되었습니다.

After  패턴훈련) 4-8.mp3

오필승 : I have quite a few short-term part-time experiences. Each job has taught me a general understanding of working in a group. I had a great experience working as a cashier at McDonald's and as a sales clerk at the clothing corner of Lotte Department Store in my freshman year. I learned all about customer service and general marketing skills to promote sales there. After I declared my major in engineering, I started working as a teaching assistant in the Mechanical Engineering Department and have assisted new students interested in entering our department. A wide variety of part-time experiences of mine have taught me people skills and provided me with financial independence.

제치업 : I think my first real-world experience is the tutoring experience I had during university. I taught mathematics to high school students in preparation for the college entrance exam throughout my college days. It was about not only teaching but also guiding students in adolescence. The experience was very rewarding. As much as I taught those students, I also learned a great deal about time management, giving advice, and presentation skills. The skills I acquired helped me do my job as a sales representative at my previous company.

short-term 단기적인(=long-term 장기적인) declare 선전하다, 선언하다, 밝히다 a wide variety of 다양한
real-world experience 사회 경험 in preparation for ~의 준비로, ~에 대비하여
rewarding 가치가 있는, 보람된

202

오필승 : 저는 단기간의 아르바이트 경험이 많습니다. 각 일을 통해 단체업무에 필요한 전반적인 것들을 배울 수 있는 계기가 되었습니다. 맥도날드에서 계산원으로 일할 기회가 있었으며, 1학년 때는 롯데백화점의 의류코너에서 판매사원 아르바이트로 좋은 경험을 하였습니다. 그곳에서 고객 서비스와 판매를 증진시킬 수 있는 전반적인 마케팅 기술을 모두 배웠습니다. 공학부에서 전공을 결정한 후 저는 기계공학과의 조교로 일하며, 우리 과에 지망하고 싶어 하는 학생들을 도와주는 일을 하였습니다. 이런 다양한 아르바이트 경험을 통해 대인관계를 원만하게 하는 법과 경제적으로 독립하는 것을 배울 수 있었습니다.

제치업 : 대학 시절 아르바이트로 했던 개인강사가 아마도 저의 첫 사회경험이 아니었나 싶습니다. 저는 대학입시를 준비하는 고등학생들에게 수학을 가르쳤습니다. 공부를 가르치는 것 뿐만 아니라 사춘기 학생들에게 길잡이 역할을 하는 일이었던 관계로, 굉장히 보람 있었습니다. 제가 아이들을 가르친 것만큼이나 저도 시간관리법, 상담방법과 프리젠테이션 기술을 배울 수 있었습니다. 과외를 하면서 키운 이런 능력이 이전 직장에서 영업사원으로 일하는 데 도움이 되었습니다.

*Michelle*과 *Jules*의 정리 한 마디

실제 업무 경력이 없는 졸업생이나 졸업 예정자들은 아르바이트나 인턴 경험을 중심으로 자신을 세일즈하는 것이 효과적입니다. 이직자의 경우에도 과거에 했던 아르바이트가 지원하는 분야와 연관이 있는 경우엔 살짝이라도 언급을 하는 것이 전략상 유리합니다.

❶ 단기적이었던 일이 많았던 경우에는 다양한 경험을 강조하라.
  – 진로설정을 위해 다양한 경험을 했다는 사실
  – 다양한 경험을 통해 통찰력이 생기고 세부 분야에 대해 폭넓게 이해할 수 있었다는 점
  – 지원동기와 연결하여 적성발견의 기회가 되었다는 점
❷ 새롭게 시작하는 일이 과거에 했던 아르바이트와 동일하거나 비슷한 분야라면 그 경험을 적성발견과 지원동기에 연결시켜라.
❸ 장기적으로 한두 가지 일을 한 경우에는 정규직에서처럼 전문적인 경험을 강조하라.
❹ 다양한 경험 없이 한두 분야에서 장기적으로 꾸준하게 보조직을 해온 경우라면 입사 초년생으로서 필요한 전반적인 행정업무, 상사, 동료, 고객과의 관계, 아르바이트 일로 얻은 경제적 독립심에 포인트를 두라.
❺ 인턴 경험의 경우, 업무를 강조하며 '내가 회사에서 무엇을 했나' 에 앞서 '내가 회사로부터 무엇을 배웠나'에 초점을 맞추도록 하라.

분야별 영어 인터뷰 실례 17

첫째마당과 둘째마당을 통해 패턴을 연습하고,
셋째마당을 통해 집요하게 파고드는 질문에 대한 적응 능력을 키우고,
넷째마당을 통해 자신의 경험을 최대한 시장성 있는 경험으로 탈바꿈시켰다면,
이제 다섯째마당을 통해 분야에 따른 실전 영어 면접 대처 능력을 A부터 Z까지 종합하여 짚어 봅시다.
영업 사원에게서 중요시하는 영어 면접 자질이 있고, 승무원 지원자, 연구원 등 분야마다 특히
가중치를 두는 점이 다르다는 사실, 기억하시고요.
그럼 이제 인터뷰 전체 프로세스를 살펴보며, 실전 적응력을 키워보도록 하겠습니다.

일반 사무직 및 공무원 분야

◆ **일반 사무직 및 공무원 분야는?**

- 회사의 직원들을 위해 정보와 자원을 관리, 배포, 유지하는 일을 한다.

- 복사기, 팩스, **PC** 등을 사용하여, 스프레드시트를 만들고, 이메일을 작성하고, 데이터베이스, 서류 및 전자 파일을 관리한다. 또한 출장 등과 관련된 일정 등을 짠다.

- 부서마다 특정기술을 요구할 수 있기에 선택의 폭이 넓다.

- 응시직에 따라 업무 내용이 바뀌며, 일정 기간 업무를 수행한 후 부서가 바뀔 수 있으므로 새로운 분야에 대한 빠른 적응을 요구한다.

- 특히, 공무원의 경우 각종 국가 제도의 연구, 법령입안 및 관리감독 업무를 맡는다.

- 사무 관리 능력을 바탕으로 한 기획 관리 및 지원 업무를 수행한다.

◆ **필요한 자질은?**

- 문서 작성 능력이 뛰어나고 컴퓨터에 능숙한 사람을 선호한다.
  general PC proficiency and strong skills in MS Word, Excel and PowerPoint

- 분석적인 사고와 우선순위에 따라 일하는 능력은 중요한 자산이 된다.
  analytical thinking and the ability to prioritize

- 체계적으로 잘 정리하는 능력과 긍정적인 자세가 필요하다.
  be very organized and have a positive outlook

- 지원하고자 하는 단체, 조직 및 분야의 가치관에 동의하는 것이 중요하다.
  be important to share the hiring organization or legislator's rules

- 다른 사람들의 말에 귀를 기울일 줄 알고, 다양한 배경과 환경을 지닌 사람들과의 공감대를 형성하는 것이 중요하다.
  ability to listen and to sympathize with an extremely diverse group of people

면접관 : Good afternoon. It's nice to meet you. Please come in and have a seat.

안녕하세요. 만나서 반갑습니다. 들어와서 앉으시죠.

지원자 : Good afternoon. It's nice to meet you finally. Thank you.

안녕하십니까? 드디어 만나뵙게 되어 반갑습니다. 감사합니다.

→ 첫 인사는 항상 면접관이 먼저 하라는 법은 없습니다. 적극성과 열정을 보이기 위해 지원자가 먼저 인사를 건넬 수도 있습니다. *ex.* How do you do? I'm Chan-Ho Pak. Pleased to meet you.

면접관 : Our company is growing rapidly and hiring more top management. This means our company needs strong administrative support as well. What are the key skills you can provide for an administrative position?

저희 회사는 상당히 빠른 속도로 성장하고 있으며 고위급 경영진을 좀더 많이 채용 중입니다. 따라서 뛰어난 행정업무 보조자 역시 필요하다는 거죠. 행정업무를 위해 자신이 제시할 수 있는 가장 핵심적인 능력이라면 무엇입니까?

→ '분야에서 중요한 게 무엇인지 아느냐?', '성공하기 위해 필요한 게 무엇이냐?' 등 이 모두가 지원자의 장점을 물어보는 질문입니다. 지원분야에서 요구하는 역량에 맞춰 답변하세요.

지원자 : The administrative work requires multitasking to support all departments in need in the company. You should be flexible and know how to prioritize. I have learned to go with the flow from working with groups and individuals through my student council work.

경영지원 부서는 회사 내의 도움을 필요로 하는 부서를 모두 지원해야 하기 때문에 다양한 업무를 동시에 수행할 수 있는 능력을 필요로 합니다. 융통성이 있어야 하고 우선순위에 따라 일할 줄 알아야 합니다. 저는 학생회 활동을 통해 단체 및 개인과 그때그때 상황에 맞춰 일하는 지혜를 배웠습니다.

→ 답변 역시 분야에서 중요시하는 역량을 객관적으로 설명한 후, 자신이 그 능력을 가지고 있음을 증명해나가면 됩니다.

면접관 : Good. How would your former boss describe you?

좋습니다. 이전 직장의 상사가 본인을 어떻게 묘사할까요?

지원자 : He often told me that I am proactive and have initiative. One time I took all the paper files and put them on the computer databases. He was thrilled with my extra effort. I am a person who doesn't have to be told what to do.

상사가 저보고 사전에 조치를 취하고 솔선해서 일을 하는 형이라고 자주 말씀하셨습니다. 한번은 서류 파일을 모두 꺼내 컴퓨터 데이터베이스에 입력시켰습니다. 그분은 제가 업무 외의 일을 찾아서 애써 하는 모습에 감격하셨죠. 저는 굳이 이래라저래라 일일이 시킬 필요가 없는 편입니다.

→ 지원자에 대한 다른 사람의 평가를 통해 지원자의 객관적인 인성을 파악하려고 합니다. 자신에 대한 평가 중에서 경영지원 분야에서 중요시하는 인성을 강조하는 것이 효과적이겠죠.

면접관 : That's very impressive. Tell me about a time when you had to sacrifice your own plans in order to meet a deadline.

정말 대단하군요. 마감일을 지키기 위해 자신의 계획을 포기해야 했던 경험이 있으면 말씀해 주세요.

→ 경험을 통해 지원자의 행동 방식이나 문제 해결 접근방식을 보려고 합니다. 셋째마당을 참조하세요.

지원자 : I find myself working harder with tighter deadlines. I sometimes have rush projects requiring weekend work. I think deadlines aren't movable, but my work schedule is. In order to meet deadlines, I sometimes left the office as late as midnight. I would be physically tired, but my team always makes it on time. Meeting deadlines is what I find most challenging and rewarding.

저는 마감일이 촉박할수록 더 박차를 가해 일합니다. 이따금 주말에 일을 해야 할 정도로 급한 프로젝트가 있습니다. 제 생각으론 마감일을 바꿀 수는 없지만 제 업무 스케줄은 바꿀 수 있다고 봅니다. 마감일을 맞추기 위해 자정 늦게까지 남아서 일했었죠. 몸은 피곤하겠지만 우리 팀은 항상 마감일을 지키게 되죠. 마감일을 맞추는 것은 가장 어렵고도 보람 있는 일이지요.

면접관 : Okay, it's been wonderful talking with you. We will let you know by the end of this week regarding the next step. Thank you for coming.

이야기 나눌 수 있어 정말 좋았습니다. 이번 주 말까지 다음 단계에 관해 연락드리죠. 와주셔서 감사합니다.

지원자 : Thank you very much for your time. It's been a pleasure meeting with you.

시간 내주셔서 정말 감사합니다. 만나뵙게 되어 기뻤습니다.

N·O·T·E·S

top management 고위급 간부
administrative support 경영지원, 행정보조(=operations support)
multitask 동시에 여러 가지 일을 수행하다
in need 필요로 하는
how to prioritize 우선순위를 정하는 법
go with the flow 흐름을 따르다
student council 학생회
proactive 사전에 조치를 취하는, 적극적인

initiative 솔선수범
be thrilled with ~로 감동하다, 감격하다
don't have to be told what to do 이래라저래라 일일이 시킬 필요가 없다
sacrifice 희생하다
meet a deadline 마감일을 맞추다
rush project 시간이 별로 없는 급한 프로젝트
movable 변경할 수 있는
rewarding 보람 있는

02 마케팅 분야

◆ 마케팅 분야는?

- 마케팅 분야에서는 로고나 광고 포장 등을 통해 브랜드를 창조, 관리하고 또한 그 이미지를 향상시키고 강화하는 역할을 한다.

- 제품개발과 영업의 중간단계로서 소비자가 구매할 때 가격과 기능 이상을 고려하게 만드는 것이라고 할 수 있다.

- 경쟁이 치열하며 주로 석사 이상을 채용하는데 대졸의 경우 인턴을 통해 들어가는 경우가 대부분이고 관련 대회에서 수상 경험이 있는 경우 특별히 채용되기도 한다.

◆ 필요한 자질은?

- 관련경험, 고도의 창의력과 직감, 컴퓨터 기술 선호
  related experience, a high level of creativity, intuition, and computer skills

- 보수는 높은 반면 불규칙적으로 일하는 경우가 많아 스트레스에 강해야 한다.
  resistant to stress and flexible working schedules

- 상대를 설득할 수 있는 뛰어난 의사소통 능력은 필수
  the ability to communicate persuasively, both orally and in writing

인터뷰 실례

지원자 : How do you do? I'm Hanul Kang.

> 처음 뵙겠습니다. 강하늘이라고 합니다

면접관 : How do you do? Please have a seat. So, are you nervous?

> 처음 뵙겠습니다. 앉으세요. 긴장되세요?

> → 오늘 기분이 어떠냐는 면접관의 인사에 긴장된다거나, 긴장되냐는 면접관의 말에 그렇다고 말하는 것에 대해 어떻게 생각하세요? 상대는 지원자가 다리를 떤다거나 하지만 않는다면 긴장하고 있는지 아닌지 알 길이 없습니다. 이런 긴장되는 순간에도 침착한 모습을 보이는 성숙한 지원자임을 보여 주세요.

지원자 : I think I am okay. I am rather excited to be here to have this opportunity.

> 괜찮습니다. 오늘 여기까지 올 기회를 가지게 되어 기쁘다고 하는 것이 맞는 표현이겠네요.

면접관 : Great. Could you tell me something about yourself?

> 좋아요. 자신에 대해 소개해 보세요.

지원자 : As you know, consumers' needs and wants are changing so fast. To survive in an uncertain market, a marketer should need to have a sense of intuition. I have strong intuition. My MBTI type is INFP. People in this type have creative ideas and the ability to see the forest. Furthermore, to get ahead of market trends, I strive to keep my intuition working. Second, I have studied and have experience in marketing. I have a BA degree in business and I took marketing, marketing research and consumer behavior courses. I also did group presentations in school and received the first prize in a marketing contest. Last, I am a good communicator and presenter. Participating in many club and community activities, I could naturally enhance my communication skills through meeting and having conversations with people from different backgrounds.

> 아시다시피, 소비자의 필요와 욕구는 너무나 빨리 변하고 있습니다. 이런 불확실한 시장에서 살아남기 위해 마케터는 직감을 가지고 있어야 합니다. 저는 직감이 뛰어난 사람으로서 MBTI 적성 검사 결과는 INFP형입니다. INFP형에 속하는 사람들은 창의적인 아이디어가 풍부하고 미래 지향적이며 큰 그림(구조)을 볼 수 있습니다. 시장 동향을 따라잡기 위해, 더 나아가 시장 동향을 앞서 리드하기 위해 저는 계속해서 직감 모드를 작동시켜 놓습니다. 두 번째로, 저는 마케팅 분야를 공부하고 경험했습니다. 경영학을 전공했으며 마케팅, 시장 조사, 소비자 행동론 등과 같은 과목들을 이수했습니다. 저는 또한 학교에서 팀프로젝트들을 해냈고 마케팅 경연대회에서 1위를 하기도 했습니다. 마지막으로, 저는 의사소통을 잘하며 프리젠테이션에도 능합니다. 여러 동아리 및 동호회 활동에 참여하면서 서로 다른 배경을 가진 사람들과 만나고 대화하는 가운데 자연스럽게 의사소통하는 능력을 키울 수 있었습니다.

> → 모든 질문의 답변은 자신의 장점이 이 회사와 지원하는 직위에 어떻게 도움이 될지에 맞춰야 합니다. 인터뷰의 주목적이기 때문이죠. 이 지원자는 우선 해당 산업의 성향을 먼저 분석한 후 그에 걸맞는 자신의 경쟁력을 제시하고 있습니다.

면접관 : What attracted you to this company?

우리 회사를 지원한 동기가 무엇입니까?

지원자 : I've been searching to find a company that has a business model and corporate philosophy like yours. This company is well known for creating products that enrich people's lives. You are also dedicated to improving people's lives. I admire this company's commitment to helping local communities, and supporting the arts and culture. It is also a leading manufacturer of audio, video, communications, and information technology products for the consumer and professional markets. This company is one of the most comprehensive entertainment companies in the world. I'd like to work for the best of the best companies to be the best.

귀사와 같은 기업 형태와 기업 철학을 가진 회사를 찾고 있었습니다. 귀사는 사람들의 삶을 풍요롭게 하는 제품을 만들어내는 것으로 잘 알려져 있습니다. 또한 사람들의 삶의 질을 향상시키는 데 헌신하고 있습니다. 저는 지역사회를 돕고 예술과 문화를 지원하는 귀사의 신념을 존경합니다. 또한 일반 소비자와 전문가를 위한 오디오, 비디오, 통신 장비 및 IT 제품의 선두적인 제조업자입니다. 귀사는 전 세계에서 가장 종합적인 엔터테인먼트 회사 중의 하나입니다. 저는 최고가 되기 위해 최고 중의 최고의 회사에서 일하고 싶습니다.

➡ 지원하는 회사의 기업 철학, 생산 제품라인, 시장에서의 위치, 사회에의 기여도 등 지원자가 이 회사에 대해 얼마나 많은 시간과 노력을 들여 조사를 해보려고 했는지 알 수 있습니다. 단지 회사 웹사이트의 개요만 보지 말고 해당 산업 전문 잡지나 저널 등을 통해 산업 동향을 파악해서 인터뷰를 한다면 금상첨화입니다.

면접관 : What are your strengths and weaknesses? 장점과 단점은 무엇입니까?

지원자 : My key strengths are my high energy and enthusiasm. I have strong drive and always meet deadlines and goals. As far as weaknesses, I sometimes put in too much time on what I like to do. With my mentor's help, I once made a daily foundation list, which is what I make a commitment to doing in a day. By ticking off what I finish one by one, I try to pace myself more and work smarter.

저의 가장 큰 장점은 활기찬 에너지와 열정입니다. 저는 강한 추진력으로 항상 마감을 맞추고 목표를 달성합니다. 단점으로는 제가 좋아하는 일에 이따금 시간을 너무 많이 소비한다는 것입니다. 제 멘토의 도움으로 매일 꼭 해내야 할 것들에 대한 리스트를 작성했습니다. 끝낸 작업을 하나씩 표시하면서 속도를 조절하려고 하고 현명하게 일하려고 합니다.

➡ 단점이 없는 사람은 없습니다. 업무를 수행하는 데 치명적이냐 아니냐가 중요하고, 단점을 고치기 위해 노력하고 있느냐의 여부가 중요한 것이지요. 단점을 언급한 후에는 꼭 어떠한 노력을 하고 있는지 알려 주세요.

면접관 : Give me an example of a marketing strategy you've used or an example of a marketing idea you've implemented in real life.

자신이 사용한 마케팅 전략이나 자신이 실생활에 마케팅 아이디어를 적용해 본 사례를 들어 보세요.

➡ 특정한 상황에서의 행동양식을 통해 지원자가 필요한 직무 능력을 갖추고 있는지를 알아보는 질문 형태입니

다. 먼저 간단하게 상황을 설명해주고 상황을 해결하기 위해 무엇을 했는지(가장 중요한 부분으로, 문제를 해결하기 위해 무엇을 해야 할지를 알고 있는지를 보여 줍니다.) 순서대로 설명합니다. 그리고 그 결과는 어땠는지, 그 경험을 통해 배운 교훈이나 사람들의 평가는 어땠는지를 밝혀주면 됩니다.

지원자 : My friend's father was opening a restaurant, and to promote the restaurant my friend and I contacted people in charge of the entertainment section of magazines, the editorial, and media departments. We planned the media exposure, including TV, radio, print, and newspaper. It really was a great campaign, with lots of creativity and originality. What paid off most is the restaurant has become one of the famous hangouts for youngsters.

제 친구 아버지가 레스토랑을 개업하시려던 차였습니다. 저와 제 친구는 레스토랑을 홍보하기 위해 잡지와 편집부, 방송부서의 엔터테인먼트 분야를 담당하는 사람들에게 연락을 취했죠. TV, 라디오, 인쇄물, 신문을 포함한 언론에 (레스토랑을) 선보이기로 계획을 짰습니다. 창의성과 독창성을 보여주는 캠페인을 사용했습니다. 기분이 좋았던 점은 그 레스토랑이 젊은 세대를 상대로 유명한 장소가 되었다는 점입니다.

면접관 : Do you have any questions? 질문 있으세요?

지원자 : Yes, I do. What would you say makes your company stand out from the competition? What do you see as the future trends for the industry? What would you say is the best thing about working for this company?

네, 있습니다. 귀사가 경쟁에서 두각을 나타내는 이유는 무엇이라고 생각하십니까? 이 산업의 미래 전망을 어떻게 보십니까? 귀사에서 일하는 가장 큰 장점을 무엇이라고 하시겠습니까?

➡ 대부분의 지원자들이 인터뷰 종료 전 할 말이나 질문이 없느냐고 면접관이 물을 때, 맥없이 없다고 하는데 이는 회사에 대한 무관심을 보여 줍니다. 위의 지원자는 해당 회사에 대해 상당한 조사를 했다는 것 뿐만 아니라 회사에 대한 높은 관심을 보여 주어 주인의식을 가지고 일을 할 직원으로서의 면모를 드러냈습니다.

면접관 : Wow, you must've put a lot of effort into researching our company. I'm afraid I don't have enough time to answer all your questions today. Okay, it's been wonderful talking with you. Thank you for coming.

와, 우리 회사 조사에 많은 관심을 두셨나 봅니다. 아쉽게도 오늘은 제가 모든 질문에 답할 시간이 여의치 않네요. 대화 나눌 수 있어 즐거웠습니다. 와 주셔서 감사합니다.

지원자 : Thank you very much for your time. It's been a pleasure meeting with you. 시간 내주셔서 감사합니다. 만나뵙게 되어서 영광입니다.

N·O·T·E·S

see the forest 숲을 보다, 큰 구조를 파악하다
strive to + 동사원형 ~하려고 애쓰다
strong drive 추진력
tick off (표의 항목을) 하나씩 체크하다

pace myself 속도를 조절하다
stand out 차별화시키다
media exposure 언론에 노출시키기, 언론[방송]타기
hangout (젊은이 또는 특정 집단이 모여) 노는 곳, 즐기는 장소

03 승무원 분야

◆ **승무원은?**

– 비행기의 운항 중 승객의 안전과 편안한 여행을 도와주는 일을 한다.

– 승객을 반기고 티켓을 확인하며 안전 장비의 사용을 설명하며 음식 및 음료를 제공한다.

– 주 업무는 승객의 안전을 도모하고 응급상황 발생시 탈출을 돕고 승객이 아프면 응급처치를 제공할 수 있어야 한다.

◆ **필요한 자질은?**

– 따라서 항공사는 응급상황에도 태연하고 재치 있고 수완이 좋으며 모르는 사람들과도 잘 교류하고 스트레스 받는 상황 하에서도 침착할 수 있고 외국어를 능숙하게 할 줄 아는 지원자를 원한다.

poised even under emergency, tactful, and resourceful
able to interact comfortably with stangers

– 승무원이라는 직업은 유연성을 요구하는 직업이다. 뉴욕행 비행기를 준비하고 있다가 갑자기 프라하행 비행기를 타야 하는 경우도 다반사이다.

flexible and willing to get ready for any changes in flight schedules

면접관 : Why do you want to be a flight attendant?

승무원이 되고 싶은 이유가 뭡니까?

→ 회사에 대한 지원동기를 물어보기도 하지만 분야나 직업, 전공, 대학에 대한 지원동기를 물어보는 경우도 많습니다. 단순히 취업을 하기 위해 지원하거나 4학년 때 급선회한 것이나 아닌지 알고 싶어서 물어보는 것입니다. 심각하게 고려를 한 후에 내린 결정이라는 답변을 인사 담당자는 듣고 싶어 하며, 분야에 대한 동향까지 언급해 준다면 만족스런 답이 될 것입니다. 이직률이 높은 직업에서 물어보는 경우가 많은 질문입니다.

지원자 : My parents got me a passport and a backpack for my 14th birthday. I think it was my introduction to the rest of the world. I decided that I would fill that passport with stamps from all different destinations. Besides, people including myself get fascinated by just thinking about traveling. I'd like to become a great traveling partner to provide passengers with a comfortable and safe flight. I want them to go back home with long-lasting good memories.

14살이 되던 생일날 제 부모님께서 여권과 배낭을 선물해 주셨습니다. 그게 세상 밖으로의 첫 입문이었던 것 같습니다. 전 세계 모든 다른 곳에서 찍은 도장으로 여권을 채우겠다고 결심했습니다. 게다가 저를 포함해 사람들은 여행에 대해 생각한다는 것만으로도 즐거워합니다. 저는 승객들이 편안하고 안전한 비행을 할 수 있도록 좋은 여행 파트너가 되고 싶습니다. 그분들이 오래 기억할 수 있는 좋은 추억을 가지고 돌아가셨으면 좋겠습니다.

→ 해당분야를 선택하게 된 것이 최근이었다고 하더라도 과거에 관심을 갖게 되었던 시기를 언급해 오랫동안 마음에 두고 온 점을 강조할 수 있습니다. 주위의 특정인물, 또는 특정한 사건을 통해 관심을 가지게 되었을 수도 있고 자신의 적성과의 일치를 강조할 수도 있으며 심도 있게 공부하고 조사하다 보니 흥미 있는 분야였다는 지원동기를 가진 사람도 많습니다.

면접관 : Have you ever been abroad or experienced any cultural differences?

해외에 가보거나 문화적인 차이를 겪어 본 적 있나요?

→ 질문의 요지는 외국에 나갔다 왔는지 아닌지가 아니라는 것입니다. 지원자가 문화적인 차이에 대해 어떻게 반응하는지 알고자 하는 것입니다. 또 요즘은 해외 연수를 갔다온 사람들이 많기 때문에 갔다는 사실보다는 가서 어떤 활동들을 했는지에 중점을 두어서 답변을 하는 것이 효과적입니다. 자신이 외국생활을 통해 무엇을 배웠는지를 고민해 보세요. 외국에 가 본 적이 없다면 국내에서 국제적인 정세에 발 빠르게 따라가기 위해 어떤 활동들을 했는지, 외국어는 어떻게 공부했는지 알려 주세요.

지원자 : Of course, I have. I think each country has its own unique culture and customs. I sometimes experience cultural differences even in the same country based on religion, gender, age, race and so on. What's important is a willingness to understand and embrace differences and diversity.

물론 있습니다. 각각의 나라가 고유의 독특한 문화와 관습을 가지고 있다고 생각합니다. 저는 때때로 같은 나라에서조차도 종교, 성별, 나이, 인종 등을 배경으로 한 문화적인 차이를 느끼기도 합니다. 중요한 것은 차이와 다양성을 이해하고 포용하려는 노력이라고 봅니다.

면접관 : Tell me three things that describe who you are.

자신을 묘사할 수 있는 세 가지를 대보세요.

→ 성격을 물어보는 질문일 뿐이니까 겁먹지 마세요. 질문에 먼저 답을 해야 하니까 사물을 먼저 선택하고 사물이 상징하는 바를 설명하세요. 또는 그 특정사물을 언급하면서 떠오르는 관련 개념이나 추가 사물이나 개념을 빌려와도 설명하기 쉬울 겁니다. 마지막으로 자신과 자신이 선택한 사물을 연관시키세요. 예를 한번 들어보죠. '좋아하는 색이 뭐냐'고 물었을 때 '파란색'이라고 하고 나서 '파란색은 젊음을 상징한다'고 할 수도 있고 또는 '바다나 하늘, 즉 무한함을 나타낸다'고 할 수도 있다고 설명하는 식이죠. 그리고 나서 '그래서 저는 파란색이 저를 가장 잘 대변한다고 생각합니다', '저는 무한한 잠재력을 가지고 있습니다', 또한 '항상 젊은 생각을 유지하려고 노력합니다', '젊게 생각한다는 것은 창의적이고 혁신적으로 생각하는 것을 의미합니다' 등으로 답변하면 됩니다.

지원자 : I could explain myself with water, a digital camera, and a star. I believe that still waters run deep. I am a humble person, and like to mix with anyone in any circumstances just like water. I also have a good memory. Many of my acquaintances have been impressed by the fact that I remember their preferences exactly. Last, I dare to say I am like stars in the sky. You don't always see them, but you know they are always there. I think service is just like that. Whether clients want us or not, we should be always ready to serve them.

저를 물, 디지털 카메라, 별로 설명할 수 있습니다. 잔잔한 물이 깊게 흐른다고 믿습니다. 저는 겸손한 사람으로서 어느 상황에서건 어느 누구와도 물처럼 잘 조화되는 사람입니다. 그리고 저는 또한 기억력이 좋습니다. 많은 지인들이 제가 그분들의 기호를 정확하기 기억하는 것에 감명받으셨습니다. 마지막으로 저는 제가 감히 하늘에 있는 별과 같다고 말하고자 합니다. 우리가 항상 별을 볼 수 있는 것은 아니지만 우리는 별이 항상 하늘에 떠있다는 것을 알고 있습니다. 서비스는 그와 같습니다. 고객이 저희를 원하든 않든 항상 준비되어 있어야 합니다.

면접관 : What is your reaction toward an angry passenger? And why?

화가 난 고객에게 어떻게 대응하실 건가요? 그리고 이유는 뭐죠?

→ 고객을 대하는 분야를 지원하는 지원자라면 꼭 준비해야 하는 질문이기도 합니다. 다음 두 가지 상황으로 준비해두면 완벽합니다. 화난 고객을 만족시킬 수 있는 상황을 미리 준비해두고, 또한 자신의 권한 밖의 서비스를 요구할 경우에는 어떻게 하겠느냐와 같은 질문을 받으면 회사의 절차에 따라 일을 처리하는 상황도 설정해 두어야 합니다.

지원자 : First of all, this passenger must have his or her own reason to get mad. Nobody gets mad for nothing. And he or she just wants to be heard as well. I'll listen to his or her complaint to find out whether I can help him or her out within my authority. Second, I'll apologize for what has happened on behalf of the company. I shouldn't take things or customers' complaints personally.

우선, 이 고객은 분명 화가 난 이유가 있으실 겁니다. 아무도 이유 없이 화를 내지는 않거든요. 그리고 그냥 자신의 불평을 토로하고 싶으신 걸 겁니다. 제 권한 내에서 도울 수 있는지 알아내기 위해 먼저 들어보겠습니다. 그 다음에는 회사를 대신해서 일어난 사태에 대해 사과드리겠습니다. 고객의 불만을 개인적으로 받아들여서는 안 된다고 생각합니다.

면접관 : Once you become a flight attendant, what kind of service would you like to offer?

승무원이 된다면 어떤 서비스를 제공하고 싶습니까?

지원자 : I'd like to provide passengers with customized service: to mothers, as a good daughter; to business people, as a competent assistant; and to children, as a fun friend to hang out with.

저는 승객들에게 맞춤서비스를 제공하고 싶습니다. 어머님들에게는 좋은 딸로서, 비즈니스를 하시는 분들에게는 역량을 갖춘 보좌관으로서, 아이들에게는 같이 놀기 재미있는 친구로서 말이죠.

→ 그룹 인터뷰를 했을 때 곤란한 점은 면접관이 여러 명이라 모두를 만족시키는 답을 하기가 만만치 않다는 점입니다. 하지만 여러 가지 가능한 상황을 나누어 설명한다면 치밀함과 꼼꼼함을 보여줄 뿐더러 각기 다른 성향을 가진 면접관들을 모두 만족시키는 답을 하는 것이 가능합니다. 지원자의 다중 능력을 의미하기도 합니다.

면접관 : If you become part of our cabin crew, which country would you like to visit the most?

승무원이 되시면 가장 방문하고 싶은 나라는 어디입니까?

지원자 : The country I'd like to visit the most is Turkey. I have been to Canada, Japan, and Hong Kong. I am familiar with traveling big cities but I now wonder what it's like to travel lesser known countries. I have heard so many wonderful things about Turkey.

제가 가장 방문하고 싶은 나라는 터키입니다. 저는 캐나다, 일본, 홍콩에 가봐서 대도시를 여행하는 것에는 익숙합니다. 하지만 오지를 여행하는 것은 어떨지 궁금합니다. 터키에 대해 멋진 얘기를 많이 들었습니다.

면접관 : Okay, it's been wonderful talking with you. Thank you for coming.

대화 나눌 수 있어 즐거웠습니다. 와주셔서 감사합니다.

지원자 : Thank you very much for your time. It's been a pleasure meeting with you.

시간 내주셔서 감사합니다. 만나뵙게 되어서 영광입니다.

N·O·T·E·S

get fascinated 흥분하다, 즐거워하다
long-lasting 오래 지속되는
culture and customs 문화와 관습
embrace 포용하다
differences and diversity 차이와 다양성
still waters run deep 잔잔한 물이 깊게 흐르다
mix with ~와 융화하다, 섞이다
reason to get mad 화날 만한 이유

for nothing 이유 없이
within one's authority ~의 권한 내에서
on behalf of the company 회사를 대신해서
take things personally 개인적으로 받아들이다, 피해의식을 갖다
customized service 고객 맞춤형 서비스
hang out with ~와 같이 놀다
lesser known countries 오지(=back countries)

소프트웨어 엔지니어 분야

◆ 소프트웨어 엔지니어는?

– 소프트 엔지니어들은 운영 시스템과 네트워크 배포 소프트웨어를 조사, 디자인, 개발, 테스트한다.

– 의료, 산업, 국방, 통산, 항공, 비즈니스, 과학, 전반적인 컴퓨터 응용 프로그램을 다룬다.

◆ 필요한 자질은?

– 프로그램을 다루는 능력이 뛰어나야 하고, 데이터 체계, 컨트롤 구조에 익숙해야 하며 고객에게 적절한 추천을 하기 위해 정보를 분석하고 우선순위를 정할 수 있어야 한다.

have proficient programming skills
familiarity with data types, syntax and control structures
be able to analyze and prioritize information to make appropriate
recommendations

– 그리고 당연히 복잡한 프로그램의 문제를 찾아 고치는 것에 정통해야 한다.

be adept at debugging complex application problems

– 문제 해결 능력과 팀웍, 그리고 소프트웨어를 개발하고 분석하는 능력은 필수

possess problem solving skills and the ability to work as part of a team
The ability to formulate and analyze software is a must.

지원자 : How do you do? I am Hyung-Sung Choi, and I'm applying for a position as a software engineer.

처음 뵙겠습니다. 저는 소프트웨어 엔지니어직을 지원하는 최형성이라고 합니다.

면접관 : How do you do? Welcome to SM Software. Please have a seat.

처음 뵙겠습니다. SM 소프트웨어에 오신 것을 환영합니다. 앉으시죠.

지원자 : Thank you.

감사합니다.

면접관 : Tell me about yourself.

본인을 소개해 보세요.

지원자 : I served in the army as an industrial technical personnel. Two years' experience working in the e-commerce industry has allowed me to be adept at most of the software programs on the server side: Javascript, ASP, VB, HTML and SQL Server. I studied computer engineering and am familiar with hardware as well. Many of my friends say I am very organized and able to do multiple projects at once. And, last, I want to work in a cutting-edge company where I can add my experience and fresh ideas to the group and be a part of a growing team.

저는 산업 기능 요원으로 군복무를 했습니다(병역특례). 2년간의 e-비즈니스 경험으로 서버에 있어 필요한 Javascript, ASP, VB, HTML, SQL Server와 같은 대부분의 소프트웨어에 정통하게 되었습니다. 제 친구들은 제가 체계적이며 한번에 여러 가지 일을 잘 처리한다고 합니다. 마지막으로 저는 제 경험과 참신한 아이디어를 보태서 함께 성장하는 팀의 일원이 될 수 있는 최첨단 기업에서 일하고 싶습니다.

→ 대한민국의 모든 남자가 군대에 갔는데 군대 경험으로 자기소개를 시작하는 게 어리석어 보인다고요? 천만의 말씀! 군대는 월급을 받지 않았을 뿐이지(아니, 아주 조금 받았을 뿐이지) 한국의 많은 학생들이 진정으로 조직 사회를 처음으로 경험하게 되는 시간입니다. 행정병이었다면 행정 능력을, 자재를 담당했다면 물류관리 등 각 분야 업무에 대해 접하게 되는 시간이었지 않았을까요? 산업 특례병이었다면 2~3년의 전문직 경험을 쌓을 수 있는 소중한 시간입니다. 이에 팀웍 및 리더십 역량까지 덧붙인다면 100점 답변입니다.

→ 위의 지원자는 경험자에 해당합니다. 경력직의 자기소개는 해당분야 지식도 중요하지만 그 분야에 얼마 동안 종사해서 필요한 직무 능력을 갖추고 있는지가 훨씬 높게 평가됩니다. 기술직이라면 당연히 쓸 수 있는 프로그램과 다룰 수 있는 기기를 언급해 주는 것도 플러스입니다. 이미 일해봤기 때문에 알겠지만 그 분야에서 가장 중요시하는 인성까지 포함해서 자기소개를 마친다면 인사 담당자는 본격적으로 전문적인 기술에 대한 질문으로 들어갈 것입니다.

면접관 : What do you think is the most important quality you should have to be successful in this position?

소프트웨어 엔지니어로 성공하기 위해 필요한 가장 중요한 자질은 무엇이라고 생각하십니까?

➡ 해당분야에서 성공하기 위해서 가장 중요한 자질이 무엇이라고 생각하느냐라는 이 질문의 요지를 파악하세요! 지원자가 그 분야를 제대로 알고 있는지를 파악하고자 하는 것이 첫 번째 이유입니다. 놓치지 않아야 할 것은 지원자가 언급한 자질을 가지고 있느냐는 것이 두 번째 이유라는 것입니다. 그래서 이 질문은 지원자의 장점을 물어보는 질문과 일맥상통합니다.

지원자 : I think an ideal person for this position must enjoy solving complex problems. A day of a software engineer is a series of solving problems. Second, he or she should be proficient with computer languages. I have been working in the e-commerce industry for the past two years. I possess a strong working knowledge of HTML and Java. I am a good listener. When I communicate, I consider who the audience is. If they are non-experts, I use small words. In that way, they can understand better. If the audience is experts, I focus on efficiency so we can communicate deeper.

이상적인 지원자는 복잡한 문제를 해결하는 것을 즐기는 사람이어야 한다고 생각합니다. 소프트웨어 엔지니어의 하루는 일련의 문제 해결의 연속입니다. 두 번째로, 이상적인 지원자는 컴퓨터 언어에 숙달해야 하죠. 저는 지난 2년간 e- 비즈니스 분야에 종사해 왔습니다. 저는 HTML과 Java 관련 실전지식을 갖추고 있습니다. 저는 (다른 사람이 하는 말을) 경청을 하는 사람입니다. 제가 의사소통을 할 때는 상대가 누구인지를 고려합니다. 상대가 일반인이면 저는 쉬운 말을 사용합니다. 그렇게 하면 상대가 더 잘 이해할 수 있습니다. 상대가 전문가라면 효율적으로 말합니다. 그래서 좀더 심도 있게 의사소통을 할 수가 있습니다.

➡ 이 질문에 대해 완벽하게 답변하려면 먼저 직업에 대해 철저한 조사가 필요합니다. Careerbuilder.com 같은 웹사이트나 경력관리 사이트를 조사해서 해당분야에서 요구하는 지식, 직무 능력, 인성 등을 이해한 후 자신이 가지고 있는 자질과 비교를 해보세요. 답을 할 때는 이상적인 지원자를 설명한 후 자신이 이에 걸맞는 지원자임을 증명하기만 하면 됩니다. 쉽죠?

면접관 : Could you tell me about a time when you had to learn a new program or system?

새로운 프로그램이나 시스템을 배워야 했던 경험을 말씀해 주세요.

➡ 분야 자체가 워낙 재빨리 변화하고 진화하는지라 실제로 어떻게 기술을 받아들이고 계발하는지를 보고 싶어 하는 질문입니다.

지원자 : When I was working toward my BS, I was holding down a 30-hour a week job, and carrying 19 units. The company I was working for changed from C to C++, and I didn't have time to attend the training program. I spared one hour every day for an online course. I had to stay up late for exams and online course after work. By staying focused, I was able to master it and keep my job. As an engineer, learning is something you always have to do to get ahead or at least keep up with ever changing technology.

제가 학부과정에 있을 때 주 30시간짜리 아르바이트를 했습니다. 동시에 19학점을 수강하고 있었죠. 제가 일하던 회사는 C에서 C++ 프로그램으로 바꾸는 작업을 하고 있었고 저는 연수에 참가할 시간을 낼 수가 없었습니다. 그래서 매일 하루에 한 시간씩 내서 온라인 수업을 들었습니다. 퇴근 후에 학교 시험과 온라인 강의로 늦게까지 공부해야 했죠. 집중한 덕택에 저는 그 프로그램을 터득할 수 있었고 제 아르바이트 자리도 유지할 수 있었습니다. 엔지니어에게 있어서 학습은 앞서가기 위해 또는 적어도 끊임없이 변하는 기술에 뒤떨어지지 않기 위해 항상 해야 하는 것입니다.

→ 행동 양식을 보여주는 질문에 대해 효과적인 답을 하고 싶다면 다음과 같은 방법을 한번 써보세요. 질문에 해당하는 정황을 설명하고 나서 해결해야 했던 문제점이나 일들을 좀더 극적(dramatic)이고 어려웠다고 설명 하면서 시작하면 나중에 자신의 특정 조치로 인한 결과가 성공했다는 것을 알릴 때 그 성공이 훨씬 크고 보람 있는 것으로 보입니다.

면접관 : You're absolutely right. Well, that's it for now. I'm sure you are one of our strongest candidates. Good luck with the rest of the process.

전적으로 동의합니다. 음, 여기까지입니다. 확신하건데 유망한 지원자 중 한 명이십니다. 다음 단계에도 열심히 하세요.

지원자 : I'm honored to hear that. Thank you for your time.

영광입니다. 시간 내 주셔서 감사합니다.

N·O·T·E·S

serve in the army 군 복무하다(특히 육군을 말함)
industrial technical personnel 산업체 기술 요원
be adept at ～에 정통하다
cutting-edge company 최첨단 회사
quality 자질
a series of 일련의, 계속적인

working knowledge 현장 실무 지식
non-experts 비전문가
small words 쉬운 말, 이해하기 쉬운 일반 용어
hold down 유지하다
ever changing technology 계속[끊임없이] 변화하는 기술

05 홍보 분야

Public Relations

◆ 홍보 분야는?

– 홍보 분야에서 하는 업무는 언론과 관련한 모든 것을 포함한다. 광고와 달리 홍보는 회사의 메시지를 고객에게 바로 전달하는 것이 아니라 언론을 이용해 간접적으로 전달한다.

– 매일 하는 업무는 보도자료를 검토하고, 위기관리를 하며 기자들에게 중요한 기사거리를 제공하는 것이다. 전화해서 일정 잡고 기자들을 위한 자료들을 발행한다.

◆ 필요한 자질은?

– 위기 관리 능력이 뛰어나야 한다.
be a wiz at crisis management

– 다양하고 광대한 범위의 사람들과 친분을 유지해야 하며 화술 및 작문 능력도 우수해야 한다.
be able to connect with a wide variety of people
be a excellent oral and written communicator

– 공적으로 일하는 관계를 쌓고 유지하는 능력이 있어야 한다.
have the ability to develop and maintain strong working relationships

면접관 : Good morning. I think you are the first interviewee for today. Please have a seat.

안녕하세요. 오늘 첫 번째 지원자군요. 앉으십시오.

지원자 : Am I? I hope it means something positive. By the way, I'm Bo-Ra Min. How are you this morning?

그런가요? 좋은 의미겠죠? 저는 민보라라고 합니다. 안녕하십니까?

➡ PR 분야는 정말 다양한 분야에 있는 사람들을 만나기도 하지만 정말 많은 사람들을 만나기 때문에 첫 만남에서 이렇게 자연스럽게 대화를 할 수 있는 것도 장점이 됩니다.

면접관 : Great. We have many candidates waiting. So, we'd better move things along. What do you expect to be a typical day as a publicist?

네. 기다리는 지원자들이 많아서 바로 시작해야겠네요. 홍보직원의 하루는 어떨 것이라고 예상하시나요?

➡ 분야에 대해 제대로 알고 있는지 물어보는 전형적인 질문입니다. 회사마다 규정이 다르고 일하는 방식이 다르겠지만 핵심은 같습니다. PR 분야라면 발 빠르게 언론의 기사를 검토하고 계속적으로 언론을 통해 회사와 고객을 위해 홍보 기사 및 행사를 기획, 진행하지 않겠습니까?

지원자 : Hmm, I probably get to work a lot earlier than others because I have to read and check overnight news through newspapers and the Internet. I will browse e-mails and I will spend most of the time making phone calls to journalists, issuing press releases, and planning events for clients' interests. In the afternoon, I might be with other publicists brainstorming, at a printer, or at an event for my client. But one thing for sure is that before I leave the office, I will write up a to-do list for the next day. And maybe I check just one last e-mail.

음, 아마도 다른 사람들보다 아주 일찍 출근할 겁니다. 신문들과 인터넷으로 밤새 일어난 일들에 대해 읽어 보고 검토해봐야 하니까요. 간단하게 이메일을 훑어보고 대부분의 시간을 기자들에게 전화하고 언론 배포 자료를 작성하고 고객의 요구에 맞춘 행사를 준비하는 데 쓰고 있을 겁니다. 오후에는 다른 직원들과 아이디어 회의를 하고 있을 수도 있고 인쇄소, 또는 고객을 위한 행사에 참여하고 있겠죠. 하나 확실한 것은 퇴근하기 전에 내일 할 일을 정리해 놓는다는 것이죠. 그리고 아마 마지막으로 이메일을 다시 한번 검토하고 말이죠.

면접관 : I can see you have put quite a lot of effort into research on this field. The next question is what your biggest weakness would be?

이 분야 조사에 많은 노력을 들인 것을 알 수 있겠네요. 다음 질문은 본인의 가장 큰 단점은 무엇이라고 생각하십니까?

지원자 : Well, I've been told a few times I'm a bit of a workaholic, and in some way, they're right. I'm willing to work extra hours to do things better and get it done. But I am aware that having a good balance between work and my personal life is important as well. I usually catch up with my family and friends on weekends.

글쎄요. 제가 여러 차례 약간 일 중독자인 것 같다라는 말을 들은 적이 있습니다. 어떤 면에서는 맞습니다. 좀더 잘하려고 그리고 일을 확실히 마무리하기 위해 몇 시간 더 일할 의향이 있습니다. 하지만 일과 개인 생활의 균형도 중요하다라는 것을 알고 있습니다. 주말에 가족과 친구들과 밀린 대화를 나누려고 합니다.

→ PR 분야는 커뮤니케이션 능력이 뛰어나야 합니다. 단점조차도 단점으로 보이는 것이 아니라 오히려 단점이 있어서 인간적으로 보여지게 한다거나 '아' 다르고 '어' 다르다는 논리로써 화려한 화술을 자랑할 수도 있습니다. 진정한 홍보인은 위기상황을 대처하는 능력에서 빛이 나는 법이죠.

면접관 : What do your friends do?

친구들은 무슨 일을 합니까?

→ 여기서 '친구들'이란 지원자의 주변 인물들을 의미합니다. 자주 만나는 주변 인물들은 지원자의 인맥을 대변하는 것이고요. 홍보 뿐만 아니라 한국에서 거의 모든 일들이 인맥 즉, 네트워킹을 통해 이뤄지고 있기 때문에 지원자의 인맥은 경쟁력 있는 직무 능력 중의 하나가 됩니다.

지원자 : Wow. That would be a long story. First, I have studied mass communication in university. Many of my university friends became reporters, publicists, writers and marketers. Most of them are in the same line of business as me. My high school friends are in almost every circle of business. Some are in education. Some are in civil service. A few of them run their own business as well. I am also an active member of a professional women's association. I get to meet many experienced professionals with different backgrounds.

와, 얘기가 길어지겠네요. 우선 저는 대학에서 신문 방송학을 전공했습니다. 대학 동기 중 상당수는 기자, 홍보인, 작가, 마케터가 되었습니다. 대부분이 저와 같은 분야에 있는 셈입니다. 제 고등학교 친구들은 거의 모든 분야에 뻗쳐 있는데 일부는 교육계에, 일부는 공무원으로, 몇 명은 자기 사업을 운영하고 있습니다. 저는 또한 전문직 여성 모임에 적극적으로 참여하고 있는데 다양한 배경을 가진 경험 많은 전문가들을 만날 수 있습니다.

면접관 : We have a number of candidates interviewing for this position. Why should we take a closer look at you?

저희가 오늘 많은 지원자들을 인터뷰하고 있는데 본인을 좀더 관심있게 눈여겨봐야 할 이유가 뭡니까?

→ 지원자를 채용해야 할 이유를 물어보는군요. 자신 있게 자신의 가장 큰 장점과 자신이 회사를 위해 기여할 수 있는 바를 제시하세요.

지원자 : If you want someone who is going to make your client look great without anybody knowing the company were trying, I believe I am the one. I have many contacts in the media and I am good at public speaking and writing. I was involved in a school event in university as a PR manager and I was able to attract more than 7,000 students to a school broadcasting festival, which was the record high for the school. That's what I'd like to do for your company.

사람들이 눈치 채지 못하게 하면서 고객을 근사하게 보이고 싶으시다면 제가 바로 적임자입니다. 저는 방송 언론계에 인맥이 많고 또한 사람들 앞에 나서서 하는 연설과 작문에 능합니다. 대학 재학 중 PR 매니저로 학교 행사에 참여한 적이 있었는데 학교로서는 사상 최초로 학교 방송축제에 7,000여명 학생들을 동원할 수 있었습니다. 귀사를 위해 이러한 일을 해보고 싶습니다.

면접관 : What if your boss is out of town, and you found out some scandalous piece of news on your company would be reported in the next day's morning paper? You only had one afternoon. What would you do?

자신의 상사가 출장을 가서 없고 다음 날 아침 신문에 회사에 관한 악성 뉴스가 실린다는 것을 알게 되었습니다. 남은 시간은 고작 오후의 몇 시간밖에 안됩니다. 지금부터 어떻게 하시겠습니까?

→ 면접관은 지원자가 위기적인 상황에 대해 어떻게 대처하는지를 알고 싶어 합니다. 모든 질문에 대한 답변은 항상 지금 지원하는 회사, 지원하는 자리에서라는 것을 가정해서 회사에 가장 수익을 최대화하고 손해나 비용을 최소화시키는 면에서 답변에 접근해 가세요.

지원자 : If my boss were not available, I'd have to think on my own feet. First, I would compile data which shows the news isn't correct ASAP. And then I would travel to major newspaper companies to meet reporters in charge in person. After showing them the data, they wouldn't feature the news which isn't true. If the scandalous news were true, I would focus on minimizing the impact.

상사와 연락이 안 되면 제가 독립적으로 생각할 수밖에 없군요. 우선 그 기사가 사실이 아니라는 것을 보여주는 데이터를 가능한 한 빨리 정리하겠습니다. 그리고 나서 담당기자들을 직접 만나러 주요 신문사로 가겠습니다. 제가 데이터를 보여주면 기자들은 사실이 아닌 뉴스를 올릴 수 없으니까요. 악성 기사가 사실이라면 그 여파를 줄이는 데 중점을 두겠습니다.

면접관 : Do you have any questions before we close this interview?

인터뷰 종료하기 전에 질문 없습니까?

지원자 : What are some of the organization's proudest moments or most unique accomplishments?

귀사의 가장 자랑스러웠던 순간이나 가장 독특했던 업적이라면 무엇이 있을까요?

면접관 : Hmm, what an interesting question! Actually, no one has ever asked that kind of question before. I would say this company has introduced EPS systems to Korea for the first time and has provided the market with the best quality products resulting in becoming the market leader.

음, 재미있는 질문이군요. 이런 질문을 한 사람 여태까지 한 명도 없었습니다. 저희는 한국에 EPS 시스템을 최초로 도입했고 계속해서 최상의 제품을 시장에 제공함으로써 시장에서 선두주자가 될 수 있었습니다.

지원자 : You must be proud. And yes, this is the company I'd like to work for

and I'd like to bring the same or better level of success.

자랑스러우시겠습니다. 그리고 네, 이런 회사가 제가 일하고 싶은 회사입니다. 또한 그와 같은 또는 더 나은 성공을 가져다 드리고 싶습니다.

면접관 : **That's great. I hope to see you again, and thank you.**

좋습니다. 다시 볼 수 있으면 좋겠군요. 감사합니다.

지원자 : **Thank you. See you next time.**

감사합니다. 다음에 뵙겠습니다.

N·O·T·E·S

move things along 일을 진행시키다
overnight news 밤 사이에 일어난 뉴스
browse 훑어보다
issue 발행하다
printer 인쇄업자
one thing for sure 한 가지 확실한 것은
for the next day 다음날을 대비하여
be told 듣다
in some way 어떤 면에서는
be aware that ~을 알다
be in the same line of business 동종업계에 있다

in every circle of business 모든 업계에
take a closer look at ~을 눈여겨보다
contacts 아는 사람, 거래처
think on one's own feet 독립적으로 생각하다, 순발력 있게 즉석에서 생각하다
the record high 사상 최고치
scandalous news 악성 뉴스
compile 편집하다
reporter in charge 담당 기자
in person 직접

226

여행사 직원 분야

◆ **여행사 직원은?**

– 여행사 직원은 고객에게 여행 장소에 대한 정보를 제공하고 교통편, 호텔 등 숙박 시설, 차 대여, 투어, 레크리에이션 등에 대한 일정을 잡는다.

– 날씨와 레스토랑, 관광 명소에 대한 조언도 하고 세관 규정, 비자나 여권, 백신 또는 환율 등에 대해서도 조언을 한다는 점을 알아야 한다.

◆ **필요한 자질은?**

– 컴퓨터를 통해 수시로 여행 일정의 변화가 있는지를 검토하고 정보를 검색해야 하므로 인터넷 검색능력은 필수이다.

fast information retrieving ability–Internet savvy

– 고객들의 여행 일정을 잘 정리정돈할 수 있는 조직력이 있어야 하며 정확하고 꼼꼼해야 한다.

be well-organized, accurate, and meticulous

– 고객을 상대하는 일이므로 의사소통 능력과 고객서비스 능력이 뛰어나고 영업력까지 겸비하면 이상적이다.

good communication skills, customer service, and sales skills

면접관 : What do you know about this industry?

이 분야에 대해 뭘 아십니까?

→ 해당 산업에 대한 지식을 물어보는 질문에 대해 답변하기 막막한 이유는 대부분의 지원자들이 지원하는 회사만 조사를 하기 때문입니다. 경쟁회사를 포함하여 업계 외국계 회사까지 함께 조사하면 산업 전체를 볼 수 있는 큰 시야를 가질 수 있게 될 것입니다.

지원자 : An obvious trend is the increase in Internet service. The Internet allows people to access travel information from their personal computers, so they can research and plan their own trips. As a result, demand will decline for travel agents who simply take orders, or book tickets. Customers today expect travel agents to provide good service and travel expertise. You have to specialize in specific destinations, luxury travel, or particular types of travelers or groups with a special interest or hobby.

확실한 경향이라면 인터넷 서비스가 증가하고 있다는 점입니다. 사람들이 개인용 컴퓨터를 통해 인터넷에 접속해 여행 정보를 얻고 조사한 후 직접 여행을 계획한다는 점입니다. 그 결과 단순히 주문 처리하고 티켓만 예약하는 여행사에 대한 수요는 줄어들 것입니다. 요즘 고객들은 여행사가 좋은 서비스와 전문적인 여행정보를 제공해주길 기대합니다. 특정한 여행지, 호화스러운 여행상품, 특정한 여행객, 특정한 관심이나 취미를 가지고 있는 사람들을 위해 특화되어야 합니다.

→ 해당 산업에 대한 동향을 파악하고 나서 예상되는 향후 사업, 비전까지 제시할 수 있다면 당신은 어느 회사에서든 탐을 내는 지원자가 될 수 있을 것입니다.

면접관 : What has been your impression of this company?

이 회사에 대한 어떤 인상을 가지고 계셨나요?

→ 해당 회사의 이름을 들으면 떠오르는 이미지가 무엇이냐라거나 해당 회사에 대한 전반적인 인상이 어떠냐라는 질문은 결국 회사에 대해 무엇을 아느냐라는 질문과 일맥상통합니다. 뭘 알아야 이미지도 생기지 않겠습니까? 칭찬은 고래도 춤추게 하니 회사에 대한 긍정적인 이미지를 중심으로 답하고 지원동기로 발전시켜도 무난합니다.

지원자 : As Korea's top travel company, this company has led changes in tourism culture through constant challenges and innovations in a short period. It had the first listing on the KOSDAQ among Korean travel companies, and receiving the No.1 ranking in brand power in Korea and in the delivery of quality services. Those valuable achievements were gained based on trust and support from your customers. I am impressed with your vision to become one of the world's top ten travel companies by 2010 and the world's top global tourism group by 2020. I'd like to become a part of this global team of yours.

한국 최고의 여행사로서 귀사는 짧은 기간에도 불구하고 끊임없는 도전과 혁신으로 여행업계에 변화를 주도해 왔습니다. 귀사는 한국 여행사로서는 최초로 코스닥에 상장되었고 한국에서 브랜드 파워면에서, 격 높은 서비스 전달면에서 1위를 차지하였습니다. 이러한 귀중한 성과들은 고객들의 신뢰와 후원을 바탕으로 한 것입니다. 저는 귀사의 2010년까지 세계 10대 최고 여행사 그리고 2020년까지 세계 최고의 관광 그룹이 되고자 하는 비전에 깊은 감명을 받았습니다. 귀사와 같은 세계적인 팀의 일원이 되고 싶습니다.

면접관 : Have you traveled abroad? Where? And how was It?

해외 여행해 본 적 있나요? 어디에 가 봤나요? 어떠셨나요?

지원자 : Yes, I have. I backpacked around Europe 2 years ago. I can't forget the feeling I had on the top of the Eiffel Tower. It was the moment that the dream just became a reality. The view of Paris from the top was so breathtaking. I also tried to travel every backstreet in Europe where people don't usually go. It was interesting that each country and each city in Europe has its own distinctive style. I originally thought countries in Europe shared a somewhat similar culture. I guess it is just like Westerners saying Chinese, Japanese, and Korean cultures are the same. And we know they aren't.

네. 2년 전에 유럽으로 배낭여행을 갔습니다. 에펠탑 꼭대기에서의 기분을 잊을 수가 없네요. 저의 꿈이 현실이 되는 순간이었습니다. 그 정상에서의 파리의 광경은 숨을 멎게 할 정도였습니다. 또한 사람들이 잘 가지 않는 유럽의 뒷골목 구석구석까지 가보려고 했습니다. 재미있었던 점은 유럽의 각 나라와 도시들이 각각 독특한 개성을 가지고 있었다는 것입니다. 원래 저는 유럽은 문화가 비슷하다고 생각했었거든요. 아마도 서양인들이 중국, 일본, 한국 문화와 똑같다고 하는 것과 같은 맥락이겠지요. 하지만 우리는 (이 세 문화가) 다르다는 것을 알잖습니까?

➡ 여행 경험을 물어보는 이유는 열린 사고를 가졌는지를 알고 싶은 취지에서 입니다. 여행업에서야 당연히 적성 뿐 아니라 분야 경험에 포함되기도 하지요. 다른 문화에 접근하고 받아들이는 체계를 엿보려고 합니다.

면접관 : I couldn't agree more. You seem very insightful. Let's go to the next question. The tourism industry is very competitive and as you probably know, this position isn't really a well-paid job, especially for new comers. Are you willing to work with a salary below your expectation?

전적으로 동의합니다. 식견이 뛰어난 것 같군요. 다음 질문으로 가보죠. 여행업은 경쟁이 상당히 심하고 아마 알고 있겠지만 이 자리는 보수가 높지 않습니다. 특히 신입직원에게는 말이죠. 희망하는 연봉 이하를 받고도 일할 용의가 있으십니까?

지원자 : When I consider the right job for me, there are some factors I take into account. Someday it may be money. But for now, I put more value on the mastery of the field, opportunity for advancement, and exciting work. And I think this position embraces all these values.

제게 적합한 직업(자리)을 생각해 볼 때 고려해 보는 사항이 몇 개 있습니다. 언젠가는 금전적인 부분이 될 수 있겠죠. 하지만 지금은 분야에 대한 전문 지식 습득, 승진에 대한 기회, 흥미로운 일인지의 여부 등이죠. 그리고 이 자리는 이 모든 요소를 포함한다고 생각합니다.

➡ 연봉협상은 참 민감한 부분입니다. 우선 자신이 연봉을 협상할 위치에 있는지 알아야 할 필요가 있고 연봉을 협상할 위치에 있다고 하더라도 특정한 한 수치를 언급해 선택권을 좁히지 말고 최소희망연봉액수～최대희망

연봉액수로 범위를 밝히거나 상대에게 어느 정도를 의중에 두고 있는 지 물어보는 편이 유리합니다. 신입의 경우 아주 작은 연봉의 차이로 원하는 직업이나 기회를 놓치는 경우가 종종 있습니다. 때로는 금전적인 보상 이외의 것에도 눈을 돌릴 필요가 있죠.

면접관 : How do you get new information?

새로운 정보를 어떻게 얻으십니까?

→ 워낙 실시간 정보에 의해 진행되는 분야인지라 정보를 얼마나 빨리 어떻게 입수하는지가 중요한 관건입니다. 발 빠른 정보는 인터넷을 통해서 하지만 전문적인 정보는 산업 전문 정보지나 전문 서적을 통해서, 분야 인맥을 통해서 하는 등 다양한 정보 채널이 있는 지원자를 선호합니다.

지원자 : I have a reputation for being resourceful. I know where to get, how to get, and who knows needed information. I mostly use the Internet. For deeper knowledge, I read books on special topics. These days, I'm interested in best-selling books among rich single people. I'd like to develop a customized package program for them.

저는 기량이 풍부하다는 평판을 가지고 있습니다. 어디에서, 어떻게, 누가 필요한 정보를 알고 있는지를 알고 있습니다. 저는 주로 인터넷을 이용합니다. 더 깊이 있는 지식을 얻을 때는 특정한 주제에 관한 책을 읽죠. 요즘 저는 부유한 독신자들 사이에 제일 많이 읽히는 책에 관심이 있습니다. 그런 부류들에 맞춘 패키지 상품을 개발하고 싶거든요.

면접관 : Okay. That was the last question. Great job. Thank you.

좋습니다. 그게 마지막 질문이었습니다. 수고하셨습니다. 감사합니다.

지원자 : Thank you. I've enjoyed talking with you. Thank you for your time.

감사합니다. 대화 즐거웠습니다. 시간 내주셔서 감사합니다.

N·O·T·E·S

obvious 명백한, 확실한
as a result 그 결과
travel expertise 여행 전문 정보
specialize in ~을 특화하다
luxury travel 호화여행
constant challenges and innovations
끊임없는 도전과 혁신
had the first listing on the KOSDAQ
코스닥에 처음으로 상장되다
backpack 배낭여행을 하다
breathtaking 놀라운, 가슴 벅찬
back street 뒷골목

distinctive 독특한
somewhat 어느 정도
I couldn't agree more 전적으로 동감하다(=I completely agree)
insightful 분별력 있는, 식견이 뛰어난
new comer 신입사원
take A into account A를 고려하다
put value on ~에 가치를 두다
mastery 숙달
opportunity for advancement 승진에 대한 기회
embrace 포함하다, 포용하다
resourceful 기량[정보, 자원]이 풍부한

재무 분야

◆ 재무 분야는?

– 기업금융은 크게 재무부서와 회계부서로 나뉜다.

– 회계부서는 일상적인 자금의 운영을 다룬다. 장부에 기입하고 비용과 수익을 기입하고 청구서를 지불하고 정부의 규정에 따른 회사의 재무제표를 작성하기 위한 데이터를 작성한다.

– 재무부서는 수익과 지출을 분석하고 자본을 효과적으로 사용하고 있는지 확인하고 프로젝트 비용에 대한 예산과 투자 계획을 내린다.

◆ 필요한 자질은?

– 뛰어난 분석능력과 비즈니스에 영향을 미치는 패턴과 관련한 숫자에 능해야 한다.
strong analytical and quantitative skills and a knack for using numbers to understand patterns that influence business

– 세심하고 돈과 관련된 결정을 하기 때문에 날카로운 통찰력이 필요하다.
attention to detail and the necessary business acumen

– 경영, 경제, 회계 관련 전공 또는 관련 자격증 소유자를 선호한다.
have a relevant major or certificates such as CPA, CFA

인터뷰 실례

면접관 : Good morning. Please come in and have a seat. I will be with you shortly.

안녕하세요. 들어와서 앉으시죠. 잠시 후에 시작하겠습니다.

지원자 : Sure thing. Thank you.

그러시죠. 감사합니다.

면접관 : All right, tell me about yourself and your past experience.

자, 좋습니다. 자기소개와 경험을 간단하게 말씀해 주시죠.

지원자 : I worked the past 3 years in the finance department. In addition to analytical skills required in the financial area, I have gained a wide variety of hands-on experiences in solid accounting principles. I define myself as a team player who has great communication and interpersonal skills. I have a BA in business administration from ABC University, and I have earned a certificate in financial planning. I strive to challenge myself and work well in high-stress environments.

저는 지난 3년간 재무부서에서 업무를 수행했습니다. 재무 분야에서 요구하는 분석력을 배양했을 뿐만 아니라 실질적인 회계원리를 실제로 체험하는 다양한 경험을 쌓아 왔습니다. 저는 제 자신을 대화능력과 대인관계가 좋은 팀 플레이어라고 표현합니다. 저는 ABC대학에서 경영학을 전공했고 FP자격증을 가지고 있습니다. 저는 제 한계에 도전하려고 애쓰고 스트레스 넘치는 환경에서도 성실히 일하려고 노력합니다.

→ 경험이 있는 지원자이므로 해당 분야에서 얼마 동안 어떤 일을 해왔는 지를 중심으로 답변을 했습니다. 분야 경험에서 필요한 직무 능력과 인성을 먼저 밝히고 나서 관련 분야에 대해 전공 공부나 자격증을 취득했는지도 알려 주었네요.

면접관 : Well said. What specific finance experience have you had that gives you qualification for this position?

자세히 잘 설명해 주셨습니다. 이 직책에 적합한 자격이 될 만한 어떤 특정한 재무 경험을 하셨습니까?

→ 즉, 해당 지원자를 채용해야 할 이유를 제시해 보라는 질문입니다. 답변을 보니 질문의 요지를 제대로 파악했군요.

지원자 : For the past couple of years, I have been working in the relevant area. I have a solid understanding of financial decisions and how the system works. And I have an analytical mind and a strong attention to details. What's more, I've had a lot of customer service training and experience. I am confident I am a good fit for this position.

저는 지난 2년간 관련 부서에서 근무해왔습니다. 저는 재무 관련 결정과 그 시스템이 운용되는 방식에 대해 실질적 이해하고 있으며, 분석적인 사고와 세부적인 사항에 신경을 쓰는 꼼꼼함을 갖추고 있습니다. 또한 고객서비스분야의 교육과 경험도 있습니다. 저는 제가 이 자리에 적임자라고 생각합니다.

면접관 : Thank you. As I see from your resume, it says you quit your job early this year. Why did you leave your last position?

네, 고맙습니다. 이력서를 보니 올해 초에 회사를 그만두셨군요. 전 직장을 그만 두신 이유는 뭡니까?

→ 경력직을 지원하는 지원자가 피해갈 수 없는 질문. 이직하는 사유!

전직장에서 만족스럽지 않은 부분이 있기 때문에 이직을 하는 것이야 당연하겠지만 지원자가 중점을 두어야 할 것은 미래 지향적인 답변이어야 합니다. 지금 지원하는 직장에서 어떤 점을 기대하고 있는 지를 밝히고 전 상사나 팀원들과의 불화가 있었더라도 언급은 삼가하세요. 지금 이 회사에서 같은 일이 일어나지 않으리라는 법은 없으니까요. 또 하나, 이직을 하면서 전 직장에서의 퇴직시기와 지금의 인터뷰 사이에 시간차가 있다면 설명을 해달라고 할 것입니다. 자기 계발을 위해 무엇을 했는지를 중심으로 밝혀 주세요.

지원자 : I've set some goals for myself and for my career, and I've worked my way toward them. Unfortunately, there was a limit in advancing my career at my last job. That's why I have begun to explore some other options available for my career development. My goal is to continue to challenge myself and grow to be an expert in the financial field. I would like to take this opportunity at your company so that I can help maximize the value of the corporation while minimizing the risk.

저는 제 자신과 커리어에 관한 목표를 세워두고 목표를 지향하며 일해왔습니다. 안타깝게도 현 직장에서는 저의 전문 직업을 계발, 향상하는 데 한계가 있었습니다. 그래서 제 전문 직업을 계발할 수 있는 기회들을 찾기 시작하게 된 겁니다. 제 목표는 재무분야에서 제 자신의 한계에 도전하고 전문가로 성장하는 것입니다. 저는 귀사에서 이 기회를 갖게 되어 회사의 위험을 최소화하는 반면 회사의 가치를 최대화하는 것을 도울 수 있을 것입니다.

면접관 : Very good. My last question for you is what you do in your free time.

좋군요. 제 마지막 질문은 여가시간을 어떻게 보내는지입니다.

→ 취미를 물어보는 이유는 여러 가지입니다. 간단한 영어 회화능력을 보려고 할 수도 있고, 일 외에도 개인적인 활동을 통해 균형잡힌 생활을 하고 있는지를 보려는 면접관도 있습니다. 분야와 관련된 취미를 가지고 있는지를 통해 적성이나 인성을 점쳐보기도 합니다.

지원자 : I work out at a gym regularly. It helps me to relax. I like to spend my free time more actively and meaningfully, so I have been working out for several months. I think good health leads to efficiency at work. Since I've been working out, I have lost 3 kgs and I feel much healthier and more energized at work.

저는 규칙적으로 헬스클럽에서 운동을 합니다. 안정을 취하는 데 도움이 되지요. 여가시간을 좀더 활동적이고 알차게 보내고 싶어서 몇 달째 계속 운동을 하고 있습니다. 건강은 곧 업무의 효율성과 직결된다고 생각합니다. 헬스클럽에 다닌 후로 체중이 3킬로그램 빠졌고, 회사에서도 더욱 건강하고 활기찬 느낌이 듭니다.

→ 취미에 대한 답변에 대해 단순히 취미가 A입니다라고 단답형으로 답하는 것은 효과적이지 못합니다. 특히 대기업 면접에서 자신에게 주어지는 질문이 적게는 1~2개인 경우에는 더더욱 그렇습니다. 간단하게나마 그 취미생활이 자신에게 어떻게 도움이 되었는지, 왜 하는지 정도를 알려주면 구체적이면서도 지원자의 성향을 보여주는 답을 할 수 있을 것입니다.

면접관 : Well, that's the end of today's interview. We will let you know by phone sometime next week regarding the next step.

오늘 인터뷰는 여기까지입니다. 다음 주 중으로 다음 절차에 관해서 연락을 드리지요.

지원자 : Thank you very much for you time.

시간 내주셔서 감사합니다.

N·O·T·E·S

hands-on experiences 실무 경험
define 정의하다
earn a certificate (노력해서) 자격증을 획득하다
challenge oneself 자신의 한계에 도전하다
relevant area 관련 분야

what's more 게다가
good fit 적임자
work out 운동하다
meaningfully 의미 있게
be energized 활력을 얻다

영업 분야

◆ **영업 분야는?**

– 영업은 모든 비즈니스에서 필수인 부분으로 기술영업을 제외하고는 전공 지식보다는 적성이나 인성에 좀더 가중치를 둔다.

– 영업을 하는 대상에 따라 법인영업, 해외영업, 매장영업으로 나뉜다.

◆ **필요한 자질은?**

– 영업직원은 먼저 고객의 필요를 파악하고 해당 제품 및 서비스를 추천할 수 있도록 의사소통 능력이 뛰어나야 한다.

  have to be a good communicator to learn about the customer's needs and recommend the products or services they're selling

– 자신이 판매하는 제품이나 서비스에 대해 정확하게 이해하고 타사와의 차이점에 대해 알고 있어야 한다.

  a good understanding of what they're selling and how it's different from similar ones sold by competitors

– 언변에 능한 사람이기보다는 오히려 고객의 필요를 파악하기 위해 잘 경청하는 사람이어야 한다.

  a listener more than a talker

– 외향적이고 긍정적이며 풍채가 좋고 성취하려는 의지가 높은 사람을 선호한다.

  outgoing, optimistic, personable, and highly motivated

– 단정하지만 유머감각이 있고 뻔뻔할 수 있는 것도 중요하다.

  good grooming, a good sense of humor and thick-skinned

지원자 : Nice to meet you. I'm Hyo-Won Yun. You can call me Ally.

만나서 반갑습니다. 저는 윤효원이라고 합니다. 앨리라고 불러주세요.

면접관 : It's nice to have you here, Ally. Why don't you have a seat? And we shall begin in a second.

이렇게 와주셔서 감사합니다, 앨리. 앉으세요. 잠시 후에 시작하겠습니다.

지원자 : Thanks.

감사합니다.

면접관 : Do you have any sales experience?

영업 분야의 경험이 있나요?

→ 영업 분야는 어느 분야보다도 경험을 중요시하는 분야입니다. 관련 분야 경험일 필요는 없습니다. 영업 분야에 대한 지식이 많다고 영업을 잘하는 것은 아닙니다. (기술영업 제외). 오히려 영업에 필요한 인성을 갖추고 있다면 경험이나 관련 분야 지식을 갖추고 있지 않아도 채용을 고려하는 분야입니다. 영업 관련 경험을 제품 판매 경험에 한정할 필요는 없습니다. 영업마인드를 요구한 일이면 됩니다.

지원자 : Yes. Since I decided to become a sales person, for the last two years, I have been working as many as 5 different part-time jobs and attended a lot of sales and management training. I have sold everything from stationery and foods to cell phones and membership programs. I think I can sell almost anything to anyone.

네. 영업인이 되기로 결심한 이후로 지난 2년간 5개나 되는 다른 아르바이트 경험을 했고 많은 영업과 관리 훈련 프로그램에 참여했었습니다. 문구류와 음식에서부터 휴대 전화, 회원권에 이르기까지 다양한 것들을 팔아 보았습니다. 저는 거의 모든 것들을 누구에게라도 팔 수 있다고 생각합니다.

면접관 : Impressive. Why are you interested in our company?

인상적이네요. 저희 회사에 지원한 이유는 뭡니까?

지원자 : Your company is dedicated to developing pharmaceutical products that will improve the health and lives of people. Personally I'm in line with your company's mission statement: "Priority to human resources." My past experiences have shown me that I enjoy facing and overcoming the challenge of making a sale. Without a doubt, I feel very confident approaching people I don't know and convincing them that they need my product. I'd love to recommend my clients products I am proud of and work for a company I take a pride in. I think this company has an excellent standard of business conduct and I will be able to make the best use of my qualifications here.

귀사는 사람들의 건강을 향상시키는 의약품을 개발하는 데 헌신하고 있습니다. 개인적으로 저는 "인력자원이 최우선입니다."라는 귀사의 기업 사명에 동감합니다. 저는 영업을 하면서 부딪히게 되는 역경에 직면해서 극복해가는 과정을 즐기는 사람입니다. 의심할 여지없이, 저는 잘 모르는 사람들을 만나 제품의 필요성을 설득하는 데 자신이 있습니다. 저는 제가 자랑스러워하는 제품을 고객에게 추천하고 싶습니다. 또한 제가 자랑스러워하는 회사에서 일하고 싶습니다. 저는 이 회사에 뛰어난 운영방침기준이 있다고 생각하며 이곳에서 제 자질을 충분히 발휘할 수 있을 것 같습니다.

→ 영업 분야는 많은 인원을 채용하기 때문에 지원자가 많기로도 유명합니다. 소신 있게 지원한 사람이 있는 반면 우선 취업해 놓고 보자는 지원자도 있습니다. 이들은 주로 연수과정 중에 도중하차하는 경우가 많기 때문에 회사는 지원자의 지원동기의 진의를 파악하고자 합니다. 영업인으로서 자신이 대표할 회사와 제품, 서비스에 대해 모르고 프리젠테이션 자리에 나간다는 것이 말이 안 되겠지요? 이제 무엇을 조사하고 면접에 임해야 할지도 명확해졌을 겁니다.

면접관 : How would your co-workers or friends describe you?

동료들이 본인을 어떻게 평가할 것이라고 생각합니까?

→ 동료나 주위사람들의 평가를 통해 지원자의 성향을 파악하려는 의도를 가진 질문입니다. 지원하는 업무를 염두에 두고 장점에 중점을 두어 답하세요.

지원자 : First, they'd say I have a lot of energy and enthusiasm. I really enjoy working with people. Secondly, they'd say I was customer service-oriented. And thirdly, they'd say that I know my merchandise as a sales person. In the past, as a tutor, I analyzed my textbooks thoroughly; as a server, the menu of the restaurant I worked for; as a telemarketer, I studied the standards and benefits for members. I put a lot of effort into learning the product and the business.

우선, 제 동료들은 제가 에너지와 열정으로 넘친다고 말할 겁니다. 저는 사람들과 같이 일하는 것을 즐깁니다. 두 번째로 그 친구들은 제가 고객서비스 지향적인 사람이라고 할 겁니다. 세 번째로, 동료들은 제가 영업인으로서 (제가 다루는) 제품을 잘 알고 있다고 말할 것입니다. 예전에 가정교사를 할 때는 교재를 철저하게 분석했고 식당 종업원으로서는 제가 일한 레스토랑 메뉴를, 텔레마케터로 일할 때는 회원의 규정과 혜택에 관해 공부했습니다. 저는 제가 팔아야 할 상품과 회사에 관해 배우는 데 많은 투자를 합니다.

→ 답변이 길어질 때는 이렇게 하나씩 하나씩, 번호를 들어가며 단락을 나누어서 설명하세요. 상대방을 배려하는 답변 방식입니다. 주제별로 나눈다면 더욱 효과적이겠죠. 가령 "As for my personality, they would say.... As for my job performance...(제 성격에 대해서는 …라고 말할 겁니다. 제 업무 성과에 대해서는 …)" 같이 말이죠.

면접관 : When have you been most satisfied with your job?

본인의 직업에 가장 만족한 때가 언제였습니까?

→ 언제 직업에 만족하는지를 들어보면 지원자가 중요시하는 가치관을 알 수 있습니다. 도전을 좋아하는 지원자라면 불가능하다고 생각하는 목표를 달성했을 때 만족할 것이고 금전적인 부분을 좋아하는 사람은 그 부분이 충족되었을 때 만족하게 되는 논리입니다. 개인적인 생활에서 예를 찾기 보다는 지원분야에 대한 적성을 보여줄 수 있는 예를 선택해 설명해 주세요.

지원자 : My biggest satisfaction is when I experience growth in a job. A great thing about sales is you set goals for every year, every month, and every day. When I complete my goal each period, I feel fulfilled. Even if I can't meet my goal, it still gives me motivation to try harder. Meeting people in all walks of life was one privilege I could enjoy as a sales person. I feel I have become wiser and more insightful as a result.

제가 맡은 역할에서 발전을 경험할 때 만족감을 느낍니다. 영업의 장점은 매년, 매월, 매일 목표를 수립한다는 점이죠. 매 기간에 대해 목표를 달성했을 때 성취감을 느낍니다. 설령 제 목표를 달성하지 못하더라도 더 열심히 해야겠다는 동기를 부여합니다. 모든 분야의 다양한 사람들을 만날 수 있다는 점도 영업인으로서 즐길 수 있는 특권 중의 하나입니다. 그 결과 저는 제가 예전보다 더 현명해지고 식견이 넓어진 것 같습니다.

면접관 : I can see you are a person who always sees the bright side, which is crucial to a sales person. It's been a pleasure to meet and talk with you.

항상 긍정적인 면을 보려는 사람이라는 게 보이는군요. 영업인에게는 필수인 자질이죠. 이렇게 만나서 인터뷰해서 반가웠습니다.

지원자 : I appreciate your time and I hope this meeting will lead to a mutually beneficial relationship. Thanks again.

시간 내 주셔서 감사드리고 오늘 인터뷰가 서로 도움이 되는 관계로 발전되기를 바랍니다. 다시 한 번 더 감사드립니다.

N·O·T·E·S

impressive 인상적인
be dedicated to ~에 헌신하다
pharmaceutical 제약의
mission statement 기업 사명
priority 우선순위
face 정면으로 부딪히다
overcome 극복하다
without a doubt 의심의 여지없이
convince 확신시키다

take a pride in ~을 자랑스러워하다
counterpart 상대방
make use of ~을 이용[활용]하다
people in all walks of life 모든 분야의 사람들
privilege 특권
see the bright side 긍정적인 면을 보다, 긍정적이다
crucial 중요한
mutually beneficial relationship 서로 도움이 되는 관계

기술영업 분야

◆ 기술영업은?

– 복잡한 제품이나 서비스를 소비자가 최적으로 사용할 수 있도록 조언해준다.

– 기술적인 능력과 지식을 사용하여 잠재고객에게 제품이나 서비스를 실연하고 새로운 기계나 서비스가 고객에게 얼마나 유용한지를 증명함으로써 영업을 한다.

– 기술영업은 해당 분야와 관련된 전공 지식을 중시한다.

◆ 필요한 자질은?

– 기술영업을 하는 사람은 영업 능력 뿐만 아니라 기술과 제품/서비스에 대한 지식, 또한 분석력을 갖추어야 한다.

have sales ability and knowledge of the products/ services they sell, technical and analytical skills

– 기술은 계속 진보하므로 항상 공부하는 자세가 중요하고 팀으로 일하는 경우가 많아 팀원으로서의 자질이 필요하다.

be willing to learn new technology and be a good team player

면접관 : What attracted you to this company?

이 회사를 지원한 동기가 무엇입니까?

→ 공학 계열을 전공하고 영업을 지원했다면, 꼭 묻는 질문입니다. 빼놓지 않고 준비해 가세요. 만약에 묻지 않는다면 어떻게 하느냐고요? 자기소개의 마지막 부분에 간단하게 지원 동기를 덧붙여도 되고 본인을 채용해야 하는 이유를 제시하라는 질문에 자신의 장점과 더불어 입사의지로서 제시할 수도 있습니다. 또는 마지막에 할 말 없느냐라고 할 때 회사의 장점을 간결하게 언급하고 나서 이런 좋은 회사에서 팀원이 되어 같이 일해보고 싶다고 할 수도 있겠죠.

지원자 : There are a number of reasons that have drawn my attention to this company. Most of all, I like the fact that this company puts great value on people. We-focused corporate cultures and people-centered leadership definitely create a workplace where working is fun. I have always wanted to work for an organization I feel pride in. What's more, I'd love to introduce this company's innovative digital products and services to its clients with a high degree of pride.

귀사에 관심을 갖게 된 이유에는 여러 가지가 있습니다. 무엇보다도 귀사가 사람을 중요시한다는 점이 마음에 듭니다. '우리' 중심으로 생각하는 기업 문화와 사람이 중심인 리더쉽으로 일하기 즐거운 환경을 제공하죠. 저는 항상 제가 자부심을 가질 수 있는 회사를 위해 일하고 싶었습니다. 그래서 귀사의 혁신적인 디지털 제품과 서비스를 고객들에게 강한 자부심을 갖고 소개해 드리고 싶습니다.

→ 지원동기의 도입 단계에 기업에 대한 정보를 먼저 흘림으로써 조사를 했음을 알리세요. 잘 알지도 못하는 회사에 명확한 지원동기를 제시한다는 것은 말이 안 됩니다. 조사할 기업 정보야 끝이 없지만 시간은 한정되어 있으니 다음과 같은 사항만은 꼭 분석해 두세요. 그래야 다른 지원자들과 차별화된 답변을 제시할 수 있습니다.
☞ 최고 경영자의 경영 철학/기업규모/업종/고객/기업문화/주력 상품/주요 기술/인재상/경쟁회사/연봉 수준/언론 보도 내용

면접관 : You might have to travel to a client's house quite frequently. Does that bother you?

자주 고객의 가정을 이 집 저 집 방문하게 될 텐데 신경 쓰이나요?

지원자 : Of course not, ma'am. As a sales engineer, I understand visiting and serving clients is necessary. I like helping people find solutions. It's such a rewarding job.

물론 아닙니다. 기술 영업을 하는 사람으로서 고객을 방문해 서비스를 제공해야 할 필요를 이해하고 있습니다. 저는 사람들이 해결책을 찾는 데 도움이 될 수 있다는 것을 좋아합니다. 보람 있는 일이죠.

→ 기술 영업에서는 기술적인 부분이 더 중요할까요, 영업적인 부분이 더 중요할까요? 여기에서 기술적인 부분이라 함은 지식이나 직무 능력을 의미하고 영업적인 부분이라면 대인 관계를 의미합니다. 둘 다 중요합니다. 하지만 고객 없이 영업이 존재할 수 있을까요? 실연할 기술이 필요할까요? 질문의 요지는 지원자의 대인관계와 고객 서비스 정신을 파악하는 것입니다.

면접관 : What was your favorite subject in school?

재학 시절 좋아했던 과목은 무엇이었나요?

→ 가장 좋아한 과목의 이름만 달랑 단답형으로 면접관에게 던져준다면, 당신은 질문의 요지를 파악하지 못한 꽉 막힌 사람입니다. 어떤 특정한 과목을 좋아한다는 것은 적성을 드러내는 부분입니다. 또한 전공과목 중에 좋아하는 과목이 있을 확률이 높은데 전공과목에 대해 간단하게 영어로 설명할 수 있는지도 엿볼 수 있습니다.

☞ 1. 과목명을 대주세요.(여러 개여도 상관없어요) 2. 왜 좋아했는지 밝히세요. 3. 그 과목을 통해 무엇을 알게 되었나요?

지원자 : I liked most of my major-related subjects such as physics and mechanical engineering. I was also into communications courses, which has given me a great insight into influencing others' opinions.

저는 물리학과 기계 공학 같은 전공 관련과목을 대부분을 좋아했습니다. 커뮤니케이션 과목도 꽤 좋아했는데 다른 사람들의 의견에 영향을 미치는 것과 관련한 식견을 얻을 수 있었습니다.

면접관 : If you could take a time machine and go to the past, where and when would you go?

타임머신을 타고 과거를 갈 수 있다면 언제 어디로 가고 싶습니까?

→ 결국 What if형 질문입니다. 재빨리 생각할 수 있는 능력과 재치를 점칠 수 있고 완벽하게 외워 온 답변으로는 보이지 않았던 지원자의 실제 성향과 잠재력이 적나라하게 드러나죠. 정신을 집중하고 주어진 상황에서 자신이 회사에 어떻게 하면 가장 효과적으로 도움이 될 수 있을지를 어필하세요.

지원자 : Hmm. That's an interesting question. Let me think. Since it would be a once-in-a-life-time chance, I would probably go to a place or time memorable. One thing that comes to mind at the moment is that I would go back to the 18th century and facilitate my country to open the door to the West. I'm sure we weren't ready then. However, we would soon be able to catch up. It would have made a huge difference in every way today, including technology.

음, 재미있는 질문이네요. 글쎄요. 인생에서 한 번 오는 기회일 테니 아마도 기억에 남는 장소나 시간대로 가겠죠. 지금 떠오르는 것은 제가 18세기로 돌아가는 겁니다. 그래서 우리나라가 서구에 문호를 개방하는 것을 촉진하는 것입니다. 그때야 당연히 준비되지 않았을 것이라 확신하지만 곧 따라잡을 수 있을 것입니다. 아마도 기술을 포함해 모든 면에서 엄청난 차이를 만들지 않았을까 싶습니다.

면접관 : During the first 6 months, it is considered as a probationary period which is low-paid and tough. Do you think you can handle that?

처음 6개월 동안은 수습기간으로 월급도 적고 힘든 데 버틸 수 있겠어요?

지원자 : My goal is to become one of the top sales engineers of the company. I am aware of the high turn-over rate during the 6-month probationary period. What I am focusing on now is how fast I can catch up with the required technical specifications and benefit clients. I am a self-motivated person and love the flexibility a sales engineer can have.

제 목표는 회사의 최상위 기술 영업인 중의 하나가 되는 것입니다. 6개월간의 수습 기간동안 이직율이 높다는 것을 알고 있습니다. 현재 제가 초점을 두는 바는 업무에 필요한 상세한 기술 정보를 얼마나 재빨리 따라 잡고 고객에게 도움이 될 수 있느냐입니다. 저는 스스로 동기를 부여하는 사람이며 기술 영업인이 가질 수 있는 유연하고 융통성 있는 면이 맘에 듭니다.

→ 와, 상당히 뼈가 있는 압박형 질문입니다. 많은 기술영업 지원자들이 위의 질문과 같은 이유로 이직을 하기도 합니다. 따라서 이 분야에 대한 강한 소신을 가지고 지원했음을 알려줘야 합니다. 또한 해당 분야의 금전적인 보상 이외의 장점을 언급함으로써 이 사실을 증명해 줄 수 있다면 더 효과적입니다.

N·O·T·E·S

draw one's attention to~ ～로 …의 관심을 끌다, 이목을 끌다
put value on 중요시 여기다
we-focused '우리'를 강조하는
people-centered 사람 중심의
what's more 게다가
high degree of 고도의, 강한
bother 신경 쓰게 하다, 괴롭히다

major-related subjects 전공 관련 과목
influence 영향을 미치다
once-in-a-life-time chance 일생에 한 번 오는 기회
come to mind ～이 머릿속에 떠오르다
facilitate 촉진시키다, 쉽게 하도록 돕다
probationary period 수습, 견습 기간
low-paid 박봉인
turn-over rate 이직율

인사 분야

◆ **인사부는?**

– 직원 채용에서 해고, 기업문화 실현, 복리 후생 관리, 업무 성과 관련 평가 프로그램 개발, 직원 연수 및 포상, 즉 HR은 노사간의 모든 활동에 관여한다.

– 인사부서는 조직의 경영진과 직원간의 중재인(mediator)이라고 한다.

– 경영, 심리학, 정치 사회학, 통계학, 경제학 전공을 선호하고 처음부터 신입을 뽑는 경우는 드물다.

◆ **필요한 자질은?**

– 비판적으로 그리고 분석적으로 생각할 수 있는 능력을 갖추고 있어야 한다.
  possess the ability to think critically and analytically

– 의사소통 능력이 뛰어나야 한다.
  demonstrate strong oval and written communication skills

– 비즈니스 중심의 사고 등 다양한 문화와 교육 배경을 가진 사람들과 일할 수 있는 능력을 가져야 한다.
  business focused and the ability to work across diverse disciplines

면접관 : Hello, are you Mr. Jun-Ki Hong?

홍준기이십니까?

지원자 : Yes, I am. Pleased to meet you.

네, 접니다. 만나서 반갑습니다.

면접관 : How do you do? Please come in and have a seat.

처음 뵙겠습니다. 들어와서 앉으세요.

지원자 : Thank you.

감사합니다.

면접관 : We are short of time, so let us begin right away. So, I've just looked through your resume, and I see you have been involved in various activities at university. I'm wondering what you think of human resources professionals' key qualities.

시간이 부족한 관계로 바로 시작합시다. 지금 이력서를 한번 훑어 봤는데요. 대학 때 다양한 활동을 한 것 같군요. 인사담당자로서의 중요한 자질이 무엇이라고 생각하는지 궁금하네요.

지원자 : Although I don't have professional experience in the HR field, I could closely observe the hiring procedure and HR management at a law office I worked at during summers in college. At the law office, I helped the HR manager in sorting through resumes and the personal documents of internship candidates. It was a matter of confidentiality. In the HR department, you have access to highly confidential information about employees and prospective employees. Those documents should be well-kept and related information should not be misused against the employees' will. The employees can then trust the HR professionals.

인사 관련 분야에 전문적인 경험은 없지만 대학시절 여름 방학 동안 법률사무소 인턴으로 일하면서 채용 절차에서부터 인사관리까지 지켜볼 기회가 있었습니다. 인턴지원자들의 이력서와 개인 신상 서류 등을 정리하면서 인사부장님을 도와드렸습니다. 인사부의 일이라는 것이 기밀성의 문제였습니다. 인사부에서는 현재 근무하는 직원들과 채용가능성이 있는 직원들에 대한 개인정보를 입수할 수 있습니다. 따라서 이런 서류들은 잘 보관되어야 하며 해당 정보가 직원들이 원치 않는 분야에 악용되지 않도록 해야 합니다. 이럴 때 직원들은 인사부 직원들을 신뢰할 수 있게 됩니다.

→ 인턴을 하면서 아주 중요한 사안을 다루거나 막중한 프로젝트를 담당하게 되는 경우는 드문 편입니다. 하지만 교과서로만 배웠던 이론들이 실제로 쓰이는 현장을 가까이서 지켜볼 수 있는 소중한 기회를 갖게 됩니다. 교과서와는 물론 다른 점들도 있었을 것이고 응용되어 있는 부분도 있었을 것입니다. 하지만 이제는 현장에서 지켜본 결과 실전에서 중요시되는 가치와 자신의 역량을 알게 되었다는 것이 중요한 점입니다. 상기 지원자는 인사 정보의 기밀성과 직원들과의 신뢰성 구축의 중요성을 알게 되었습니다. 아주 값진 경험입니다.

면접관 : Hmm, That's a great lesson. How would your past experience help you in human resources?

좋은 교훈을 얻었군요. 좋습니다. 과거 경력이 인사 분야에 어떻게 도움이 될 것 같습니까?

➡ 질문이 잘 와 닿지 않는다고요? 그렇다면 다음과 같이 나누어서 생각해 보면 약간 수월할 것입니다. 첫 번째, 과거에 어떤 경험을 했습니까? 두 번째, 그 경험들이 인사부에서 업무를 수행하는 데 도움이 될까요?

지원자 : As I have already mentioned, I had a summer job at a law office where I worked closely with a human resources team manager. I had always been interested in HR so I took quite a few courses related to human resources and personnel management studies. I have a solid understanding of HR procedures because of these classes in which I got all A's. My co-workers and friends have often told me that one of my strengths is that I'm very tolerant of people and considerate. I feel I am ready to tackle tasks in human resources and that I have a lot to offer as a team member.

말씀드렸다시피 법률사무소에서 일하면서 인사부장님 곁에서 근무하였습니다. 저는 인사 분야에 관심이 많아 인사 분야와 인사 관리에 관한 꽤 많은 수업을 이수했습니다. 모두 A를 받은 이 과목들에 대한 공부로 정확한 인사관리 절차를 이해할 수 있었습니다. 제 동료들과 친구들은 제 장점 중 하나가 바로 인내심이 많고 사려가 깊은 점이라고 합니다. 저는 인사부 업무를 수행할 준비가 되어 있으며 팀원으로서 제시할 역량이 많다고 생각합니다.

면접관 : Could you tell me about a time when you had a confrontation with a co-worker or a boss?

동료 또는 상사와 대립한 경험이 있으면 말씀해 주시겠어요?

➡ 지원자의 대인관계 능력과 의사소통 능력을 평가하는 질문입니다. 다른 사람과 의견이 다르거나 상충되는 식의 갈등, 또는 대립되는 상황에서 지원자의 행동방식을 엿보고자 하는 의도입니다. 갈등이나 대립되는 상황에서 사람들은 갈등이 없는 것처럼 무시해 버리기도 하고 대화를 통해 갈등을 해소하려고 노력하기도 합니다. 때로는 안타깝게도 서로가 적이 되는 등 갈등이 더 커지기도 합니다.

지원자 : I'm the type of person who does not take things personally. So I rarely get into a serious conflict with anybody. But I did have an issue with an employee who was getting on my nerves. I asked her if I could talk with her over dinner one day, and we had a good conversation. It turned out she was not aware of the impact of her actions, and she really needed to have an explanation of the procedure. I took the time to explain the procedures, and there haven't been any problems since that day. I think communication is the key component to ease up most conflicts.

저는 상황을 개인적으로 받아들이거나 하는 그런 사람이 아닙니다. 그래서 누구와도 대립관계에 있어 본 적이 거의 없습니다. 그러나 제 신경을 거슬리게 하는 직원과 문제가 있었던 적이 있습니다. 하루는 그분에게 저녁하면서 얘기 좀 하고 싶다고 요청했고 좋은 대화를 나눴습니다. 그분은 자신의 행동이 거슬린다는 것 자체를 모르시더라고요. 또한 그분에게 일의 절차를 다시 설명해 줄 필요가 있다고 느껴 전 충분한 시간을 할애해 절차를 설명해 주었고 그 이후로는 아무런 문제가 없었습니다. 저는 대화가 모든 갈등을 완화시키는 데 핵심적인 요소라고 생각합니다.

→ 위와 같은 부정적인 질문에는 특정한 일례를 들기에 앞서 이런 일들이 자주 일어나지 않는다고 말해 둘 필요가 있습니다. 기다렸다는 듯이 하나의 예를 드는 것은 이런 일들이 비일비재한 것 같은 인상을 줄 수도 있고 암기한 답변이라는 느낌도 줍니다. 그리고 중요한 것은 갈등이 일어난 정황이 아니라 대립되는 상황을 지원자가 어떻게 해결해 나갔는지입니다. 핵심은 의사소통능력입니다. 알고 보면 나쁜 사람 없더라고 하듯이 대화를 통해 차이를 조율해 나가는 능력을 강조하세요.

면접관 : Okay, given the investment our company will make in hiring and training you, why do you think we should hire you?

알겠습니다. 우리가 지원자를 채용해서 교육시키는 투자를 고려했을 때 본인을 뽑아야 하는 이유는 뭐라고 생각하십니까?

→ HR을 지원하는 사람이라면 채용, 교육, 복리 후생, 노사 관계 등 인사부의 시각에서 조직이 원하는 직원상을 알고 있을 것입니다. 따라서 아주 쉬운 질문일 수밖에 없습니다. 때로는 자신이 인사 담당자라면 어떤 지원자를 채용하겠느냐라고 바꿔 물어보기도 합니다. insider의 시각으로 답변을 준비하세요.

지원자 : I sincerely believe that I'm the most suitable person for the job. There may be many other great candidates here with very competitive qualifications. My best qualification is my attitude for excellence. I'm not just giving lip service to excellence, but putting every part of myself into achieving it. In college and at my previous jobs, I have consistently reached for becoming the very best I can become. And as an HR associate, I think it's my job to bring out the best in employees and help them excel.

저는 제가 이 자리에 최적임자라고 생각합니다. 경쟁력 있는 조건을 갖춘 다른 지원자들이 여기 많이 있을지도 모릅니다. 저를 뽑아야 할 가장 큰 이유는 탁월함에 대한 저의 자세라는 겁니다. 제가 우수하다고 말로만 하는 것이 아니라 최선을 다해 탁월한 경지에 도달하려고 애씁니다. 대학과 전 직장에서 제가 될 수 있는 최상의 사람이 되기 위해 노력해 왔습니다. 인사부 직원으로서 직원들의 장점들을 이끌어 내고 더 나아질 수 있도록 도와주는 것은 저의 임무라고 생각합니다.

면접관 : Excellent work. I'm afraid we are running out of time. Thank you for your time. We will contact you after our first round of interviews comes to a close.

수고하셨습니다. 시간이 없어서 아쉽군요. 저희 인터뷰에 참여해 주셔서 고맙습니다. 1차 면접 결과가 나오면 연락드리지요.

지원자 : Thank you very much. Good-bye.

고맙습니다. 안녕히 계세요.

N·O·T·E·S

be short of ~이 모자라다, 부족하다	ease up 완화시키다
prospective employee 채용 가능성이 있는 직원 후보자	give lip service 말만 그럴싸하게 하다
get on one's nerves ~의 신경을 건드리다	bring out 유도하다, 이끌어내다

고객서비스 분야

◆ 고객서비스 부서는?

– 회사의 개인 고객이나 법인 고객이 적절한 수준의 서비스를 제공받을 수 있도록 하며 질문이나 불편사항을 처리한다.

– 전화, 이메일, 팩스, 우편, 면담 등 다양한 형태를 통해 고객을 접한다.

◆ 필요한 자질은?

– 기본적인 컴퓨터 실력과 대인관계 능력, 문제 해결 능력은 필수 자질이다.
basic to intermediate computer knowledge, good interpersonal and problem-solving skills

– 경청하는 능력과 더불어 서신을 통해 고객서비스를 하는 경우라면 작문능력이 뛰어나야 한다.
verbal communication and listening skills and written communication skills

– 회사를 대표해서 고객과 접촉하므로 친절하고 전문가다운 자세를 보여줄 수 있는 사람을 원한다.
people with a friendly and professional manner

– 신경질적이거나 까다로운 고객을 대할 때, 문제와 불평을 인내심을 갖고 해결할 수 있는 능력이 매우 중요하다.
ability to solve problems with composure and persistence dealing with difficult or demanding customers.

면접관 : Can you define good customer service?

좋은 고객 서비스를 정의내려 보세요.

→ 자신이 알고 있다고 생각하고 있는 것들도 정의내려 보라고 하면 한 단어도 입에서 쉽게 떨어지지 않는 게 현실입니다. 아마 알고 있다고 생각만 하고 있을 수도 있고, 알고는 있는데 논리적으로 정리가 안 되어 있는 경우일 수도 있습니다. 한국어 면접이든 영어 면접이든 글로 표현해 한 번 정리해두는 것은 이런 면에서 상당히 도움이 됩니다. 자신이 얼만큼 알고 있는지, 어떻게 논리를 잡아가야 할지에 대해 구체적인 방법을 제시해 줍니다.

지원자 : To provide good customer service, we should sincerely care about our customers' complete satisfaction and convey that caring. And I believe good customer service is that we always do what we promised in a timely manner. This is essential to earning customers' trust, and that trust is the key to gaining repeat business.

좋은 고객 서비스를 제공하기 위해서는 고객의 절대 만족을 진심으로 생각하는 자세를 가져야 합니다. 그리고 그 마음을 전달해야 합니다. 또한 좋은 고객 서비스는 언제나 적시에 약속한 것을 이행하는 것을 의미합니다. 이것은 고객의 신뢰를 얻기 위해 필수인데 신뢰를 얻으면 회사를 계속해서 찾을 것입니다.

면접관 : Tell me about a time when you handled an irate customer successfully.

화가 난 고객을 성공적으로 상대한 경험에 대해 말해 보세요.

→ 고객을 직접, 간접적으로 상대해야 하는 분야를 지원한다면 기대해도 좋을 법한 질문입니다. 고객을 상대하는 분야는 회사의 얼굴입니다. 자신만이 가지고 있는 비결을 공개해도 좋습니다. 답변은 생각보다 쉽습니다. 긍정적인 사고를 가지고 책임을 다해 성실하게 고객을 대하면 까다로운 고객이든 화난 고객이든 만족시키지 못하겠습니까?

지원자 : I used to work as a customer service representative for a major department store during my summer vacations. I sometimes had to deal with upset or irate customers. Whenever that happened, I listened to them and let the customers vent the problem. One time a customer called and yelled at me. He said my company sent him the wrong merchandise twice and they were birthday presents for his parents. I apologized to him sincerely at first. And I promised to get back to him within 2 hours and look into the problem. The same mistakes took placed twice, I guess. I reported that matter to my boss immediately with some recommendations. And I gave a follow-up call to the customer and let him know that his order was taken care of. He thanked me for my fast follow-up and excellent customer service.

대형 백화점에서 여름방학마다 고객서비스 직원으로 일했습니다. 때때로 언짢아하시거나 화가 난 고객들과 상대해야 했습니다. 그런 일이 있을 때마다 저는 경청하고 고객으로 하여금 문제를 토로하게끔 했습니다. 한번은 한 고객이 전화하셔서 제게 소리를 지르셨는데 물건이 두 번이나 잘못 왔다는 것이었습니다. 부모님 생일 선물이었는데 말입니다. 우선 먼저 정중하게 사과드렸습니다. 그리고 두 시간 이내에 바로 다시 전화드리겠다고 약속드리고 문제를 조사했습니다. 똑같은 실수가 두 번이나 일어난 것 같았습니다. 상사에게 그 문제를 제안책과 함께 즉시 보고하고 고객에게도 후속전화를 드려 주문 처리가 되었음을 알려드렸습니다. 그 고객은 제 신속한 조치와 우수한 고객서비스에 고마워했습니다.

→ 성난 고객을 만족시킨 완벽한 예를 들어 주었습니다. 먼저 정중하게 사과하고 나서 재빨리 문제를 해결한 뒤 고객에게 결과 보고까지… 정말이지, 우리는 이런 고객 서비스 직원을 원합니다! 일사천리로 일을 처리해서 고객을 감동시키는 이 직원, 채용하지 않을 수 없습니다.

면접관 : How would your co-workers or friends describe you?

동료들이나 친구들이 본인을 어떻게 설명할까요?

지원자 : I'm sure they'd say I have a high level of energy and passion. I really enjoy interacting with people. I get energized by interacting with people. Secondly, they'd tell you I was a customer service-oriented person. I put the customer first when I work. Last, they'd say I was a team player. When I see a co-worker needs a hand, I roll up my sleeves and help out.

저를 활기차고 열정이 넘친다고 할 거라고 확신합니다. 저는 사람들하고 교류하는 것을 좋아합니다. 사람들과 교류하며 에너지를 받는 것 같습니다. 두 번째로 저를 고객서비스 중심의 사람이라고 말할 겁니다. 일할 때 저는 항상 고객을 우선시합니다. 마지막으로 저를 좋은 팀원이라고 할 것입니다. 제 동료가 도움이 필요한 상황을 볼 때마다 저는 소매를 걷어부치고 도와줍니다.

면접관 : How do you handle your stress?

스트레스는 어떻게 처리합니끼?

→ 고객의 불평과 불만을 처리하다 보니 보람과 성취감을 느낄 수도 있지만 역으로 스트레스가 쌓일 수 있는 분야이기도 합니다. 자신의 스트레스와는 상관없이 항상 고객에게는 친절하고 긍정적인 분위기를 전달해야 하는 것은 당연하고요. 따라서 스트레스에 강해야 하기도 하고 제때 스트레스를 해소하는 활동을 해주고 있는지도 중요합니다.

지원자 : We live in a stressful society, so you need to expect to work under stress to some extent. I personally think a certain degree of stress makes me alert. I also do yoga every other day and meditate for 5 minutes during the day. On weekends I meet friends and enjoy good food with them. This is how I stay level-headed and focused.

우리는 스트레스를 받을 수밖에 없는 사회에 살고 있습니다. 어느 정도 스트레스 하에서 일하는 것을 예상해야 할 필요가 있습니다. 저 개인적으로는 어느 정도의 스트레스는 제게 경각심을 줍니다. 저는 또한 격일로 요가를 하고 하루에 5분 정도 명상을 합니다. 주말에는 친구들 만나서 맛있는 음식을 먹습니다. 이런 방식으로 항상 냉철함과 집중력을 유지합니다.

N·O·T·E·S

care about ~에 신경쓰다
in a timely manner 적시에
earn one's trust ~의 신뢰를 얻다

follow-up call 후속전화
to some extent 어느 정도
level-headed 냉철하고 분별력 있는

12 회계사 분야

◆ 회계사는?

– 회사의 비용을 기록하고 재무 서류를 작성, 분석, 검증한다. 세금을 제대로 냈는지 확인하고 사업체를 효율적으로 운영할 수 있는 방법을 모색한다.

– 공인 회계사는 감사를 수행하고 법인, 정부 기관 등을 위해 세금 신고를 대행한다. 또한 예산 비용, 자산 관련 정보를 분석하는 관리 회계팀도 있다.

– 회계사가 되려면 CPA 같은 관련 자격증을 따는 것도 하나의 지름길

◆ 필요한 자질은?

– 경영진을 위한 통계자료와 문서를 작성할 수 있는 능력
  prepares statistical and written reports for management

– 꼼꼼하고 마감을 철저하게 맞출 수 있는 능력
  attention to detail and deadline-oriented

– 민감한 기밀을 지킬 수 있는 신뢰성
  confidentiality–can be trusted to keep sensitive information secure

면접관 : Come on in. How do you do?

들어오세요. 안녕하십니까?

지원자 : How do you do? My name is Se-Jin Park. I have been waiting for this moment since I chose my major.

안녕하십니까? 저는 박세진이라고 합니다. 이 전공을 선택한 이후로 이 순간만을 기다려 왔거든요.

면접관 : As you might know our organization has qualified CPAs and a range of established clientele. What qualities do you think are important to this position?

아시다시피 저희 회사는 자격 있는 공인회계사 그리고 폭넓은 기존 고객을 보유하고 있습니다. 이 직책에 중요한 자격이 무엇이라고 생각합니까?

→ 지원하는 분야나 직위에서 중요시하는 자질이 무엇이냐는 질문에 'A입니다'라고 단답형으로 답한다면 인터뷰의 목적을 제대로 이해하지 못한 지원자입니다. 지원자가 그 분야에서 중요시하는 자질에 대해 알고 있는 것도 중요하지만 지원자가 해당 자질을 가지고 있는 것이 더 중요합니다. 고로 'A입니다. 그리고 제가 A를 가지고 있습니다.' 라는 논리로 대답하는 것이 중요합니다.

지원자 : You have to have strong communication and analytical thinking skills. It's good to have a basic knowledge about computers. You also have to be detail-oriented and be good with numbers. I have these qualities and I can work effectively with diverse business organizations. I am also resourceful, flexibile, and have computer skills. Most of all, I have great people skills to make others feel taken care of.

저는 의사소통 능력과 분석적으로 생각하는 능력이 우수한 편입니다. 컴퓨터에 관해 기본 지식을 갖추고 있다면 금상첨화겠죠. 또한 꼼꼼해야 하고 숫자를 다루는 일에 능숙해야 합니다. 저는 이런 자질을 가지고 있으며 다양한 기업과 효과적으로 상대할 수 있습니다. 저는 수완이 좋고 융통성이 있는 편이며, 컴퓨터를 다룰 수 있습니다. 무엇보다도 저는 상대에게 배려 받고 있다는 느낌을 주게 하는 뛰어난 대인관계 능력을 가지고 있습니다.

면접관 : Sometimes accounting work like working on balance sheets and figures can get tedious. How would you motivate yourself when the work gets tedious?

대차대조표나 숫자업무와 같은 회계업무는 지루해 질 수가 있는데요. 업무가 지루해 질 때 어떻게 자신에게 동기부여를 합니까?

→ 부정적인 질문을 통하여 지원자가 부정적인 사고를 가지고 있는 지를 유도하는 함정 질문입니다. 이런 질문들이 계속 되는 것을 압박면접이라고 부르기도 하죠. 당혹스러워하지 말고 여유 있게 인정할 부분은 인정하고 상황을 긍정적이고 발전적으로 호전시키기 위해 하는 행동을 설명하세요. 지루하다면 재미있는 요소를 첨가할 수도 있고 재빨리 끝내놓고 새로운 일에 도전한다는 식으로 말이죠. 일이니까 어쩔 수 없다는 식은 수동적인 자세입니다.

지원자 : Well, I personally do not think of accounting work as tedious. This is what I like to do. But there are times when I might lose my motivation doing the same kind of work. I try to find the way to speed up my routines and ask for another project that can challenge me. And on weekends attending on-going training and seminars, I increase my job performance. Off the record, I listen to upbeat music to keep my spirits up.

음. 개인적으로 회계업무가 지루하다고 생각하지 않습니다. 제가 좋아하는 일이니까요. 하지만 같은 일을 하다 보면 회사업무에서 의욕을 잃게 되는 경우도 있을 수 있습니다. 제 일상적인 업무를 재빨리 끝내려고 합니다. 제가 도전할 수 있는 다른 프로젝트를 요청할 수 있게 말이죠. 주말에는 꾸준히 연수나 세미나에 참여해서 업무 능력을 향상시키려고 합니다. 비공식적으로는(제 작은 비결은) 경쾌한 음악을 들으면서 제 자신을 활기차게 하는 거죠.

면접관 : And what are your short-term goals?

맞는 말입니다. 그렇다면 단기 목표가 무엇입니까?

→ 다들 목표가 뚜렷하다고 생각하지만 말로 표현할 때는 만만치 않은 질문 중의 하나입니다. 지금 지원하는 회사나 해당 분야 내에서의 구체적인 목표와 의의, 실현 방법 등을 풀어서 얘기하면 됩니다.

지원자 : My goals include becoming an experienced Certified Financial Analyst so I can obtain a better working knowledge of financial research analysis and make financial decisions as correctly as possible. Also, this is essential in advancing my career to portfolio manager or even branch manager.

저의 목표는 경험 많은 CFA가 되어 재무 연구 분석에 좀더 실질적인 지식을 쌓고 가능한 한 가장 정확한 재무 관련 결정을 내리는 것입니다. 포트폴리오 매니저나 소장이 되기 위해 필요한 조건이기도 합니다.

→ 우선 구체적인 목표(CFA가 되는 것)를 제시한 후에 해당 목표가 갖는 의의(고객과 회사에 좀더 정확한 재무 관련 의사 결정에 도움이 될 수 있다)를 설명해 주었습니다. 또한 CFA가 되는 것은 포트폴리오 매니저가 되기 위한 구체적인 실현 방법이 될 수 있습니다.

면접관 : As a CPA you'll be expected to visit several companies during audits and to meet many deadlines at once. Can you work well under stress?

공인회계사로서 회계 감사 동안에 다른 회사로 출장을 가거나 여러 마감일을 한꺼번에 맞춰야 하는 경우가 많습니다. 스트레스적인 환경에서 일을 하실 수 있습니까?

→ 과연 면접관은 지원자가 스트레스에 강하다는 답변을 기대하고 있을까요? 그것도 하나의 답이 될 수 있습니다. 때로는 어쩔 수 없이 돌아가는 상황이 있으니까요. 하지만 좀 더 효과적인 답은 평소에 시간 관리나 우선순위를 제대로 정해 스트레스 받을 상황을 최소화하는 것을 기본으로 한다는 것입니다. 또한 제때 스트레스를 해소해준다는 내용도 포함해 준다면 더할 나위가 없는 답변이 될 것입니다.

지원자 : Although I don't seek to create stressful situations, when they occur, I use them to my advantage. In university, I came to realize that a certain degree of stress keeps me motivated. I managed to work well under pressure and deadlines, and always finished assignments and projects on time. I try not to make stressful situations by lagging behind. I would say I am a very calm individual and good at preventing stressful events from happening.

저는 스트레스적인 상황을 일부러 만들려고 하진 않지만, 그런 상황이 생길 경우엔 그것을 장점으로 이용하려고 합니다. 대학에서 저는 어느 정도의 스트레스는 의욕을 북돋고 벼랑 끝에 서는 듯한 위기감을 준다는 것을 알게 되었습니다. 저는 스트레스적인 상황과 마감일이 정해진 일들을 잘 수행할 수 있었고 과제와 프로젝트를 항상 제시간에 마쳤습니다. 저는 스케줄이 뒤쳐져 스트레스가 되는 상황을 만들지 않으려고 노력합니다. 저는 굉장히 조용한 사람으로 스트레스가 될 수 있는 상황이 닥치는 것을 미리 방지하는 데 능숙하다고 할 수 있겠습니다.

면접관 : What's your expected salary range?

어느 정도의 급여를 원하십니까?

지원자 : There are two reasons why I'm here today. I would be silly to deny money is important. But money is secondary to securing the right job with the right company. What exactly do you have in mind, if I might ask?

제가 오늘 여기 온 이유는 두 가지인데 돈이 중요하다라는 것은 부인한다면 어리석을 것입니다. 하지만 최적의 회사에서 자신에게 맞는 자리에 채용되는 것에 비하면 돈은 부차적인 것입니다. 정확하게 얼마를 염두에 두고 계신지요?

→ 신입사원 중에 간혹 돈은 전혀 중요하지 않다고 말하는 경우가 있습니다. 회사는 이익을 추구하는 조직인데 돈을 전혀 중요시하지 않는 지원자라니 왠지 불화가 예상되는군요. 하지만 커리어를 처음 쌓는 입장에서 좋은 회사에서 좋은 기회를 제공하는 직위에 비해서 돈이 부차적일 수는 있죠. 연봉협상을 할 때 구체적인 특정 액수를 제시하기 보다는 상대에게 얼마를 염두에 두고 있는지 역으로 물어보거나 자신의 자격조건을 간단하게 설명한 후 최소희망연봉~최대희망연봉을 범위로 알려주어 협상의 여지가 있음을 보여줍니다.

면접관 : For someone with your qualifications I would say that something around 35 million won would be reasonable.

본인의 자격조건을 갖춘 사람이라면 3,500만원 정도가 적당하겠네요.

지원자 : That would be fine.

저는 좋습니다.

N·O·T·E·S

clientele 고객
Certified Financial Advisor 재무분석가
detail-oriented 꼼꼼한
resourcefulness 정보나 인맥이 뛰어난
on-going 진행 중인
boost up 증대하다, 끌어 올리다
off the record 비공식적으로

keep your spirits up 활기차게 하다, 기운나게 하다
upbeat 경쾌한
branch office manager 지점장
rise to the occasion 난국에 대처하다, 어려움을 이겨내다
audit 감사
lag behind ~에 뒤처지다
have A in mind A를 염두에 두다

13 건축가 분야

◆ 건축가는?

– 빌딩 및 다른 구조물들을 건축하며 디자인 단계에서 구조물을 사용하는 사람들의 필요, 외관, 기능, 안전, 비용 모두를 고려해야 한다.

– 건축가는 개발의 모든 단계, 즉 초기 상담 단계에서부터 공사 단계에까지 관여한다. 디자인은 건축의 한 부분일 뿐이며 대부분은 끊임없이 고객, 시공업자, 다른 건축가와의 조정을 하는 작업이라 할 수 있다.

◆ 필요한 자질은?

– 자신의 생각을 고객에게 생생하게 그림으로 보여줄 수 있는 능력
  ability to visually communicate their ideas to clients–drawing

– 경청하는 능력과 함께 독립적으로든 팀의 형태로든 일을 할 수 있는 능력
  good communication skills–listening
  able to work independently or as part of a team

– CADD 응용 능력 선호

인터뷰 실례

면접관 : For starters, can you tell us a little about your family?

> 첫 질문으로 가족관계에 대해 얘기해 보세요.

> ➡ 한국 기업 면접에서는 가족 관계에 대해 물어 보는 경우가 종종 있으니 준비해 두세요. 어차피 이력서나 주민등록등본에 이미 기재되어 제출된 사항인데 물어 보는 이유는? 기본적으로 일상생활에 필요한 영어회화가 되는지를 보는 겁니다. 쉽게 점수를 얻을 수 있는 질문입니다.

지원자 : I have 2 brothers and 2 sisters in my family and I'm the second oldest child. My parents have been happily married for 32 years. They are both very considerate of others and dedicated to their children. My big bother is an engineer and works in Changwon. My sister and I are very alike. People sometimes mistake her for me. My little brother is a middle school student. I love his sense of humor.

> 저는 2남 2녀 중에 둘째입니다. 저희 부모님은 32년 동안 행복한 결혼생활을 하고 계십니다. 두분 모두 다른 사람들을 상당히 배려해 주시고 자녀들에게 헌신하시는 분들이십니다. 큰 오빠는 엔지니어로서 창원에서 근무하고 있습니다. 제 여동생과 저는 상당히 닮아서 사람들이 때때로 저랑 착각하기도 합니다. 제 막내 남동생은 중학생인데 유머감각이 뛰어난 점이 참 좋습니다.

> ➡ 영어와 한국어의 차이가 보이는 부분입니다. 가족을 소개할 때 형제자매가 몇 명인지를 주로 얘기합니다. 외국에서는 주로 18세 이후에는 독립해 사는 경우가 대부분이니까요. 하나 주의 할 것은 "2남 2녀 중의 둘째 입니다"라고 할 때 자기를 포함해 형제자매 수를 셉니다. 부모님의 가르침, 장점, 형제자매의 특징 등 긍정적인 면을 보여주는 게 좋겠죠?

면접관 : You seem to have a lovely family. Now, as you probably know, construction work requires a lot of physical exertion. As a woman, don't you find it disadvantageous to do this kind of work?

> 멋진 가족을 두신 것 같군요. 다음은 당사자도 아시다시피 건설업이라는 게 육체노동을 요구하는 부분이 있는데요. 여성으로서 이런 분야의 일을 한다는 것이 불리(불편)하다고 생각하지 않나요?

> ➡ 솔직히 위험한 질문입니다. 불법일 확률도 있는데 워낙 채용시장에서 기업이 강자이다 보니 이런 질문이 나오기도 하네요. 일부 업종은 남자 지원자를 선호하는 것을 확연하게 드러내기도 하고 아직 여성이 많이 진출하지 않은 분야는 면접관 역시 익숙하지 않아서일 수도 있습니다. 개인적으로 받아들일 필요 없이 '위기는 항상 기회를 의미한다'는 것을 기억하세요. 다르기 때문에 이전에는 불가능했던 새로운 해결책을 제시할 수 있을 수 있는 것입니다. 자신이 가지고 있는 자질을 절대 단점으로 보지 말고 강점으로 어필하는 자신감이 살 길입니다.

지원자 : Sir, I have never thought being a woman would be a disadvantage or a problem in this field since I was introduced to the world of architecture. I am fully aware that architecture work consists of not only designing in an office but also overseeing the actual construction. I see this as an opportunity and advantage for a female architect. I am a diplomatic communicator. I can effectively communicate with clients, contractors, and other architects to get things done. And I am strong, as I can pull an all-nighter for 3 nights straight.

> 면접관님, 저는 제가 여자라는 점이 건축의 세계로 들어온 순간부터 이 분야에서 불리(불편)하다고 생각해 본

적이 단 한 번도 없었습니다. 건축 일이라는 것이 사무실에서 디자인을 하는 것만이 아니라 실제 건축현장에서 관리, 감독하는 일로 이루어져 있다는 것을 잘 이해하고 있습니다. 저는 이 점을 여성 건축가로서 기회이자 강점으로 생각합니다. 저는 외교적 수완을 발휘해 의사소통을 하는 사람입니다. 일을 확실히 처리하기 위해서 고객, 시공업자, 다른 건축가들과 효과적으로 의사소통을 할 수 있습니다. 또한 3일 밤을 연달아 샐 수 있을 정도로 체력이 강합니다.

→ 신체적인 강인함을 가장 먼저 강조하는 것은 어리석죠. 남녀가 엄연히 신체구조가 다른데 말이죠. 위의 지원자는 여성이 가지고 있는 유연함과 사교성을 우선 강조하고 나서 남 못지않은 튼튼한 체력을 가지고 있다고 하는 명석함을 보여 주었습니다.

면접관 : Have you applied at any other companies? For what positions?

다른 회사 지원한 데 있으신가요? 있으시면 어떤 직위를 지원하셨나요?

→ 이 질문과 바로 아래 질문은 항상 함께 짝이 되어 나올 수 있을 거라고 예상을 하고 준비해 두세요. 다른 회사를 지원했는지를 물어봤을 때 Yes를 해야 할 지 No를 해야 할 지 난감하다고요? No라고 하면 믿을까요? 아마 채용철 초기라면 가능할 수 있겠지만요. 이 회사가 어떤 이유로 여러분의 미래를 보장해 줄 거란 생각에 다른 회사를 지원 안 하셨나요? Yes라고 했다면 같은 또는 비슷한 직위를 지원했는지의 여부가 중요합니다. 묻지마 식으로 채용 공고가 나는 모든 직종을 다 지원한 지원자를 뽑고 싶은 회사는 없습니다. 즉 이 질문은 이 분야에 대한 지원동기를 묻는 것과 같은 맥락이라고 할 수 있습니다.

지원자 : Yes, I have. I have applied at a few construction companies for the same position. Being an architect has been my long cherished dream. I love the fact that I can watch design concepts become reality. And just thinking about people moving in and working in the building makes me excited.

예, 지원했습니다. 같은 직위로 몇 개의 건설 회사에 지원했습니다. 오랫동안 건축가가 되는 것을 꿈꾸어 왔습니다. 디자인이라는 개념이 현실화되어가는 것을 지켜 볼 수 있다는 사실이 맘에 듭니다. 게다가 그 건물에 사람들이 이사들어 와서 일하는 것을 상상하는 것만으로도 신바람 나네요.

면접관 : Well, then, if you were hired from those companies and this one at the same time, which one would you choose to work for?

네, 그렇다면 그 여러 회사들과 이 회사에 동시에 채용되면 어느 회사에서 일하고 싶으십니까?

→ 한 회사에 채용만 되도 감지덕지인데 이런 상황이 오겠느냐고요? 우선 이 질문에 답해야만 하나의 관문을 통과해서 꿈을 이룰 수 있겠죠. 이 책의 내용만 잘 소화해내고 지원하는 기업과 산업에 대해 열심히 분석하면 그까이 거 문제없습니다. 즉, 이 질문의 핵심인 왜 이 회사를 선택하겠느냐(=지원동기)에 대해 이유를 들어주는 것도 의의가 있지만 실제로 면접관이 더 눈여겨보는 것은 지원자의 바디 랭귀지입니다. 질문과 답변 사이의 긴 멈칫거림이라든가, 입술에 침을 바르는 행위, 갑자기 시선을 맞추지 못하고 답한다든가 등 거짓말할 때 나타나는 행동양식들이죠. 어느 지원자인들 다 해당 회사를 선택하겠다고 하지 않겠어요? 하지만 자신도 모르게 머릿속의 다른 생각이 행동으로 드러난다는 것을 면접관은 알고 있다는 겁니다.

지원자 : Without reserve, my first choice would be this company because I'm in line with your company's principle, which is "Respect for Human Beings". I am impressed with the marriage of functionality and beauty in each space this company has created and its strong will to preserve environments. The biggest reason I want to work for this company is that you don't just narrowly emphasize results, or overvalue education or one's past career. Instead, you put great importance on objective individual capabilities.

망설임 없이, 저의 첫 번째 선택은 귀사입니다. 왜냐하면 저는 인간 존중이라는 귀사의 기업철학에 전적으로 공감하는 바이며 귀사는 건축하는 건물마다 모두 기능성과 미학을 조화시킨다는 점, 그리고 환경을 보전하려는 강인한 의지에 깊은 인상을 받았습니다. 무엇보다도 귀사에서 일하고 싶은 가장 큰 이유는 귀사가 단지 편협하게 결과만 강조하거나 교육(출신 학교), 과거 경험만을 과대평가하기 보다는 객관적인 개인의 역량에 중요성을 둔다는 점입니다.

면접관 : On a construction site, you would get to work with people somewhat older than you most of the time. What would you do if you had a confrontation with someone a lot older than you yet who was under your supervision?

건설 현장에서 일하면서 대부분 자신보다 연배가 높은 사람들과 일하게 될 것입니다. 자신보다 나이가 훨씬 나이가 많지만 부하 직원과 문제가 생기면 어떻게 하시겠습니까?

지원자 : Actually, I've heard about this kind of situation. I am a person who is achievement-oriented. I do whatever it takes to get a job done. To achieve goals, we have to support each other and work with respect. I recognize team members' good work and make sure to appreciate their efforts. This way, there won't be any confrontations or conflicts. But if one occurred, I would attempt to have a conversation with him or her first whether older or younger than me. I would focus on finding out the cause of the problem and solving it. I believe in an open communication policy.

사실, 이런 상황에 대해 들어 보기는 했습니다. 저는 결과 중심적인 사람입니다. 일을 완수하기 위해 필요하다면 무엇이든 합니다. 목표를 달성하기 위해서는 서로를 도와주고 존중하면서 일해야 합니다. 저는 팀원들이 잘한 부분을 찾아내서 그 수고에 대해 꼭 인정해 주고 감사를 표시합니다. 이렇게 하면 대립이 되는 상황이나 갈등이 좀처럼 발생하지 않게 되죠. 하지만 만약에 이런 일이 생기면 상대가 저보다 손위이든 손아래이든 상관없이 먼저 상대와 대화를 해보려고 시도할 것입니다. 문제의 원인을 찾아 해결하는 것에 중점을 둘 것입니다. 저는 열린 대화 방식이 좋다고 생각하는 사람입니다.

N·O·T·E·S

the second oldest child 둘째 아이
be alike 비슷한, 닮은
mistake A for B A를 B로 착각하다
physical exertion 신체적인 힘의 발휘
oversee 감독하다
pull an all-nighter 밤샘하다
long cherished dream 오래 간직한 꿈

without reserve 지체 없이
functionality 기능
overvalue 과대평가하다
objective 객관적인
under one's supervision ~감독 하에
achievement-oriented 목표지향의
open communication policy 열린 대화 창구 정책

14　상품 전시 분야

◆ 상품 전시 분야는?

– MD는 윈도우, 소매점, 상업 박람회에서 상품 전시를 기획하고 집행하는 사람을 뜻한다. 사람들의 이목을 끌 수 있도록 상품을 전시하려면 MD는 마케팅 및 영업 부서와 함께 전시 장소, 제품에 대해 논의한 후 주제, 조명, 색상, 소도구에서부터, 부스 설치, 장식, 마네킹을 입히고 배너 설치까지 할 수 있는 만능 재주꾼이 되어야 한다.

– 디자인이나 미술 전공 선호. 해당 분야 경험이나 포트폴리오가 채용을 결정하는 요소가 되는 경우가 많다.

◆ 필요한 자질은?

– 디자이너 및 영업, 마케팅 등 외부인들과 접촉하므로 자신의 아이디어를 글, 그림, 말로 잘 설명할 수 있어야 한다.
able to communicate ideas in writing, visually, and verbally

– 컴퓨터 실력과 능숙한 영어 실력
good PC and software skills–MS Office, Lotus Notes, and Excel
fluent in English writing & speaking

– 신체적인 강인함도 요구된다.
physical strength

– 가격을 산정하고 계산을 잘 해야 한다.
quoting price, good level of math

– 창의적이고 상상력이 뛰어나며 독립적으로 일할 수 있어야 한다.
creative and imaginative, able to work independently

– 변화하는 경향에 재빨리 반응할 수 있어야 한다.
quick to react to changing trends

– 진취적이고 밝은 성격의 소유자를 선호한다.
progressive, bright person

면접관 : To begin with, what was your major in university?

우선 대학교 때 전공이 무엇이었습니까?

→ "저는 전자 공학을 전공했습니다"(어색한 침묵) 설마 이력서나 성적 증명서, 졸업 증명서 모두에 버젓이 적혀 있는 전공 이름을 면접관이 읽을 줄 몰라서 이 질문을 했을까 봐서 대신 읽어 주시고 다음 질문을 기다리고 계신가요? 쩝쩝… 모든 질문에는 답이 하나가 아니라고 말하고 싶지만 하나만은 예외입니다. 어떤 질문에도 단답형으로 답하지는 마세요. 여러분의 장점을 어필할 소중한 기회를 날려버리는 겁니다. 전공을 물어보면 전공 이름을 말하고 나서, 무엇을 배웠는지, 실습이나 팀 프로젝트는 했는지 등 중요하다고 생각하거나 좋아했던 과목 이름을 언급할 수도 있습니다. 마지막으로 지원하는 분야에 어떻게 도움이 될 수 있을 것인지까지 연결시켜 준다면 완벽합니다. 지원하는 분야가 전공과 관련이 없더라도, 간결하게 전공 공부를 설명하고 나서 지원 분야와 관련해 따로 한 공부나 자격증에 대한 설명으로 답변을 마무리하면 됩니다.

지원자 : I majored in textiles and clothing. Together with the study of theory, I gained a practical working knowledge about fabrics, colors, and tools through many of the team projects. Later, I thought I should have good insight into sales and marketing as well to be a successful MD. That's why I minored in business administration. And it turned out to be the right decision.

의류 직물학을 전공했습니다. 이론 공부와 병행해서 팀 프로젝트를 하면서, 직물, 색상, 관련 툴에 관한 실제적인 지식을 획득할 수 있었습니다. 후에 MD로 성공하기 위해서는 영업과 마케팅 면에서도 잘 알아야겠다고 생각했습니다. 그래서 경영학을 부전공으로 선택했습니다. 현명한 선택이었습니다.

면접관 : Have you ever heard about our company?

저희 회사에 대해 들어 보셨습니까?

→ 해당 회사에 대해 아는 정보가 있는 지를 물어 보는데 대기업이야 정보를 입수하기가 수월하지만 신생회사나 소규모 회사, 일부 외국계 회사는 정보를 입수하기가 쉽지 않습니다. 주위 사람들에게 물어 보고 한국 사이트만 고집하지 말고 외국 본사 사이트나 신문 관련 기사는 없는지 등을 면밀히 조사해 보세요.

지원자 : To tell you the truth, when I found your job posting on the Web it was the first time I'd heard about this company. I have been looking for a company focusing on overseas markets. A soon as I decided to apply at this company, I asked around about this company and did some research. I have discovered that this company is actually better known in North America and has active operations with a reputation for real time reflection of market trends.

사실대로 말하자면, 웹사이트에서 귀사의 구인 광고를 본 것이 처음으로 귀사에 대해 접하게 된 때입니다. 수출 시장을 중점적으로 공략하는 회사를 찾고 있던 중이었습니다. 귀사에 지원하기로 결심하자마자 귀사에 대해 주위에 물어 보기도 하고 조사를 했습니다. 제가 알아낸 바로는 귀사는 미주권에서 좀 더 잘 알려져 있고 활발한 영업을 하고 있다는 것입니다. 그리고 시장의 동향을 실시간으로 반영한다는 평판을 듣고 있다는 것입니다.

→ 오래 전부터 마음에 둔 회사일 수도 있지만 우연히 본 구인 광고 때문에 알게 된 회사일 수도 있겠죠. 그렇다고 해서 지원동기에서 밀리지는 않습니다. 그 이후의 회사에 대한 조사가 얼마나 되어 있는지에 달려 있는 것이죠. 만약에 찾아낸 것이 별로 없다면 솔직히 인정하세요. 거짓말은 절대 안 됩니다. 면접관은 대부분 거짓말

을 한 눈에 알아냅니다. 회사에 대한 정보가 없다면 직위에 대한 소신을 강조하세요. 자신의 직업에 대한 열정과 적합한 능력을 갖춘 인재를 마다할 회사는 없습니다. 더구나 정직하기도 한 인재라면 말입니다.

면접관 : Why have you decided to become an MD?

왜 MD가 되려고 결심했나요?

지원자 : I have to say I was born to be an MD. I have a sister who has worked as an MD for 8 years. I have closely watched her develop her career from the beginning. I could see her enjoy her job and grow. Not just because she recommended I pursue this career, I personally have thought this would be a good career choice. Capturing consumers' attention through the placement of merchandise chosen by my creative thoughts and market research is the kind of challenge I am looking for. Besides, I am confident that I have what it takes to thrive as an MD.

저는 MD가 되기 위해 태어났다고 말해야겠네요. 친언니가 MD로 8년 동안 일하고 있습니다. 언니가 이 분야를 시작하는 초기부터 가까이서 지켜보아 왔습니다. 언니가 자신의 일을 즐기면서 성장하는 것을 볼 수 있었죠. 단지 언니가 이 분야를 제게 권장해서가 아니라 저 개인적으로 MD는 좋은 선택이라고 생각합니다. 저의 창의적인 생각과 시장 조사로 선택한 상품 배치를 통해 소비자의 관심을 사로잡는 것은 제가 찾고 있는 종류의 도전입니다. 게다가 저는 MD로 성공하는 데 필요한 자질을 가지고 있다고 자신합니다.

→ 해당 직업을 선택한 지원동기. "자신의 주위에 이 분야에서 일하는 사람이 있었다."라는 논리에 대해 어떻게 생각하세요? 지원 동기는 되지만 너무 수동적입니다. 만약에 이 주변 사람이 없었더라면 마치 해당 직업을 선택하지 않았을 것 같은 암시를 주잖아요. 주변 인물의 영향은 지원 동기의 일부로 사용하세요. 여러 사람의 조언을 참조하든 전문 서적이나 전문 기관에 의뢰하든 결국 자신의 진로에 대한 결정은 자신이 하는 것 아닌가요? 자신이 주체적으로 한 결정임을 강조하고 자신이 생각하는 해당 직업의 장점들을 열거하세요.

면접관 : When you have a hard time while working, how do you handle it? Or how do you relieve your stress?

일하는 동안 힘들 때 어떻게 처리하세요? 또는 스트레스를 어떻게 해소하나요?

→ 자주 나오는 질문이네요. MD는 화려해 보이고 보람 있는 직업이기도 하지만 계속 시장의 동향을 파악하면서 이를 반영하는 상품을 찾아내 한정된 시간 내에 창의성을 발휘하여 소비자의 시선을 사로잡는 종합적인 디스플레이를 해야 하기 때문에 스트레스를 많이 받는 직업이기도 합니다. 스트레스를 안 받을래야 안받을 수 없는 상황이니 주로 어떻게 위기관리를 하고 스트레스를 해소하는지를 보여주면 됩니다. 취미활동을 물어 보는 질문과도 맥락을 같이 합니다.

지원자 : When things get out of control, I count 1 to 20 in my head and take a deep breath. Then I channel all my energy toward a solution. I am a calm person and never lose my temper. I also take 5 minutes to meditate during the day. Chatting with co-workers during breaks usually recharges my batteries, too. By doing yoga, working out at a gym, or swimming, I make an effort to lead a balanced life style.

상황이 통제하기 어렵게 되면, 머릿속으로 하나에서 스물까지 세고 심호흡을 합니다. 그리고 나서 모든 에너지를 해결책을 찾는 데로 쏟아 붙입니다. 저는 침착한 사람으로 평정을 잃지 않습니다. 낮에 5분 동안 명상을 하기도 합니다. 쉬는 시간 동안 동료들과 잡담을 나누는 것도 즉각적으로 충전하는 방법이죠. 요가를 하거나, 헬스클럽에서 운동하거나 수영을 하는 식으로 균형 잡힌 생활을 하려고 노력합니다.

면접관 : Since this company specializes in overseas markets, we are looking for an employee who can speak foreign languages. Can you speak any foreign languages?

당사가 수출 시장을 전문으로 하는 관계로 저희는 외국어를 잘 할 수 있는 직원을 찾고 있습니다. 잘 하는 외국어가 있습니까?

지원자 : I agree with your idea that an MD in an exporting company should have a good command of foreign languages. I have practical English writing skills and I am comfortable with communicating with English speakers. For the time being, I am planning to intensify my English ability since it is the lingua franca of today's world. About two years from now I want to start learning Chinese and Italian. Chinese is for the biggest market opportunities and Italian is for idea trips to Italy.

저도 수출 회사의 MD는 외국어를 잘 구사해야 한다는 의견에 동의합니다. 저는 실무 영어 작문 능력을 갖추고 있으며 영어 사용자들과 편하게 의사소통할 수 있습니다. 영어가 오늘날 세계적으로 통용되는 국제 공용어이므로 당분간은 영어 실력을 강화할 생각입니다. 한 2년쯤 후에는 중국어와 이탈리아어를 배우고 싶습니다. 시장의 기회가 가장 크다는 이유로 중국어를, 이탈리아로 아이디어 여행을 가려는 이유로 이탈리아어를 배우고 싶습니다.

→ 외국어 실력을 물어 보면 공인 성적 점수를 말하기 보다는 구체적으로 어떻게 사용할 수 있는지를 언어의 기능별로 설명하는 것이 바람직합니다. 말하기, 듣기, 읽기, 쓰기, 비즈니스 회화 등으로 말이죠. 그리고 다른 외국어를 할 수 있다면 겸손해 하지 말고 기꺼이 알리세요. 단, 시킬 수도 있으니 자기소개 등 몇 마디를 해당 외국어로 준비해 갈 필요가 있습니다. 자신이 일본어와 중국어를 좀 할 줄 안다고 말 할 생각이라면 둘 다 준비해가세요. 만약에 할 줄 아는 외국어가 없다면 배울 용의가 있음을 보이고 적어도 지금 어떻게 공부하고 있는 지 등을 알려, 노력하는 중이라고 말할 필요가 있습니다.

N·O·T·E·S

together with ~와 더불어
to tell you the truth 솔직히 말하자면
ask around 여기저기 물어보다
real time 실시간의, 재빠른
reflection 반영
capture 사로잡다
what it takes to ~하기 위해 필요한 것
thrive 번창하다, 잘 살다

go out of control 제어하기 힘들다
take a deep breath 심호흡을 하다
channel 일정 방향으로 돌리다, 보내다
calm 침착한
recharge 충전
for the time being 당분간
intensify 강화하다
lingua franca 국제 공용어

교육 분야

◆ 교사는?

– 교사는 학생들이 과학, 수학, 영어 등의 내용을 이해하고 배울 수 있도록 상호 교류
와 실제 체험을 통해 지도하는 역할을 한다.

– 유치원이나 초등학교 교사는 아이들의 세계관을 정립해주는 역할을 하기 때문에
아주 중요하며, 중등교육을 담당하는 교사는 좀더 다양하고 깊이 있는 지식을 갖추
어야 하며 효과적인 교수능력이 필요하다.

◆ 필요한 자질은?

– 많은 학생들을 관리하므로 조직력이 필요하고 행정 능력, 문제 해결 능력, 갈등을
해결하는 능력을 요구한다.

excellent organizational, administrative, problem-solving, conflict-resolving
abilities

– 수업에 필요한 자료를 위한 조사 능력과 학생들에게 영향력을 미치고 성취동기를
이끌어 내는 의사소통 능력은 필수

Research and communication skills are essential to influence and motivate
students.

– 인내심이 강하고 배우는 것을 즐긴다면 금상첨화

a high level of patience and a love of learning

면접관 : So tell me why you decided to become a teacher?

> 선생님이 되기로 결심한 이유가 무엇인지 말씀해 주십시오.

→ 선생님이 되려는 지원자의 지원 동기는 좀더 일찍 결정된다는 점에서 다른 분야와 차이가 납니다. 전공이 공학이지만 대학교 4학년 때 영업 분야, 마케팅 등으로 전공과는 상관없이 선회할 수 있는 것과 다르지요. 대학에 들어갈 때 이미 선생님이 되기로 결심이 서있는 경우가 대부분입니다.

지원자 : I think I was born to be a teacher. My parents say I love storytelling and interacting with children. And thanks to my teacher who taught me English in middle school, I decided to become a teacher. She was the kind of person who thinks her job means something beyond money.

> 저는 선생님이 되기 위해서 태어났다고 생각합니다. 저희 부모님은 제가 책 읽어주기와 아이들과 교류하는 것을 좋아했다고 합니다. 중학교 때의 영어 선생님 덕분에 저는 교사가 되기로 결심했습니다. 그 분은 교사란 직업은 돈을 뛰어넘는 무엇이 있다고 생각하시는, 친절한 선생님이셨습니다.

→ 따라서 지원동기에는 어려서부터의 행동양식, 다른 사람들의 평가, 자신에게 중요한 가르침을 주신 선생님의 영향 등을 통해 이른 적성의 발견을 강조할 수 있습니다.

면접관 : What was the best lesson and the worst lesson you've learned?

> 가장 훌륭했던 수업(교훈)과 가장 형편없었던 수업(교훈)은 무엇이었습니까?

→ 가장 좋아했던 수업이나 과목, 가장 싫어했던 과목이나 수업 등으로 변형되어 질문되기도 합니다. 가장 훌륭한 수업은 아마도 자신이 가르치고 싶은 교육 철학을 보여준 수업이 아니었을까요? 자신이 갈망하던 것이 있었기에 만족스럽고 훌륭하다고 평가했을 겁니다. 즉 자신의 교육철학을 간접적으로 드러내는 질문입니다. 위의 지원자는 모든 수업에서 뭔가(나쁘다는 사실이라도) 배운다는 사실만으로 형편없는 수업은 없었다는 재치를 보여 긍정적인 자세의 소유자임을 드러냈습니다.

지원자 : I have learned a number of great lessons inside and outside the classroom. The best lesson I have learned is that there isn't only one answer to a problem or a question. In an exam, there may be only one answer, but in the real world, it's not like that. Things are not divided just into black or white. There might be grey, red, pink, and many more options. For the worst lessons, hmm, I don't think there is a worst lesson because it's possible to learn something in any situation.

> 교실 안팎의 환경에서 많은 교훈을 배웠습니다. 제가 배운 가장 훌륭한 교훈은 하나의 문제나 질문에 답이 하나가 아니라는 점입니다. 시험에서는 채점(평가)을 위해 답이 하나일 수도 있습니다. 하지만 실제 사회에서는 그렇지가 않습니다. 모든 게 흑백으로만 갈리는 것은 아니라는 것입니다. 회색도 있고 빨간색, 분홍색, 훨씬 많은 선택이 있을 수 있습니다. 가장 형편없는 교훈으로는, 음 뭔가를 어쨌든 배우기 때문에 형편없는 교훈이라는 것은 없다고 생각합니다.

면접관 : What are your strengths as a teacher?

> 선생님 지망생으로서 장점은 무엇입니까?

지원자 : I love kids, I'm very patient, and I have a sense of humor. I believe teachers play a vital role in the development of children. What children learn and experience during their early years can shape their views of themselves and the world and can affect their later lives. I have a high degree of creativity. I don't criticize. I make every effort to bring out each person's confidence and strengths. And last, I am a hard worker. A lot of people think teaching is easy. But I am aware that it requires a lot of preparation and research, considering the different learning levels and the number of students.

저는 아이들을 좋아하고 인내심과 유머감각이 있습니다. 저는 선생님들이 아이들의 성장에 중추적인 역할을 한다고 생각합니다. 아이들이 어린 시절에 배우고 경험한 것들이 나중의 인생을 결정짓는 가치관과 세계관을 형성할 수 있습니다. 저는 고도의 창의성을 가지고 있습니다. 저는 비난하지 않습니다. 개인개인의 자신감과 장점을 이끌어 내려고 최선을 다합니다. 그리고 마지막으로 저는 성실합니다. 많은 사람들이 선생님을 쉬운 직업이라고 하는 경향이 있습니다. 하지만 다른 지적 수준과 학생들 수 등 모두를 고려한다면 저는 이 직업이 많은 준비와 조사를 해야 한다는 것을 잘 알고 있습니다.

➡ 선생님이 된다는 것이 긴 방학 동안 쉴 수 있고 안정된 직업이며 쉽게 가르칠 수 있는 능력이 가장 중요하다고 생각하십니까? 가르치는 것은, 특히 저학년을 가르치는 경우 성인이 되어서의 가치관과 세계관을 형성하는 중요한 일입니다. 지식을 가르치는 데 필요한 장점을 강조할 수도 있지만 자신의 교육에 대한 가치관, 학생을 대하는 태도를 언급하는 것이 무엇보다도 중요합니다.

면접관 : Tell me about your past teaching experiences.

과거에 가르쳐 본 경험을 말해 보세요.

지원자 : I worked as a student teacher at Kil-but Middle School. I assisted a full-time teacher and had a chance to plan and implement lessons according to teaching methods I've learned. I helped create Websites for the mentor program at the school. It was a strange yet thrilling experience to stand behind the teacher's desk and teach in the classroom. And those eyes of the students were full of curiosity. In addition to that, I tutor middle-school students. I have excellent references.

길벗 중학교에서 교생으로 일했습니다. 정규 교사를 보조하면서 제가 배운 교수법에 따라 수업을 계획하고 실행해 보았습니다. 학교를 위해 멘토 프로그램 웹사이트 구축도 도왔습니다. 교실에서 교단에 서서 학생을 가르친다는 것이 이상하면서도 감격스러운 경험이었습니다. 그리고 호기심에 가득했던 학생들의 그 눈들. 그 외에도 저는 중학생 과외를 해왔습니다. 평판이 좋았습니다.

면접관 : What techniques or model did you utilize to ensure good classroom management?

수업환경 관리를 하기 위해 사용하는 기술이나 본보기가 있나요?

➡ 어려운 질문 같지만 수업 시 학생들을 집중하게 하기 위해서 어떻게 하느냐, 즉 떠들거나 어수선할 때 사용하는 비법이 있는지를 물어보는 것입니다. 상대해야 하는 대상이 한두 명이 아니고 적게는 30명 많게는 50명에 가까운 어린 학생들을 관리하고 수업을 진행하는 것은 결코 쉬운 일이 아닙니다. 간접적으로 경험과 일의 숙

련도를 파악할 수 있습니다.

지원자 : Making students pay attention is very important in classroom management. What I do first is make sure they know what they are learning or doing for the day. I know they can't focus on one topic longer than 10 minutes or so. I don't just deliver a lecture. I bring in many materials to make them involved and participate. And I try to remember every student's name. When they're recognized individually, it's easier to communicate.

학생들로 하여금 집중하게 하는 것은 수업 관리에서 아주 중요한 부분입니다. 제가 하는 건 먼저 학생들이 자신들이 그날 무엇을 배우고 무엇을 하고 있는지 알게 해줍니다(방향을 잡아 줍니다.) 저는 학생들이 한 주제에 대해 10여분 정도 밖에 집중 못한다는 것을 알고 있습니다. 저는 그냥 강의를 일방적으로 전달하지 않습니다. 저는 학생들이 참여할 수 있도록 많은 자료들을 준비해 갑니다. 그리고 모든 학생들의 이름을 기억하려고 합니다. 개인적으로 기억해주면 의사소통하기가 더 쉬워집니다.

면접관 : If a student is consistently late with assignments. How would you handle the situation?

한 학생이 계속해서 과제물을 늦게 해옵니다. 어떻게 이 상황을 처리하시겠습니까?

→ What if형 질문입니다. 꼭 기억하세요. 보여지는 상황의 원인이 하나 이상일 수 있다는 것을요. 여러분은 이 학생을 숙제를 항상 늦게 해오는 게으른 학생으로 보고 벌을 줄 생각입니까? 그렇다면 면접관은 여러분이 학생에 대한 신뢰가 부족하다고 생각할 수도 있습니다. 행여 학생의 집안에 무슨 일이 있는 것은 아닐까요? "Read between lines." 라는 말이 있습니다. '말 속에 숨은 뜻을 읽어라.'는 의미입니다. What if형 질문을 받으면 제일 먼저 이 질문의 의도가 무엇인지를 파악하는 것이 중요합니다.

지원자 : First, I need to find out why he or she is late with assignments. I think I shouldn't assume he or she is lazy or rebelling. I would have a conversation with the student to discover how he or she is doing. If there is a problem other than unruly behavior, I would contact the student's parents. Otherwise, I would compliment the quality of his or her work and add a comment that if it was brought in earlier and on time it would be better.

우선 저는 이 학생이 왜 과제물을 늦게 해 오는지 알아내야 할 것 같습니다. 이 친구가 게으르다거나 반항한다고 지레짐작해서는 안 된다고 생각합니다. 학생과 대화를 통해 요즘 어떻게 지내는 지 알아보고 나쁜 품행 외에 다른 문제가 있다면 학생의 부모님에게 연락하겠습니다. 그렇지 않으면 학생이 해 온 과제물의 우수성에 대해 칭찬해 주고 제 때에 조금만 더 일찍 갖다 줬더라면 완벽했을 거라고 하겠습니다.

→ 위 지원자는 질문 의도를 제대로 읽어 상황을 여러 개로 나누어 각각의 상황별로 대처 방안을 제시했습니다. 훌륭합니다. 또한 무조건 처벌을 하기 보다는 대화를 통해 문제의 근본 원인을 찾아내려고 애쓰는 참된 교육자임을 보여 주었습니다.

☞ 그밖에 물어볼 수 있는 질문들 : How do you help those who are below/above level? / Describe student teaching experience(s). / What do you do to motivate students?

면접관 : Thanks for sharing your thoughts with us.

좋은 생각을 함께 해주셔서 감사드립니다.

지원자 : Thank you very much. Good bye.

감사합니다. 안녕히 계십시오.

thanks to ~덕분에
beyond ~이상의, ~을 초월한
in and out of ~의 안팎에서
rating 평가
black or white 흑백
shape 만들다(=form)

play a vital role 매우 중요한 역할을 하다
full of curiosity 호기심으로 가득한
utilize 사용하다
rebelling 반항하는, 말을 잘 안 듣는
unruly behaviors 제멋대로 하는 행동
compliment 칭찬하다

간호사 분야

◆ **필요한 자질은?**

– 증상을 정확히 읽고, 최신의 치료법과 규정에 대한 지식을 계속 공부해야 한다.

excellent diagnostic skills

keep knowledge of treatment and be protocols current

– 환자와 신뢰를 쌓고 인정이 많은 성격

build trust with patients and compassionate

– 전반적인 간호업무를 수행할 수 있는 능력

capable of performing general procedural nursing duties

– 인체의 구조와 기능에 대한 이해, 그리고 복잡한 의학 도구를 다룰 수 있어야 한다.

– 항상 팀의 일원으로서 일하기 때문에 효율적으로 일하는 능력이 중요하며 여러 가지 사안을 동시에 할 수 있는 다중능력이 필요하다.

works productively with others and has good multitasking skills

면접관 : Good afternoon. Have you waited long out there?

안녕하세요? 밖에서 오래 기다리셨나요?

지원자 : Only about 30 minutes. Pleased to meet you, sir. I'm Do-hee Lee

30분 정도 밖에요. 만나서 반갑습니다. 저는 이도희라고 합니다.

면접관 : Nice to meet you, too. Have a seat. Shall we begin this interview?

저 역시 만나서 반갑습니다. 앉으시죠. 그리고 인터뷰 시작할까요?

지원자 : All right.

좋습니다.

면접관 : The healthcare industry demands a lot of skills and work. What qualities do you think are important to this position?

의료산업은 많은 기술과 일을 요구하는 분야입니다. 이 직책에 필요한 중요한 자질이 무엇이라고 생각합니까?

지원자 : I personally believe that reliability and a caring mind are important assets for nurses. I am very reliable and get the job done, and I take my job seriously. Patient care is my primary concern. I believe that patients are like customers and should be treated as such. I would like to make them feel as comfortable as possible at the hospital. I always make an extra effort to take care of them and listen to their needs. Several of my patients have written to thank me for the care and concern I showed them.

개인적으로 신뢰와 관심을 보이는 자세가 간호사들에게 필요한 자산이라고 생각합니다. 저는 믿음직하고 업무를 잘 마무리 지으며 제 일을 중요하게 생각합니다. 환자들을 돌보는 것이 가장 중요합니다. 저는 환자들은 손님과도 같기에 손님처럼 대해드려야 한다고 생각합니다. 병원에 머무는 동안 가능하면 편하게 해드리고 싶습니다. 저는 좀 더 노력하여 그들을 돌보고 그들의 요구사항에 귀를 기울여왔습니다. 제가 그분들을 아끼는 마음을 느끼신 몇 명의 환자분들은 저에게 감사편지를 쓰기도 했습니다.

→ 가장 중요한 자질이 무엇이냐고 물어본다면 간호사로서 환자를 돌보는 자세일 것입니다. 기술이 뛰어나더라도 환자 보기를 기계 다루듯이 대하는 간호사를 원하는 의료기관은 없을 것입니다. 그런데 간호사 뿐만 아니라 모든 분야가 마찬가지입니다. 첫 번째 자질은 결국 다른 사람과의 관계를 보여주는 태도와 자세입니다. 기술과 지식이 중요하지 않다는 것이 아닙니다. 2차적이라는 것입니다. 특히 한국회사는 이런 성향이 강합니다. 사람에 대한 자세를 먼저 언급하고나서 해당 분야에서 필수로 요구하는 기술과 지식을 언급하는 것이 좋습니다.

면접관 : Excellent. Most jobs have their ups and downs. Tell me about a time when you had to handle a highly stressful situation.

좋습니다. 대부분의 직업은 좋을 때와 나쁠 때의 기복이 있기 마련이죠. 극도로 스트레스적인 환경에 대처했던 경험에 대해 말씀해 주세요.

→ 스트레스와 관련된 질문은 주로 스트레스를 많이 받는 분야에서 필수로 물어보는 질문입니다. 하나 다른 점은 사람의 생명을 다루는 일을 하는 만큼 스트레스를 받는 상황에서도 냉철하게 판단할 수 있는 능력이 특히 더 요구된다는 점이지요.

지원자 : The nursing profession is known for its short staff. One night, our section had only two nurses for 28 patients. It was one of those busy nights when everything goes wrong. We were short of help. The other nurse and I discussed the situation and did a quick priority check. We then divided the unit into two sections. Caring became easier and more organized that way. By partnering up we didn't get panicked and supported one another. We let each other know that we were hanging in there and successfully managed the urgent and stressful situation that night.

간호직은 항상 손이 모자라기로 유명합니다. 야간근무를 하던 어느 날 저희 구역에는 저를 포함해서 두 명의 간호사들이 28명의 환자들을 담당해야 했습니다. 그날 밤은 생각할 수 있는 모든 나쁜 상황은 다 일어날 수도 있었던 바쁜 날로 저희를 도와 줄 수 있는 인원이 절대적으로 부족했죠. 동료 간호사와 저는 해야 할 업무에 우선순위를 매겼습니다. 그리고 나서 구역을 둘로 나눴습니다. 그러고 나니 환자를 돌보는 것이 좀더 쉽고 정리가 되는 것 같았습니다. 구역을 나누니 당황하지 않고 서로 도울 수 있었습니다. 서로 잘 처리하고 있다는 상황을 알리면서 그날 밤의 위급하고 스트레스적인 상황을 성공적으로 처리할 수 있었습니다.

→ 똑똑한 간호사입니다. 상황을 절박하게 설명할수록 자신의 상황 대처 능력과 문제 해결 능력이 돋보인다는 점을 알고 있군요. 스트레스를 받고 도움이 절실히 요구되는 상황에서도 우선순위를 정해 일할 만큼 집중력과 침착성이 뛰어나다는 것을 엿볼 수 있습니다.

면접관 : If you are hired, which shift would you prefer to work?

채용되면 어느 시간대 근무를 선호하십니까?

→ 아이가 있어 저녁에는 항상 함께 있어줘야 한다거나 하는 특정한 이유가 있는 경우를 제외하고는 연봉 협상과 마찬가지로 특정한 한 시간대를 고집하는 것은 좋은 방법이 아닙니다. 회사마다 근무 시간을 정하는 시스템이 있을 수 있고 채용을 하는 데 꺼리게 되는 요인이 될 수 있기 때문입니다. 하지만 자신의 선호도를 밝혀 두는 것은 상관없습니다. 채용된 후에 경영진 또는 동료들과 친해진 후 협의 하에 바꿔도 늦지 않습니다.

지원자 : I am a morning person and it would be wonderful if I were hired and worked the morning shift. However, I understand it is sometimes up to a person's seniority. I don't have problems working other shifts.

저는 오전에 강한 편이라서 채용되어서 오전 근무조로 일할 수 있다면 멋진 일이겠죠. 하지만 때때로 연공서열에 의해 결정되어지기도 한다는 점 이해합니다. 다른 근무조로 일하는 것도 상관없습니다.

면접관 : Great to know that. Well, thanks for coming in today.

알려줘서 고마워요. 오늘 이렇게 와주셔서 감사합니다.

지원자 : The pleasure is mine. I hope to come back as a team member of this hospital and see you again.

제가 오히려 감사합니다. 이 병원의 팀원으로 돌아와 다시 뵙기를 바랍니다.

➡ 감사의 인사와 함께 병원의 팀원으로 뵙고 싶다는 입사의지를 다시 한 번 밝힌 점이 적극적입니다.

N·O·T·E·S

healthcare industry 의료 산업
demand 요구하다
reliability 신뢰성
take A seriously A를 진지하게 여기다
primary 주요한

ups and downs 기복, 좋을 때와 나쁠 때
get panicked 허둥지둥하다, 당황하다
hang in there 어려운 상황을 버티다, 견디다
morning person 오전형 인간
seniority 근속 연수

◆ **생산관리직은?**

– 더 나은 제품공정을 개발하고, 최소의 비용으로 좋은 재료와 부품을 사용하고, 생산 시간을 감소시키고, 낭비를 줄이고, 품질 좋은 완제품을 만드는 것이 생산관리의 핵심이다.

– 산업 자동화 기술 도입으로 컴퓨터, 센서, 로봇, **PLC** 등이 노동집약적인 부분을 대체하고 있으나, 전자공학 엔지니어, 산업 디자이너, 기술자 등을 위한 관문은 오히려 넓어졌다.

◆ **필요한 자질은?**

– 관련 전공, 자격증, 특히 관련 경험을 통한 전문적 기술을 갖추고 있어야 한다.
   technical skills with relevant study and experience

– 공정을 향상시킬 수 있는 창의성과 세부사항까지 신경 쓰는 꼼꼼함
   creativity to improve processes
   attention to detail

– 약속시간을 엄수하며 시간은 돈이라고 생각하는 자세
   punctual and have in mind that time is money

면접관 : Can you tell us about yourself?

자기소개를 해 보시죠?

지원자 : First of all, pleased to meet you all. My name is Su-Min Oh. Leadership, responsibility, and creativity. These are the qualities that explain who I am. I completed my military service as an officer and I was the vice president of a student body in the Department of Mechanical Engineering. My team members always tell me that I am one of the most dedicated and caring leaders. Responsibility is the attribute with which I could build a strong sense of trust with people. Whatever given to me, I make sure to get it done with a strong drive. As a student, I have strived to gain an insight in my field, resulting in me getting a scholarship 5 times. As a leader, I have never failed to achieve goals the team set. And last, I have a reputation for creative work. I never stop thinking how to improve myself and the processes around me. That's why I feel that I'm on the right path.

우선 이렇게 만나뵙게 되어 반갑습니다. 제 이름은 오수민이라고 합니다. 리더쉽, 책임감, 창의성. 이것들이 제가 어떤 사람인지를 설명해 주는 자질들입니다. 장교로서 군복무를 했고 기계 공학과 학생회의 부회장으로 활동했습니다. 저의 팀원들은 항상 제가 헌신적이고 팀원들을 아끼는 리더 중의 한 명이라고 평합니다. 책임감 때문에 다른 사람들과 신뢰감을 쌓을 수 있었습니다. 제게 주어지는 일은 뭐든지 강한 추진력으로 확실하게 끝냅니다. 학생으로서는 제 분야를 깊이 있게 알려고 노력한 결과 5회나 장학금을 받았고 리더로서 팀이 정한 목표를 매번 달성했었습니다. 마지막으로 저는 창의적인 작업으로 정평이 나있습니다. 저는 끊임없이 제 자신을 계발하려는 방법을 모색하고 제 주위의 프로세스들을 개선할 수 있는 방법을 생각합니다. 그래서 저는 제대로 과정을 밟아가고 있다고 생각합니다.

→ 자기소개를 해 보라고 할 때 자신을 표현할 수 있는 개념이나, 속담, 명언으로 시작하는 것도 좋은 방법입니다. 우선 다른 사람들과 다르게 자기소개를 한다는 점에서 눈에 뜨일 것이고 둘째, 자신의 강점을 답변의 앞부분에 먼저 제시할 수 있다는 장점이 있습니다.

면접관 : What quality do you think is most important to lead a team successfully?

성공적으로 팀을 이끌기 위해 리더로서 가장 중요한 자질은 무엇이라고 생각하십니까?

지원자 : I would say a successful leader should be able to establish a vision or a goal for the team. And a leader shouldn't be afraid to give responsibility to others by delegating. He or she should keep motivating and inspiring team members and recognize their achievements. However, what I would like to emphasize the most is that a true leader should care about his team members and be enthusiastic.

성공하는 리더는 팀에 비전이나 목표를 수립해 줄 수 있어야 합니다. 또한 리더는 다른 사람들에게 일을 일임함으로써 책임을 분산하는 것을 두려워해서는 안 됩니다. 팀원들을 격려해주고 동기 부여를 해주면 성과에 대해 인정을 해주어야 하죠. 하지만 제가 가장 강조하고 싶은 바는 진정한 리더는 팀원들을 진정으로 아끼고 열정을 가지고 있어야 한다는 것입니다.

➡ 생산관리에 있어 다양한 교육환경과 출신 배경을 지닌 사람들과 만나 일하게 될 때 의사소통 능력, 대인관계 능력과 더불어 필요한 것이 리더십입니다. 리더십이 있다고 말하기 전에 리더십이 무엇인지, 진정한 리더의 역할은 무엇인지 곰곰이 생각해 보세요.

면접관 : Can you brief us on a book or a movie that has impressed you? And why?

가장 인상 깊었던 책이나 영화를 간단하게 설명해 주시겠어요?

➡ 인상 깊게 읽었던 책이나 본 영화 등을 설명하라고 하는 이유는? 사람마다 같은 내용에 대한 반응이 다른 것은 자신의 세계관을 통해 판단하기 때문입니다. 또한 선택한 책의 종류로 보아 지원자의 관심 분야와 가치관를 점쳐볼 수 있습니다.

지원자 : The book that has inspired me the most recently is "Who Moved My Cheese?" by Dr. Spencer Johnson. It is a brief tale of two mice and two humans who live in a maze and their reaction when faced with changes. I think most people are fearful of change and it occurs whether a person is ready or not. I have learned that I should anticipate change, let go of the old, and move ahead with my work and life effectively.

최근에 가장 인상 깊었던 책은 스펜서 존슨 박사가 저술한 "Who Moved My Cheese?" 입니다. 미로 속에 사는 두 마리의 생쥐와 두 사람이 변화에 처했을 때의 반응에 대한 짧은 이야기입니다. 대부분의 사람들은 변화를 두려워한다고 생각합니다. 그런데 변화는 우리가 준비되었든지 그렇지 않든지 일어난다는 것이죠. 저는 변화를 예상하고 옛 것을 뒤로 하고 효과적으로 제 일을 하고 삶을 살아가야 한다는 것을 배웠습니다.

➡ 답변을 눈여겨 봅시다. 먼저 제목을 말하고 저자나 감독, 영화라면 주인공을 맡은 배우의 이름을 언급할 수도 있습니다. 읽어 보지 않은 면접관들을 위해 한 두 마디 정도로 스토리를 소개합니다. 가장 중요한 부분은 책을 읽고 또는 영화를 보고 느낀 감정이나 교훈 등을 요약해 주는 것입니다. 위의 지원자는 변화에 적극적으로 대응하는 방법을 배웠다는 결론을 통해 지원자 자신이 변화에 대해 민감하게 대처하고 있는 의식 있는 지원자라는 인상을 남겼습니다.

면접관 : What would you do if we relocated you to a city other than one you desired?

희망하는 곳 이외의 도시로 배치되면 어떻게 하시겠습니까?

➡ What if-형 질문입니다. 지방 도시에 배치되었을 때 어떻게 하겠느냐는 것은 단순히 지원자의 반응을 떠보려는 질문일 수도 있고 실제 지방 배치 요원이 모자란 관계로 실제 의사를 물어볼 수도 있는 지라 난감한 질문일 수도 있습니다. 채용되고 보자고 해서 무조건 괜찮다고 하면 원하지 않는 곳에서 일할 수도 있습니다. 꼭 지망한 곳이어야만 한다고 우기면 채용의 가능성이 내려갈 수도 있으니 이를 어떻게 해야 할까요? 궁극적으로 자신이 일하고 싶은 곳을 밝히되, 당분간이라면 상관없을 것 같다거나 약간의 절충은 가능하다는 식도 괜찮습니다.

지원자 : I wouldn't mind working in another city as long as the position and work are satisfying and I can develop my expertise. For now, I would be happier working where my family and most of my acquaintances are, but it would be fun and a learning experience to live somewhere else. I am open to many options. However, this is where I want to live eventually.

직위나 일이 만족스럽고 저의 전문 기술을 계발할 수 있는 곳이기만 하다면 다른 도시에서 일하는 것은 상관없습니다. 지금으로서는 제 가족과 대부분의 지인들이 있는 곳에서 일하는 것이 더 기쁘겠지만 다른 곳에서 일하는 것도 신나고 배울 수 있는 경험이 될 것입니다. 하지만 이곳이 제가 최종적으로 살고 싶은 곳입니다.

N·O·T·E·S

student body 전체학생. 여기서는 같은 과 학생들 전부
attribute 자질
sense of trust 신뢰감
never fail to ~을 반드시 해내다
delegate 일을 일임하다, 나눠주다
brief A on B A에게 B에 대해 간단하게 설명하다

maze 미로, 미궁
be fearful of 두려워하다
let go of 놓다, 놓아주다
relocate 전근시키다
acquaintance 아는 사람, 지인
eventually 최후에는, 결국에는

부록

국내 최고의 인터뷰 전문가가
공개하는 영어 인터뷰 특급 노하우

01 나는 어떤 일이 적성에 맞을까?

당신의 장점은 무엇입니까?

What are your strengths?(장점이 뭡니까?)나 Why should we hire you?(우리 회사가 왜 당신을 채용해야 하죠?)라는 질문에 자신 있게 답할 수 있었나요? Yes라면 다행이지만 그 반대라면 심각하지 않을 수 없습니다. 생각해 보세요. 지원자가 면접관에게 자신이 채용될 이유들을 제시하는 자리가 면접이라고 할 수 있는데 정작 본인은 자신의 장점을 모르고 있잖아요.

하지만 장점이 없는 게 아니라 표현할 수 없었을 뿐!!

따라서 영어면접이든 모국어 면접이든 가장 먼저 해야 할 부분은 정확한 자기평가입니다. 자신이 가지고 있는 기술, 재능, 능력, 장점, 단점, 관심사, 가치관을 재점검해보는 시간을 가져 봅시다. 좋은 소식은 여러분에게 장점이 없는 것이 아니라 여러분이 가지고 있는 장점들을 구체적으로 어떻게 표현해야 하는지 모르고 있다는 것이죠. 다음의 적성검사를 통해 여러분의 적성, 그 적성을 나타내는 영어 표현, 그 적성을 잘 발휘할 수 있는 직업 리스트, 자신도 미처 파악하지 못했던 행동패턴을 발견할 수 있을 겁니다.

Q1. 도대체 당신의 에너지 방향은 어디로 향해 있는 것일까?

대범형 (밖으로 발산되는 에너지로 압도한다.)	꼼꼼형 (속으로 축적되는 에너지로 리드한다.)
폭넓은 대인관계. 사교적이며 열정적이고 활동적이다. 다혈질이라는 평판.	깊이 있는 대인관계를 유지. 조용하고 신중하며 꽁생원. 범생이라는 별명.
☐ 에너지가 넘친다.(Have high energy)	☐ 활동력이 낮고 침착하다.(Have quiet energy)
☐ 듣기 보다는 말하는 것을 즐긴다.(Talk more than listen)	☐ 말하기 보다는 듣는 편이다.(Listen more than talk)
☐ 자신의 생각을 얘기해가며 정리한다.(Think out loud)	☐ 머릿속으로 혼자 조용하게 생각하는 형(Think quietly inside their heads)
☐ 행동한 후 생각한다.(Act, then think)	☐ 이해한 후에 행동한다.(Think, then act)
☐ 사람들 주위에 있는 것을 좋아한다. (Like to be around people a lot)	☐ 혼자 있는 것이 편하다.(Feel comfortable being alone)
☐ 앞에 나서야 속이 시원하다.(Prefer a public role)	☐ 뒤에서 남을 보조하는 것을 선호한다.(Prefer to work behind the scenes)
☐ 가끔씩 쉽게 마음이 산란해진다.(Can sometimes be easily distracted)	☐ 집중력이 강하다.(Have good powers of concentration)
☐ 여러 일을 한번에 처리하는 것을 선호한다.(Prefer to do lots of things at once)	☐ 하나씩 일처리 하는 것을 선호한다.(Prefer to focus on one thing at a time)

□ 외향적이고 원기왕성하다.(Are outgoing and enthusiastic)	□ 말이 없고 내성적이다.(Are self-contained and reserved)
□ A	□ B

Q2. 어떤 종류의 정보에 주로 주목하고 기억합니까?

감각형 (사실로 승부를 건다.)	직감형 (느낌으로 승부를 건다.)
실험에 의해 증명된 자료에 의지하고 실제 경험과 지금 현재를 중시, 해야 할 일을 정확하고 철저하게 처리.	'필' 받았다는 말을 자주 쓴다. 직감 내지 영감에 의존하며 미래 지향적이고 가능성을 중시, 신속하게 일을 처리.
□ 세부사항에 집중한다.(숲보다 나무를 보는 경향이 크다.) (Focus on the details and specifics) □ 실질적인 해결방안을 좋아한다.(Admire practical solutions) □ 세부사항에 주목하고 사실을 기억한다.(Notice details and remember facts) □ 현실적이고 있는 그대로의 사실을 본다.(Are realistic—see what it is) □ 지금 현재를 중시한다.(Live in the here and now) □ 실제 경험을 믿는다.(Trust actual experience) □ 검증된 기술 사용을 선호한다.(Like to use established skills)	□ 큰 그림과 가능성을 본다. (나무보다 숲을 본다.)(Focus on the big picture and possibilities) □ 창의적인 아이디어를 좋아한다.(Admire creative ideas) □ 새롭거나 색다른 일에 주목한다.(Notice anything new or different) □ 창의적이며 일의 추후 가능성을 본다.(Are inventive—see what it could be) □ 미래 가능성에 초점을 둔다.(Think about future implications) □ 자신의 본능적인 직감을 믿는다.(Trust their gut instincts) □ 문제나 일을 해결하는 것을 즐긴다.(Like to figure things out)
□ C	□ D

Q3. 당신은 어떻게 결정을 내립니까?

머리로 생각하는 자 (냉철함으로 승부를 건다.)	가슴으로 느끼는 자 (따뜻한 카리스마로 승부를 건다.)
진실과 사실에 주요한 관심을 갖고 논리적이고 분석적이며 객관적으로 판단. 차갑고 날카로워 보이는 인상.	사람과 관계에 주요한 관심을 갖고 상황이나 정상을 참작하여 설명을 한다. 주변에 사람이 넘치고 따뜻한 인상.
□ 객관적으로 결론을 내린다.(Make decisions objectively) □ 차갑고 말이 없어 보인다.(Appear cool and reserved) □ 합리적인 논리에 의해 설득된다.(Are most convinced by rational arguments) □ 솔직하고 단도직입적이다.(Are honest and direct) □ 정직성과 공평성을 중요시한다.(Value honesty and fairness) □ 일을 개인적인 것으로 받아들이지 않는다.(Take few things personally) □ Tend to see flaws – 결점을 보는 경향이 있다.	□ 가치와 감정에 의해 결정을 내린다.(Decide based on their values and feelings) □ 따뜻하고 친절해 보인다.(Appear warm and friendly) □ 감정에 의해 설득된다.(Are most convinced by how they feel) □ 외교수완이 있고 재치가 넘친다.(Are diplomatic and tactful) □ 조화와 동정심을 중요시한다.(Value harmony and compassion) □ 많은 일들을 개인적인 것으로 받아들인다.(Take many things personally) □ 장점을 먼저 본다.(Tend to see merits)

□ 업적달성에 의해 동기를 얻는다.(Are motivated by achievement)	□ 인정받는 것으로 동기를 얻는다.(Are motivated by appreciation)
□ 논쟁이나 토론을 재미삼아 한다.(Argue or debate issues for fun)	□ 논쟁과 대립을 피한다.(Avoid arguments and conflicts)
□ E	□ F

Q4. 어떠한 환경이 편하다고 느끼십니까?

확고부동형	우유부단형
목적과 방향이 뚜렷하며 기한을 엄수하고 철저하게 사전에 계획하고 체계적이다. 완고하여 고집스럽기도 하다.	목적과 방향은 변화 가능하고 상황에 따라 일정이 달라지기도 하며 자율적이고 융통성이 있다.
□ 결정을 쉽게 내린다.(Make most decisions pretty easily)	□ 결정 내리는 것을 힘들어 하기도 한다.(May have difficulty making decisions)
□ 진지하고 전통적이다.(Are serious and conventional)	□ 장난기가 있고 관습에 얽매이지 않는다.(Are playful and unconventional)
□ 시간에 신경 쓰고 신속하다.(Pay attention to time and are prompt)	□ 시간 개념이 없고 자주 늦는다.(Are less aware of time and often run late)
□ 업무를 완수하는 것을 선호한다.(Prefer to finish projects)	□ 새로 일에 착수하는 것을 좋아한다.(Prefer to start projects)
□ 일을 먼저 하고 논다.(Work first, play later)	□ 먼저 놀고 나중에 일한다.(Play first, work later)
□ 상황이 명확하게 결정되어 있길 원한다.(Want things decided)	□ 선택의 여지를 두는 것을 좋아한다.(Like to keep options open)
□ 대부분 규율의 필요성을 이해한다.(See the need for most rules)	□ 규율의 필요성에 의문을 품는다.(Question the need for many rules)
□ 계획을 짜서 이행하는 것을 좋아한다.(Like to make and stick with plans)	□ 융통성 있게 계획을 짠다.(Like to keep plans flexible)
□ 예정대로 진행되어야 안심이 된다.(Find comfort in schedules)	□ 즉흥적인 자유로움을 즐긴다.(Want the freedom to be spontaneous)
□ G	□ H

나는 어떤 사람?

테스트에서 표시한 알파벳 4개를 조합하면 다음과 같은 형태가 될 겁니다. 자신의 유형에 해당되는 분석표를 읽어 보세요. 각 유형마다 특성이 있고 그 적성을 잘 발휘할 수 있는 어울리는 직업들이 있습니다. 자, 여러분은 세상의 소금형 신용가(BCEG)형 인간입니까, 아니면 지도자형 사령관(ADEG)형 인간입니까?

BCEG	BCFG	BDFG	BDEG
BCEH	BCFH	BDFH	BDEH
ACEH	ACFH	ADFH	ADEH
ACEG	ACFG	ADFG	ADEG

BCEG – 세상의 소금형 신용가

내향적 감각형 : 신중하고 조용하며 집중력이 강하고 매사에 철저하며 뛰어난 사리 분별력	신중하고 조용하며, 보수적이고 집중력이 강하며 매사에 정확합니다. 사실적이며, 현실적이고, 체계적이며, 논리적인 성격을 띠고 있으며, 신뢰할 만합니다. 만사를 체계적으로 조직화시키려고 하며 책임감이 강합니다. 성취해야 한다고 생각하는 일이면 주위의 시선에 아랑곳하지 않고 꾸준하고 건실하게 추진해 나갑니다.
Key words	신중한 cautious / 조용한 quiet / 보수적인 conservative / 집중력이 강한 focused / 현실적인 realistic / 정확한 precise / 체계적인 organized / 신뢰할 수 있는 trustworthy / 확고부동한 firm / 논리적인 logical / 실제적인 practical / 조직화된 systematical / 근면한 hardworking / 성실한 sincere
BCEG를 위한 직업	기상학자 meteorologist / 데이터베이스 관리자 database administrator / 의료서비스 관리자 healthcare administrator / 변호사 보조원 paralegal / 회계사 accountant / 부동산 중개인 real estate broker / 건설업자 construction / 준공 검사관 building inspector / 형사 police detective / 신용분석가 credit analyst

BCFG – 임금 뒤편의 권력형 보좌관

내향적 감각형 : 조용하고 차분하며 친근하고 책임감 있으며 헌신적	조심성 있고 온화하면서 생각이 깊습니다. 조용하고 책임감이 있으며 양심이 바르다고나 할까요. 사람을 잘 알기 전까지는 머뭇거리며 선뜻 다가가기 힘들어 하지만 친해진 이후에는 다정다감하게 잘 챙겨주는 형입니다. 굉장히 꾸밈이 없고 세상살이 이치에 대해 깨닫고 있으며 개인적인 규율에 관해서는 좀처럼 물러나거나 타협하려고 하지 않습니다. 따라서 쉽게 감정이 상하기도 합니다. 근면성실하고 정리정돈이 잘 되어 있으며 단호한 면도 보입니다. 이들에게서 가장 중요한 것은 안정적이고 예상 가능한 삶을 살면서 남을 도와준다는 것이죠.
Key words	상세한 detailed / 성실한 diligent / 전통적인 conservative / 충실한 loyal / 참을성 있는 bearable / 봉사적인 caring / 헌신적인 dedicated / 보호하는 protective / 매우 섬세한 very detailed / 책임질 수 있는 responsible / 동정적인 sympathetic / 조심스러운 cautious
BCFG를 위한 직업	내과의사 physician / 영양사 dietitian / 사서 및 기록 보관인 librarian & archivist / 인테리어 디자이너 interior decorator / 신용 상담원 credit counselor / 고객서비스 상담원 customer service representative / 장부계원 bookkeeper / 지도 상담사 counselor / 특수교육 교사 special education teacher / 자산 관리인 property manager

BDFG – 예언자형 작가

내향적 직관형 : 뛰어난 통찰력과 직관력을 가지고 있고 인내심이 많음	인내심이 많고 한번 원하는 일이라면 끝까지 이루려고 하죠. 자기 일에 최선의 노력을 다하며 타인에게는 말없이 영향력을 미친답니다. 확고부동한 원리원칙을 중시하고 이 부류의 사람들은 창조적, 독창적이며 독립심이 강하죠. 사려가 깊고 따뜻하며 감수성이 예민합니다. 범세계적 발상을 가지고 있으며 독특한 비전에 열정을 보입니다. 조심성이 있고 계획적이고 체계적입니다. 일을 생산적으로 과단성 있게 추진합니다. 말수가 적고 예의가 바릅니다. 이 부류의 사람들에게 가장 중요한 것은 자신의 비전을 믿고 의지한다는 것입니다.
Key words	헌신적인 dedicated / 충실한 loyal / 자비로운 compassionate / 창의적인 creative / 열정적인 passionate / 결심이 굳은 determinant / 개념적인 theoretic / 전체적인 whole / 이상적인 idealistic / 신비로운 mysterious / 독창적인 original / 예의 바른 polite / 내성적인 reserved
BDFG를 위한 직업	특수교육 교사 special education teacher / 취업 상담가 career counselor / 임상 치료사 therapist / 종교관련 교육기관 학장 director of religious education / 편집장 혹은 미술 감독 editor or art director / 작가 writer

BDEG – 과학자형

내향적 직관형 : 전체적인 부분을 조합하여 비전을 제시하는 사람들. 과학자, 이론가, 발명가 등과 같이 사고가 독창적	독립적이며 냉담하며 지적입니다. 상상력이 풍부하고 혁신적이며 독특합니다. 반면 비판적이고 분석하는 것을 즐기며 상당히 논리적이기도 합니다. 배움에 관한 욕심이 남달라 항상 새로운 것을 배우고 지식을 축척하려고 합니다. 그러나 사교성이 부족하며 내성적입니다. 매사에 체계적이고 일관성을 보여줍니다. 이들은 독립적인 것을 추구하며 본인이 정한 규율을 지키며 사는 것을 선호합니다.
Key words	독립적인 independent / 논리적인 logical / 비판적인 critical / 독창적인 creative / 체계적인 organized / 확고한 decisive / 비전이 있는 visionary / 이론적인 theoretical / 객관적인 objective / 자율적인 autonomous
BDEG를 위한 직업	지적재산권 전문 변호사 intellectual property attorney / 디자인 공학사 design engineer / 네트워크 통합 기술자 network integration specialist / 소프트웨어 개발자 software developer / 정신과 의사 psychiatrist / 심장병 학자 cardiologist / 프리랜서 작가 freelance writer / 웹마스터 webmaster / 건축가 architect / 전자 출판 전문가 desktop publishing specialist

BCEH – 백과사전형

내향적 사고형 : 조용하고 과묵, 절제된 호기심	논리적이고 실용주의적이며 과묵합니다. 조용하여 말을 할 때 설득력이 없으며 개인주의적이죠. 현실적이나 무관심해 보이는 경향이 있습니다. 세상에 관해 관심이 많으며 쉽게 감정에 끌립니다. 유동성이 있어 지략이 풍부합니다. 객관적으로 사물을 보나 무심해 보이기도 합니다. 이 부류의 사람들은 개인적으로 자유롭게 활동하는 것을 선호하며 감정에 끌려 행동합니다.
Key words	객관적인 matter of fact / 무관심한 aloof / 현실적인 realistic / 실용적인 pragmatic / 응용력이 있는 applicable / 독립적인 independent / 모험을 좋아하는 adventurous / 자발적인 autonomous / 융통성 있는 flexible / 논리적인 logical / 충동적인 impulsive / 감정적이 아닌 unemotional / 지략이 풍부한 resourceful
BCEH를 위한 직업	컴퓨터 프로그래머 computer programmer / 비행기 조종사 pilot / 경찰 police officer / 소프트웨어 개발자 software developer / 정보서비스 매니저 information services manager / 응급실 기술자 emergency medical technician / 사립탐정 private investigator / 소방관 firefighter / 약사 pharmacist

BCFH - 성인군자형 예술가

내향적 감각형 : 따뜻한 감성을 가지고 있는 겸손한 사람들. 온정가로서 말없이 다 정다감	말없이 다정하고 친절하죠. 매사에 민감하며 자기 능력을 뽐내지 않고 겸손합니다. 대인관계에서는 의견충돌을 피하고 자기주장을 타인에게 강요하지 않죠. 따라서 남 앞에 서서 주도해 나가기 보다 충실히 따르는 것을 선호하며 일하는 데에도 여유가 있어요. 왜냐하면 목표를 달성하기 위해 안달복달하지 않고 현재를 즐기기 때문이죠.
Key words	돌보는 caring / 상냥한 pleasant / 융통성 있는 flexible / 민감한 sensitive / 예리한 keen / 협동적인 cooperative / 충성스러운 loyal / 조화로운 harmonious / 겸손한 humble / 현실적인 down-to-earth / 감정적인 empathetic / 생각이 깊은 thoughtful / 쉽게 상처받는 easily hurt / 적응을 잘 하는 adaptable
BCFH를 위한 직업	내과의사 physician / 디자이너:인테리어나 조경 designer: interior or landscape / 고객관리 사원 customer service representative / 패션디자이너 fashion designer / 요리사 chef / 감정인 surveyor / 간호사 nurse / 치위생사 dental hygienist / 여행사 직원이나 여행 안내자 travel agent or tour operator / 의료계 직원 home health worker / 의료 보조사 medical assistant

BDFH - 잔다르크형 탐구자

내향적 감정형 : 이상적인 세상을 만들 어가는 사람들. 탐색 가, 예술가, 신념가, 이상가 등과 같이 정 열적이고 충실	열정적이고 매사에 충실하나 상대방을 잘 알기 전까지는 이를 드러내지 않는 편이죠. 학습, 아이디어, 언어, 자기 독립적인 일에 관심이 많아요. 어떻게 하든 이루어내기는 하지만 일을 지나치게 많이 벌이려는 경향을 가지고 있어요. 일을 시작할 때 물질적 소유나 환경은 별로 개의치 않습니다. 남에게 친근하기는 하지만, 많은 사람들을 동시에 만족시키려는 부담을 혼자 짊어지기도 하죠.
Key words	조용한 quiet / 내성적인 reserved / 친절한 kind / 정열적인 passionate / 자비로운 compassionate / 헌신적인 dedicated / 창의적인 creative / 독창적인 original / 상상력이 풍부한 imaginative / 호기심이 풍부한 curious / 순종하지 않는 nonconforming
BDFH를 위한 직업	심리학자 psychologist / 인사 전문가 human resources professional / 연구원 researcher / 통번역사 translator or interpreter / 법률 중재인 legal mediator / 인문대 교수 college professor: humanities / 사회 복지사 social worker / 사서 librarian / 편집장 또는 미술 감독 editor or art director

BDEH - 아이디어뱅크형 건축가

내향적 사고형 : 비평적인 관점을 가지 고 있는 뛰어난 전략 가들	이론적 과학적 추구를 즐기며, 논리와 분석으로 문제를 해결하기를 좋아하죠. 주로 자기 아이디어에 관심이 많으나, 사람들의 모임이나 잡담에는 관심이 없고 무덤덤하죠. 조용하고 과묵해 때론 화난 사람 같기도 하다는 말을 잘 듣죠. 관심의 종류가 뚜렷하므로 자기의 지적 호기심을 자극하는 분야에 소질이 있어요.
Key words	독립적인 independent / 논리적인 logical / 회의적인 skeptical / 호기심 많은 curious / 혁신적인 innovative / 독창적인 ingenious / 잘 적응하는 adaptive / 이론적인 theoretical / 정확한 accurate
BDEH를 위한 직업	컴퓨터 소프트웨어 개발자 computer software developer / 법률 중재인 legal mediator / 재무 분석가 financial analyst / 경제학자 economist / 철학, 경제 분야 대학교수 college professor: philosophy, economics / 음악가 musician / 웹디자이너 web site designer / 형사 investigator / 전략수립가 strategic planner / 네트워크통합 전문가 network integration specialist

ACEH – 수완 좋은 활동가형 발명가

외향적 감각형 : 친구, 운동, 음식 등 다양한 활동을 선호. 현실적으로 문제해결	현실적인 문제 해결에 뛰어난 기량을 발휘하죠. 근심이 없고 어떤 일이든 즐길 줄 안답니다. 기계 다루는 일이나 운동에 뛰어나죠. 친구 사귀기를 좋아하고 적응력이 강합니다. 관용적이며, 보수적인 가치관을 가지고 있어요. 긴 설명을 정말 싫어하죠. 기계의 분해 또는 조립과 같은 실제적인 일을 다루는 데 능숙해서 고장 난 가전제품을 수리하거나 조립 컴퓨터를 선호하기도 하죠.
Key words	활동적인 active / 모험심이 강한 adventurous / 충동적인 impulsive / 수다스러운 talkative / 호기심이 강한 curious / 적응을 잘 하는 adaptive / 자유분방한 free-spirited / 논리적인 logical / 침착한 calm / 유머감각이 있는 capable of great humor
ACEH를 위한 직업	응급의료 기술자 emergency medical technician / 증권 중개인 stockbroker / 보험 설계사 insurance agent / 도시 공학자 civil engineer / 사립 탐정 private investigator / 여행사 직원 tour agent / 무역, 산업, 기술 분야 교사 teacher: trade, industrial, technical

ACFH – 사교적인 유형 엔터테이너

외향적 감각형 : 분위기를 고조시키는 우호적인 사람들. 사교적이고 낙천적이며 접대를 잘함	사교적이고 태평스럽고 수용적이고 친절하며, 만사를 즐기는 형이기 때문에 다른 사람들로 하여금 일에 흥미를 느끼게 하고 운동을 좋아하고 주위에 벌어지는 이 일 저 일에 관심이 많아 끼어들기를 좋아합니다. 추상적인 이론보다는 구체적인 사실을 잘 기억하는 편이고, 사교성이 뛰어나며 즉흥적인 유머감각이 뛰어나 함께 하면 시간가는 줄 모르는 유형입니다. 사람들을 대상으로 하는 분야에서 능력을 발휘할 수 있습니다.
Key words	따뜻한 warm / 사교적인 gregarious / 쾌활한 playful / 충동적인 impulsive / 호기심이 많은 curious / 이야기하기 좋아하는 talkative / 민감한 sensitive / 신경을 써주는 caring / 부드러운 gentle
ACFH를 위한 직업	유아교육 교사 early childhood education teacher / 치과 보조사 dental assistant / 최고 정보관리 책임자 chief information officer / 섭외 및 홍보전문가 public relations specialist / 여행사 직원 travel agent / 수의사 veterinarian / 특별행사 기획자 special events coordinator

ADFH – 문제 해결가형

외향적 직관형 : 열정적으로 새로운 관계를 만드는 사람들. 따뜻하고 정열적	관심이 있는 일이라면 어떤 일이든지 척척 해냅니다. 어려운 일이라도 해결을 잘하며 항상 남을 도와줄 태세를 가지고 있고, 자기 능력을 과시한 나머지 미리 준비하기보다 즉흥적으로 덤비는 경우가 많습니다. 자기가 원하는 일이라면 어떠한 이유라도 갖다 붙이며 부단히 새로운 것을 찾아 나서며, 다소 다혈질적인 면이 많습니다.
Key words	열정이 넘치는 enthusiastic / 말이 많은 talkative / 외향적인 outgoing / 영리한 clever / 호기심 많은 curious / 쾌활한 playful / 광장히 혁신적인 highly innovative / 창의력이 풍부한 creative / 긍정적인 optimistic / 특이한 unique / 적응을 잘하는 adaptable / 수단이 좋은 resourceful / 정리정돈을 못하는 disorganized
ADFH를 위한 직업	광고 고객 관리직 advertising account executive / 취업 및 전직 알선 카운슬러 career or outplacement counselor / 교육 프로그램 개발자 developer of educational software / 저널리스트나 잡지 기자 journalist or magazine reporter / 그래픽 디자이너 graphic designer / 카피라이터 copywriter / 심리학자 psychologist / 인력개발 전문가 human resources professional

ADEH – 발명가형

외향적 직관형 : 풍부한 상상력을 가지고 새로운 것에 도전하는 사람들	민첩하고 독창적이고 안목이 넓으며 다방면에 재능이 많습니다. 새로운 일을 시도하고 추진하려는 의욕이 넘치며, 새로운 문제나 복잡한 문제를 해결하는 능력이 뛰어나며 달변이죠. 일상적이고 세부적인 면은 간과하기 쉬우며, 하나의 일에 관심을 가져도 부단히 새로운 것을 찾아나갑니다. 자기가 원하는 일이면 논리적인 이유를 찾아내는 데 능합니다.
Key words	진취적인 innovative / 독립적인 independent / 솔직한 honest / 재치 있는 quick-witted / 창의적인 creative / 융통성 있는 flexible / 도전적인 adventurous / 분석적인 analytical / 영리한 clever / 자원이 풍부한 resourceful / 호기심 많은 curious / 이론적인 theoretical
ADEH를 위한 직업	관리 마케팅 관련 컨설턴트 management/marketing consultant / 카피라이터 copywriter / 라디오 및 TV 토크쇼 진행자 radio or TV talk show host / 부동산 개발업자 real estate developer / 전략 수립가 strategic planner / 인터넷 마켓 경영자 internet marketer / 광고 창작 감독 advertising creative director

ACEG – 사업가형 행정가

외향적 사고형 : 사무적, 실용적, 현실적으로 일을 많이 하는 사람들	구체적이고 현실적이고 사실적이며, 기업 또는 기계에 재능을 타고났습니다. 실용성이 없는 일에는 관심이 없으며 필요할 때는 응용할 줄 알고, 모임을 조직화하고 주도해 나가기를 좋아합니다. 타인의 감정이나 관점에 귀를 기울일 줄 알면 훌륭한 행정가가 될 수 있습니다.
Key words	열정적인 energetic / 우호적인 friendly / 거리낌 없는 outspoken / 생산적인 productive / 정리를 잘 하는 organized / 능률적인 efficient / 현실주의의 realistic / 분별 있는 sensible / 의심 많은 skeptical / 솔직한 honest / 완고한 opinionated / 퉁명스러운 blunt / 관습적인 traditional / 진지한 serious / 책임 있는 accountable
ACEG를 위한 직업	경영 임원 business executive / 육군 장교 military officer / 최고 정보관리 책임자 chief information officer / 부동산 중개업자 real estate agent / 예산 분석가 budget analyst / 기업재무 법률가 corporate financial attorney / 약사 pharmacist / 보험 설계사 insurance agent

ACFG – 친선도모형 판매원

외향적 감정형 : 친절과 현실감을 바탕으로 타인에게 봉사하는 사람들	마음이 따뜻하고 이야기하기 좋아하며, 사람들에게 인기가 많고 양심 바르며, 남을 돕는 데에 타고난 기질이 있으며 집단에서도 능동적인 구성원이다. 조화를 중시하고 인화를 이루는 데 능합니다. 항상 남에게 잘 해주며, 격려나 칭찬을 들을 때 가장 신바람이 나고 사람들에게 직접적인 영향을 줄 수 있는 일에 가장 관심이 많죠.
Key words	활동적인 active / 우호적인 friendly / 외향적인 outgoing / 사랑이 넘치는 affectionate / 말이 많은 talkative / 다른 사람을 걱정하는 concerned about others / 예의바른 polite / 협력적인 cooperative / 현실적인 realistic / 양심적인 conscientious / 민감한 sensitive / 쉽게 상처받는 easily hurt / 정리가 잘 된 organized / 책임감 있는 responsible / 상투적인 conventional
ACFG를 위한 직업	부동산 중개업자 real estate agent / 수의사 veterinarian / 특수교육 교사 special education teacher / 신용 상담원 credit counselor / 사원지원 상담원 employee assistance counselor / 운동 물리 치료사 exercise physiologist / 간호사 registered nurse / 상품 기획 및 구입 담당자 merchandise planner/buyer

ADFG – 언변능숙형 교육자

외향적 감정형 : 타인의 성장을 도모하고 협동하는 사람들	주위에 민감하고 책임감이 강하며 다른 사람들의 생각이나 의견을 중히 여기고, 다른 사람들의 감정에 맞추어 일을 처리하려고 합니다. 편안하고 능수능란하게 계획을 내놓거나 집단을 이끌어 가는 능력이 있으며, 사교성이 풍부해서 인기가 있고 동정심이 많습니다. 남의 칭찬이나 비판에 지나치게 민감하게 반응하는 경향을 보입니다.
Key words	우호적인 friendly / 열정적인 enthusiastic / 사랑이 넘치는 affectionate / 명료한 articulate / 재치 있는 tactful / 동정심이 많은 highly empathetic / 쉽게 상처받는 easily hurt / 창의력 있는 creative / 독창적인 original / 결정을 잘 내리는 decisive / 열정적으로 완고한 passionately opinionated / 생산적인 productive / 정리된 organized / 책임감 있는 responsible
ADFG를 위한 직업	광고 회계 임원 advertising account executive / 잡지 편집장 magazine editor / 임상 치료사 therapist / 직업 상담원 career counselor / 인문대 교수 college professor: humanities / 기금 조성자 fund-raiser / TV 제작자 TV producer / 작가 또는 신문기자 writer or journalist / 사회 봉사자 social worker / 인사 관련 전문가 human resources professional

ADEG – 지도자형 사령관

외향적 사고형 : 비전을 제시하며 사람들을 리드해가는 사람들	열정이 많고 솔직하고 단호하고 통솔력이 있습니다. 대중 연설과 같이 논리와 지적 담화가 요구되는 일에 능하며, 보통 정보에 밝고 지식에 대한 관심과 욕구가 많습니다. 때로는 실제의 자신보다 더 긍정적이거나 자신 있는 듯한 사람으로 비칠 때가 있습니다.
Key words	우호적인 friendly / 강인한 strong-willed / 거침없는 outspoken / 솔직한 honest / 논리적인 logical / 자신과 타인에게 너무 많은 요구를 하는 demanding of themselves and others / 능력을 보여주기 위해 매우 노력하는 driven to demonstrate competence / 세계관에 관한 창의력 creative with a global perspective / 단호한 decisive / 정리를 잘 하는 organized / 효율적인 efficient
ADEG를 위한 직업	최고경영자 Chief Executive Officer / 네트워크 통합 전문가 network integration specialist / 경영 컨설턴트 management consultant / 프랜차이즈 가게 경영자 franchise owner / 부동산 개발업자 real estate developer / 지적재산권 전문 변호사 intellectual property attorney / 경제 분석가 economic analyst / 판사 judge

02 | 지피지기면 백전백승

인터뷰, 이런 것을 묻는다!

최근 서울시가 주최한 취업 박람회에서 한국인에게 가장 인기 있는 외국계 기업의 면접 족보를 배포했는데요. 내용을 살펴보면 이 책의 근간을 이루는 기본 질문 외에 지원자의 순발력을 파악하려는 당황스러운 질문부터 취업과는 별 상관이 없어 보이는 질문까지 다양하다는 것을 알 수 있습니다. 명심해야 할 점은 면접관은 절대 이유 없는 질문은 하지 않는다는 점입니다. 질문을 듣는 그대로 섣불리 답하지 말고 질문의 요지가 무엇이고 면접관이 이 질문을 통해서 알아내고자 하는 것이 무엇일까를 재빨리 파악해서 답해야 합니다.

1. 본인과 가족

- 자신에 대해 간단히 소개해 보시오.
- 자신의 장점과 단점에 대해 말해 보시오.
- 취미나 특기가 있는가?
- 가족관계는 어떻게 되나?
- 제일 자신 있는 일은?
- 남들에 비해 본인이 잘 할 수 있는 것이 무엇이라고 생각하는가?
- 주량은?
- 최근 감명 깊게 읽은 책이 무엇이고, 어떤 점에서 감명을 받았는가?
- 아버지 직업은?

2. 성장과정

- 본인에게 가장 큰 영향을 준 사람이 있다면? 이유는 무엇인가?
- 가장 존경하는 사람은 누구인가? 이유는 무엇인가?
- 지금까지 가장 기뻤던 일은 무엇인가?
- 최근 화가 났던 일은 무엇인가?
- 좌절한 적이 있었나?
- 살아오면서 가장 힘들었던 때는 언제이며 극복방법은?
- 불가능하다고 여겼던 일을 달성해 낸 경험이 있는가?

3. 학창 시절 및 교우 관계

- 봉사 활동을 한 적이 있나? 느낀 점은 무엇인가?
- 특별한 동아리 활동을 한 경험이 있는가?
- 동아리에서 주로 무엇을 했나?
- 친구들이 자신을 어떻게 평가하는가?
- 남들이 자신을 어떤 사람으로 보고 있다고 생각하나?
- 현재 애인은 있나?
- 리더쉽을 발휘한 적이 있다면 한 가지만 말해보시오.

4. 재학 시 활동 및 해외 경험

- 대학시절 전공 외에 관심을 가진 분야는 어떤 것이 있는가?
- 국내 혹은 외국에서 연수나 여행을 경험한 적이 있는가?
- 외국 여행을 통해 얻은 교훈이나 느낌을 말해 보시오.
- 대학시절 자신의 성적을 어떻게 생각하나?
- 성적이 좋지 않은데 공부 외에 열정을 쏟은 부분이 있나?
- ○○학과를 선택한 이유는?

5. 컴퓨터 또는 외국어 활용 능력

- 활용 가능한 컴퓨터 프로그램은 무엇인가?
- 외국어로 자신을 소개해 보시오.
- 영어실력은 어느 정도 수준인가?

6. 아르바이트

- 아르바이트를 하면서 무엇을 느꼈나?
- 졸업 후에(또는 휴학기간에) 무엇을 했나?
- 학창 시절에 어떤 아르바이트를 해 보았나?
- 가장 기억에 남는 아르바이트는?

7. 직장 생활과 인생관

- 직장은 본인에게 어떤 곳인가?
- 다른 직장에 근무한 적이 있는가?
- 왜 다니던 직장을 그만두었는가?
- 일에 대한 당신의 사고방식은?

- 1억원이 있다면 무엇을 하겠나?

- 10년 후의 자신에 대하여 이야기한다면?

- 노조에 대한 자신의 견해를 말해보라.

- 정리해고에 대해서 찬성인가, 반대인가?

- 연봉은 어느 정도를 원하나?

- 주 5일 근무제도에 대한 의견은?

- 조직목표와 개인목표 상충 시 어떻게 할 건가?

8. 지원동기 및 지원회사

- 본사를 지원한 동기는 무엇인가?

- 회사에 대해서 아는 대로 설명해 보시오.

- 만일 당신이 CEO라고 가정하면 이 회사의 문제점은 무엇이며, 이를 어떻게 해결하겠는가?

- 일과 사생활에 대하여 어떻게 생각하나?

- 사회인과 학생의 차이는 뭐라고 생각하나?

- 입사 후 본인이 회사와 맞지 않는다는 생각이 든다면?

- 회사가 부도 위기에 처한다면?

- 왜 우리가 당신을 뽑아야 하나?

- 회사와 자신의 가치관이 대립된다면 어떻게 하겠는가?

- 회사에 질문하고 싶은 사항은?

- 다른 어느 회사를 지원했는가?

- 면접 본 회사가 있는가?

- 우리 회사는 무엇을 하는 곳인가?

- 이 회사에 들어오기 위해 어떤 노력을 했는가?

- 어느 직급까지 승진할 것 같나?

9. 희망부서

- 회사에 입사하게 된다면 어느 부서에서 일하고 싶은가?

- 영업부에 배치된다면 어떻게 하겠는가?

- 원치 않는 부서에 배치된다면 어떻게 하겠는가?

- 지방근무 발령을 받게 된다면?

- 지원한 부서가 어떤 업무를 하는지 알고 있나?

- 전공은 무엇이며 업무와의 연관성을 말하면?

- 이 분야를 선택한 이유는 무엇인가?

- 지원 분야에 대해 아는 대로 설명하시오.
- 입사 후 전공을 지원분야와 어떻게 접목시킬 것인가?
- 영업이란 무엇이라고 생각하나?

10. 상사와의 관계
- 상사가 납득하기 힘든 지시를 하면 어떻게 하겠는가?
- 퇴근시간이 훨씬 지났는데도 상사가 계속 일을 시킨다면 어떻게 하겠는가?
- 상사가 부당한 일을 시키면 어떻게 하겠는가?

11. 장래포부
- 10년 후에 당신은 어떤 모습일 것 같은가?
- 본사를 통해 이루고 싶은 목표는 무엇인가?
- 꿈이 무엇인가?
- 입사 후 하고 싶은 일을 영어로 말해 보시오.

12. 최근 뉴스와 지원자의 견해
- 달러가 약세를 유지하고 미국의 금리가 인하되면 우리 경제에 어떤 영향을 미치리라고 보나?
- 최근 뉴스에서 가장 관심을 가졌던 화제는?
- 마지막으로 하고 싶은 말은?
- 자신이 면접관이라면 무엇을 물어보겠는가?
- 신문을 읽는가? 제일 먼저 보는 면은? 이유는?
- 오늘 아침 신문기사 중에서 기억나는 것은?

인터뷰 평가표

유명 외국기업의 인터뷰 평가표입니다. 자신이 면접관이라고 생각하고 인터뷰를 직접 채점해 보세요. 스터디 그룹에서 모의 인터뷰 시 활용하셔도 좋습니다.

인터뷰 평가표					
지원분야 :		지원자 이름 :	면접일시 :	면접자 :	
연번	평가 구분	가중치	질문 및 평가에 대한 착안점	평가	점수
1	태도 · 자세		– 복장의 청결함과 단정함, 바른자세, 말하는 태도, 표정관리 – 건강상태(평소 즐겨하는 운동 등)		
2	신뢰성		– 기본적인 평가항목으로 이력서에 기재된 내용의 사실성 여부에 관한 질문(이력서 내용에 관한 질문에 대한 답변으로 일치여부 확인)		
3	가치관		– 긍정적인 사고방식, 책임성과 성실함 – 인간관계에 있어서 중요한 덕목		
4	적극성		– 자기계발에 대한 의욕 정도(어떤 일이든지 자발적으로 나선다.) – 지속적인 자기계발 계획		
5	협동성		– 공동작업 수행능력에 대한 평가(공동작업 수행 경험) – 단위 조직간의 이해를 조정하고 결정된 사항을 수용하려는 자세		
6	리더쉽		– 주어진 업무를 주도적으로 이끌어 간다. – 단체생활에서의 참여와 의견교환을 이끌어 내거나 의견수용을 잘하는지		
7	세계화 · 국제화 의식		– 국제적인 이슈에 대한 관심도 – 전문성을 지닌 분야에 대한 전망		
8	직업관		– 직장에 대한 올바른 가치관 및 직장인으로서 가장 중요한 덕목 – 일과 개인생활에 대한 비중		
9	경력사항 및 전문성		– 경력에 대한 직무 위주의 질문 – 졸업논문이나 자격을 취득한 분야 – 본인이 필요로 하는 교육 및 전문성을 지닌 분야에 대한 전망		
10	인터넷에 관심과 이해도		– 인터넷 활용 정도 – 인터넷이 개인 또는 사회에 미치는 영향 – 인터넷 사업의 전망에 대한 의견		
11	회사에 대한 관심과 이해도		– 회사를 접하게 된 동기와 계기 – 회사에 건의사항이 있다면		
12	회사 비즈니스에 대한 관심과 이해도		– 회사에 대한 지원자의 생각 – 회사의 비즈니스 모델 및 상품에 대한 질문 – 회사 상품에 대한 지원자의 생각에 대한 질문		
13	논리적 사고능력		– 의견 제시에 있어서 논리정연하게 설명, 논리에 맞고 일관성 있는 언변 – 주관적/감정적 요소를 배제하고 타당한 논거를 바탕으로 의견 제시		
14	창의력		– 사고 방식 또는 관점을 바꿔가면서 다양한 적용을 하고 있는지 – 기존의 내용보다는 독특한 아이디어나 제안이 있는지를 파악		
15	영어 구사 능력				
			총점		

03 면접 유형별 대처법

인터뷰의 종류	대처방안
일대일 면접 One-On-One Interview 지원자가 직무에 필요한 기술 및 교육배경을 갖추고 있다는 전제하에 실시합니다. 지원자가 회사에 잘 적응할지의 여부와 해당 부서에 기여도를 판단합니다.	지원자는 면접관과 신속히 유대감을 쌓는 것을 시작으로 해서 회사에 이익을 가져다 줄 자격요건을 충분히 갖추었다 것을 확신시켜야 합니다.
집단 토론 Group Discussion 주제가 소개되고 면접관이 토론 개시를 알립니다. 지원자가 어떻게 남과 반응하고 상대방을 이기기 위하여 자신의 지식과 설득력을 사용하는지를 관찰합니다. 논리력, 협조성, 조직 적응력, 의사소통 능력, 지도력을 평가합니다.	항상 결론을 먼저 말하고 이를 증명하는 부연 설명을 덧붙입니다. 교과서적인 정답이 아니라 독창적인 시각으로 현실적인 대안을 제시합니다. 남이 얘기할 때는 끊지 않고 경청합니다. 다른 사람의 의견에 무조건 동의하는 것은 피합니다.
프리젠테이션 면접 Presentation 전공 및 실무 능력을 파악하기 위해 일정 주제를 주고 20~30분 동안 혼자 발표하는 과정을 통해 지원자의 발표력, 논리력, 창의성, 설득력, 전문성, 기본 실무 능력을 관찰합니다.	평소 지원하는 업계 동향이나 지원 직무에 대한 전문 지식을 쌓아두는 것이 도움이 됩니다. 짧은 시간이지만 서론, 본론, 결론으로 나눠 논리를 전개하고, 발표를 시작할 때 목차를 간단하게 정리해주면 좋습니다. 지레짐작이나 추측성 발언은 삼가되 참신한 아이디어로 승부하세요.
블라인드 면접 Blind Interview 지원자의 출신학교, 출신지역, 연령, 결혼 여부 등 지원자의 역량과 상관없는 정보를 제외한 상태에서 면접을 진행합니다. 지원자의 배경에 대한 편견 없이 인재를 채용하고자 하는 의지의 발현입니다.	평소 스팩이 약하다고 생각하는 지원자라면 블라인드 면접을 실시하는 회사를 지원해 볼만 합니다. 자기소개서를 작성할 때 출신학교나 출신지역의 이름을 기재하지 않도록 합니다.
압박 면접 Stress Interview 지원자를 극도의 긴장 상태로 몰아 긴장 상태에서의 문제 해결 능력 및 상황 대처 능력을 평가합니다. 주로 유통업체에서 많이 시도합니다. 지원자의 약점을 들춰내 비꼬거나 따지듯이 말하기도 하고, 기다리게도 하며 숨 고를 틈도 없이 빠른 속도로 어려운 질문을 던지기도 합니다.	절대로 개인적, 감정적으로 대응하지 말고 질문에 대하여 차분하게 답변합니다. 필요하면 질문을 반복해달라고 요청하고, 성급히 답하지 않도록 합니다.
전화 면접 Telephone Interview 면접은 회사로서 상당히 많은 비용을 요구하는 과정이기 때문에 자격이 떨어지는 지원자를 제외시키고 심층적으로 실제 면접을 할 최소의 지원자만을 골라내기 위한 인터뷰입니다.	예상질문에 대한 질문과 답변을 미리 써두고 준비한 자료를 전화기 옆에 보기 쉽게 둡니다. 말을 중간에 끊지 않고 필요한 내용은 메모를 통해 적어 두었다가 말할 차례가 되었을 때 물어 봅니다. 또박또박 발음하고, 요청 받은 질문에 대해 간결하게 답변합니다.
기타 이색 면접 Other Interviews 술자리 면접, 역할 연기 면접, 고객이 면접관인 면접, 스포츠 활동을 통한 면접 등 회사에 맞는 역량 있는 핵심 인재를 선발하기 위해 기존의 서류전형이나 면접전형을 과감하게 탈피한 방식입니다.	어떠한 형태의 면접이든 신입사원의 강점인 열정과 성실함을 보여줍니다. 고객 중심으로 사고하는 자세를 보여주는 것이 최선입니다. 긍정적인 자세로 솔선수범하는 태도를 유지하고, 경쟁자인 것을 떠나서 상대를 배려해 줍니다.

001 | 이왕 생각하는 거라면 대범하게 생각하라.
If you are going to think anyway, think big.

002 | 비전이란 보이지 않는 것을 볼 수 있는 예술이다.
Vision is the art of seeing the invisible.

003 | 서둘지도 말고 그렇다고 쉬지도 말라.
Without haste, but without rest.

004 | 하나의 문이 닫히면 다른 문이 열린다.
One door closes, another opens.

005 | 기회의 문은 밀어야 열린다.
The door of opportunity is opened by
pushing.

006 | 실패는 우회로일 뿐 막다른 길은 아니다.
Failure is a detour, not a dead-end street.

007 | 전쟁보다 협상이 백 배 낫다.
To jaw-jaw is better than war-war.

008 | 눈은 별을 향하되 발은 땅 위에!
Keep your eyes on the stars and keep your
feet on the ground.

009 | 더 좋은 방법은 언제나 존재하기 마련이다.
There is always a better way.

010 | 흠을 찾지 말고 대책을 찾을 것
Don't find the fault, find a remedy.

011 | 위대한 무용가는 테크닉이 아니라 열정 때문에 위
대한 것이다.
Great dancers are great because of their
passion, not their technique.

012 | 어떤 일도 작은 일들로 나누면 특별히 어려울 게
없다.
Nothing particularly hard if you divide it
into small jobs.

013 | 모두를 존경하되 아무도 두려워하지 말라.
Respect all, fear none.

014 | 이 세상 최고의 파산자는 열정을 잃어버린 사람이
다.
The worst bankrupt in the world is the
person who has lost his enthusiasm.

015 | 용기는 근육과 같아서 사용할수록 강해진다.
Courage is like a muscle. It is strengthened
by use.

016 | 보수 따위는 필요 없다는 듯이 일하고, 상처받은
적 없는 사람처럼 사랑하고, 아무도 보고 있지 않
을 때처럼 춤추길.
Work like you don't need the money, love
like you've never been hurt, and dance like
you do when nobody's watching.

017 | 완벽함은 잦은 변화에서 온다.
To improve is to change; to be perfect is to
change often.

018 | 수업료가 꽤 비싸긴 해도 경험은 최고의 교사
Experience is the best of schoolmasters,
only the school fees are heavy.

019 | 불가능과 가능의 차이는 의지에 달려 있다.

The difference between the impossible and the possible lies in determination.

020 | 신뢰받는 것은 사랑받는 것보다 더 큰 영광이다.

To be trusted is a greater compliment than to be loved.

021 | 일보다 성공이 먼저 나오는 곳은 사전밖에 없다.

The only place where success comes before work is a dictionary.

022 | 두려움 때문에 갖는 존경심만큼 비열한 것은 없다.

Nothing is more despicable than respect based on fear.

023 | 사람이 제대로 볼 수 있는 수단은 마음뿐이다. 본질적인 것은 눈에 보이지 않는다.

It is only with the heart that one can see rightly; what is essential is invisible to the eye.

024 | 사랑은 두 사람이 마주 쳐다보는 것이 아니라 함께 같은 방향을 바라보는 것이다.

Love does not consist in gazing at each other, but in looking together in the same direction.

025 | 아들에게 돈을 물려주는 것은 저주를 하는 것이나 다름없다.

I would as soon leave my son a curse as the almighty dollar.

026 | 안다는 것은 전혀 중요하지 않다. 상상하는 것이 가장 중요하다.

To know is nothing at all; to imagine is everything.

027 | 사업의 비결은 다른 사람들은 아무도 모르고 있는 무엇인가를 아는 것이다.

The secret of business is to know something that nobody else knows.

028 | 용기 있는 한 사람이 다수의 힘을 갖는다.

One man with courage makes a majority.

029 | 절대로, 절대로 포기하지 마라.

Never, never, never, never give up.

030 | 사람은 살려고 태어나는 것이지 인생을 준비하려고 태어나는 것은 아니다. 인생 그 자체, 인생의 현상, 인생이 가져다주는 선물은 숨이 막히도록 진지하다!

Man is born to live, not to prepare for life. Life itself, the phenomenon of life, the gift of life, is so breathtakingly serious!

031 | 당신이 잘하는 일이라면 무엇이나 행복에 도움이 된다.

Anything you're good at contributes to happiness.

032 | 사람이 먼 일을 생각하지 않으면 바로 앞에 슬픔이 닥치는 법이다.

If a man takes no thought about what is distant, he will find sorrow near at hand.

033 | 1년간의 행복을 위해서는 정원을 가꾸고, 평생의 행복을 원한다면 나무를 심어라.

If you want to be happy for a year, plant a garden; if you want to be happy for life, plant a tree.

034 | 바람과 파도는 항상 가장 유능한 항해자의 편에 선다.

The winds and waves are always on the side of the ablest navigators.

035 | 스스로를 신뢰하는 사람만이 다른 사람들에게 성실할 수 있다.

Only the person who has faith in himself is able to be to others.

036 | 빛을 퍼뜨릴 수 있는 두 가지 방법이 있다. 촛불이 되거나 또는 그것을 비추는 거울이 되는 것이다.
There are two ways of spreading light: to be the candle or the mirror that reflects it.

037 | 민주주의를 찬양하는 두 가지 이유: 첫째는 다양성을 인정하고 둘째는 비판을 허용하기 때문이다. 두 번의 찬양이면 매우 족하며 세 번의 찬양은 필요치 않다.
Two cheers for democracy: one because it admits variety and two because it permits criticism. Two cheers are quite enough: there is no occasion to give three.

038 | 과거를 지배하는 자가 미래를 지배하며 현재를 지배하는 자가 과거를 지배한다.
Who controls the past controls the future. Who controls the present controls the past.

039 | 노동은 세 개의 큰 악, 즉, 지루함, 부도덕, 그리고 가난을 제거한다.
Work banishes those three great evils : boredom, vice and poverty.

040 | 재물을 스스로 만들지 않는 사람에게는 쓸 권리가 없듯이 행복도 스스로 만들지 않는 사람에게는 누릴 권리가 없다.
We have no more right to consume happiness without producing it than to consume wealth without producing it."

041 | 힘 있을 때 친구는 친구가 아니다.
A friend in power is a friend lost.

042 | 임금을 지불하는 것은 고용주가 아니며 그는 단지 돈을 관리할 뿐이다. 임금을 주는 것은 제품이다.
It is not the employer who pays wages-he only handles the money. It is the product that pays wages.

043 | 큰 물고기는 큰 물에서 놀아야 한다.
A big fish must swim in deep waters.

044 | 시작이 좋으면 끝도 좋다.
A good beginning makes a good ending.

045 | 천리 길도 한 걸음부터
Step by step one goes a long way.

046 | 티끌 모아 태산
A penny saved is a penny earned.

047 | 모든 일에는 다 때가 있는 법
All in good time.(=Everything has its time.)

048 | 공격이 최선의 방어다.
Attack is the best defense.

049 | 돌다리도 두들겨 보고 건너라.
Bad news travels fast.

050 | 진정한 승자는 나중에 웃는다.
Better the last smile than the first laughter.

051 | 스스로 터득하라.
Books cannot never teach the use of books.

052 | 지금 이 순간을 즐겨라.
Gather roses while you may.

053 | 나는 생각한다. 고로 존재한다.
I think, therefore I am.

054 | 웃으면 복이 와요.
If you laugh, blessings will come your way.

055 | 백짓장도 맞들면 낫다.
Many hands makes light work.

056 | 네가 만약 평화를 원한다면 전쟁을 준비하라.(유비
무환(有備無患))
If you want peace, prepare for war.

057 | 한 번 시작한 일은 끝장을 내라.
In for a penny, in for a pound.

058 | 필요는 발명의 어머니
Necessity is the mother of invention.

059 | 배우는 데 나이가 따로 없다.
One is never too old to learn.

060 | 시계 바늘을 되돌려 놓을 수는 없다.
One cannot put back the clock.

061 | 한 번 뱉은 말은 되돌릴 수 없다.
When the word is out, it belongs to another.

062 | 구르는 돌은 이끼가 끼지 않는다.
A rolling stone gathers no moss.

063 | 간결함은 지혜의 핵심이다.(말은 간결할수록 좋
다.)
Brevity is the soul of wit.

064 | 잘못을 고치는 데 너무 늦는 경우는 없다.
It is never too late to mend.

065 | 순탄할 때 어려웠을 때를 잊지 말라.
In prosperity think of adversity.

066 | 계획은 인간이 하고 성패는 하늘이 결정한다.
Man proposes, God disposes.

067 | 일석이조(효율성 강조)
To kill two birds with one stone.

068 | 첫인상은 좀처럼 잊혀지지 않는다.
First impression are most lasting.

069 | 어려울 때 친구가 진짜 친구
A friend in need is a friend indeed.

070 | 정직이 최선의 방책이다.
Honesty is the best policy.

071 | 오늘 할 일을 결코 내일로 미루지 마라.
Never put off till tomorrow what may be
done today.

072 | 하지 않는 것보다 늦었지만 하는 것이 더 낫다.
Better late than never.

073 | 예방이 치료보다 낫다.
Prevention is better than cure.

074 | 역경은 사람을 만들고 안일함은 괴물을 만든다.
Adversity makes men, but prosperity makes
monsters.

075 | 비 온 뒤에 땅이 굳는다.
After a storm comes calm.(=After pain
comes joy.)

076 | 거울은 모양을 비추고 술은 본심을 비춘다.
In the looking glass we see the form, in
wine the heart.

077 | 사랑과 전쟁에서는 수단과 방법을 가리지 말라.
All in fair in love and war.

078 | 진정한 강자는 약자를 괴롭히지 않는다.
An eagle does not catch flies.

079 | 녹이 쇠를 좀 먹듯이 근심은 마음을 좀 먹는다.
As rust eats iron, so care eats the heart.

080 | 부드러운 것이 강한 것이다.

In yielding is strength.

081 | 타산지석(현명한 사람은 남의 결점을 보고 자기의
결점을 고친다.)

By other's fault wise men correct their own.

082 | 일이 일어나기도 전에 미리 걱정부터 하지 마
라.(아프기 전에 울지 마라.)

Don't cry before you are hurt.

083 | 겉모습으로 사람을 판단하지 마라.

Don't judge a book by its cover.

084 | 쉽게 얻은 것은 쉽게 없어진다.

Easy comes, easy goes.

085 | 원숭이도 나무에서 떨어진다.

Even Homer sometimes nods.

086 | 모든 사람은 결점이 있기 마련이다.

Every bean has its black.

087 | 부뚜막의 소금도 집어넣어야 짜다.

Everything demands some work.

088 | 경험은 최고의 스승

Experience is the best teacher.

089 | 경험은 바보조차도 현명하게 만든다.

Experience keeps a dear school.

090 | 진실은 밝혀지게 마련이다.

Facts are stubborn things.

091 | 운명의 여신은 용감한 자의 편이다.

Fortune favors the brave.

092 | 하늘은 스스로 돕는 자를 돕는다.

God[Heaven] helps those who help
themselves.

093 | 서두르면 그르친다.

Haste makes waste.

094 | 지성이면 감천

It is dogged that does it.

095 | 한 우물만 파라.(이것저것 손대는 사람은 아무것도
제대로 하지 못한다.)

Jack of all trades is master of none.

096 | 뭉치면 살고 흩어지면 죽는다.

There is safety in number.

097 | 경험이 수반되지 않은 지식은 매우 천박할 뿐이다.

Information is pretty thin stuff, unless mixed
with experience.

098 | 예기치 못한 일들이 항상 일어난다.

It is always the unexpected that happens.

099 | 부자로 사는 것이 부자로 죽는 것보다 낫다.

It is better to live rich, than to die rich.

100 | 문제는 어떻게 죽느냐가 아니라, 어떻게 사느냐 하
는 것이다.

It matters not how a man dies, but how he
lives.